GUIDE BELLES LETTRES

Collection

dirigée

par

Jean-Noël Robert

DES CIVILISATIONS

DANS LA MÊME COLLECTION

Rome	par Jean-Noël Robert
La Chine classique	par Ivan P. Kamenarović
La Grèce classique	par Anne-Marie Buttin
L'Islande médiévale	par Régis Boyer
L'Inde classique	par Michel Angot
L'Empire ottoman, XVe-XVIIIe siècle	par Frédéric Hitzel
La Mésopotamie	par Jean-Jacques Glassner
L'Espagne médiévale	par Adeline Rucquoi
La France au Moyen Âge	par Marie-Anne Polo de Beaulieu
Les Khmers	par Bruno Dagens
La Russie médiévale	par Jean-Pierre Arrignon
Venise au Moyen Âge	par Jean-Claude Hocquet
Le Siam	par Michel Jacq-Hergoualc'h
Les Mayas	par Claude-François Baudez
Les Étrusques	par Jean-Noël Robert
Les Gaulois	par Jean-Louis Brunaux
La Birmanie	par Guy Lubeigt
L'Amérique espagnole	par Oscar Mazin
Le Viêtnam ancien	par Anne-Valérie Schweyer
La Perse antique	par Philip Huyse
Carthage et le monde punique	par Hédi Dridi
Le Japon d'Edo	par François & Mieko Macé
Byzance	par Michel Kaplan
La Palestine à l'époque romaine	par Caroline Arnould-Béhar
Québec	par Raymonde Litalien
Les Incas	par César Itier
Les Aztèques	par Jacqueline de Durand-Forest
Pétra et les Nabatéens	par Marie-Jeanne Roche
La Corée du Choson	par Francis Macouin
L'Amérique du XVIIIe siècle	par Claude Coulon
Les Inuit	par Michèle Therrien
L'Angleterre élisabéthaine	par Henri Suhamy

À PARAÎTRE

La France de Louis XIV
La Mongolie de Gengis Khan

LUCA SALZA

NAPLES

ENTRE

BAROQUE

ET

LUMIÈRES

LES BELLES LETTRES

DU MÊME AUTEUR

Giordano Bruno, infinité des mondes, vicissitudes des choses, sagesse héroïque, coédition Vrin/La Città del Sole, Paris-Naples, 2005.

Pour Niccolò, « scugnizzo » parisien

Tous droits de traduction, de reproduction et d'adaptation réservés pour tous les pays.

© 2013, Société d'Édition Les Belles Lettres
95, bd Raspail, 75006 Paris

ISBN : 978-2-251-41049-4

Naples vit au XVIIIe siècle son « heure la plus belle ». À partir de 1734, la ville redevient la capitale d'un royaume indépendant. Les transformations urbanistiques qui commencent à ce moment témoignent de ce renouveau, ainsi que la splendeur de la vie culturelle et artistique. On peut voir un signe de ce retour à la beauté et au prestige d'antan dans la découverte des fouilles archéologiques d'Herculanum, de Pompéi et de Stabies. L'harmonie classique trouve un miroir éclatant dans les nombreuses constructions architecturales réalisées par **Vanvitelli**, **Fuga** et d'autres grands artistes, grâce auxquels le nouveau souverain embellit la capitale de son royaume et ses alentours : les **palais royaux de Caserte, de Capodimonte, de Portici, l'Auberge des pauvres, le théâtre San Carlo**. À propos de la musique, **Rousseau** pourra écrire dans son *Dictionnaire de musique*, sous le terme « génie » : « Veux-tu (jeune Artiste) donc savoir si quelque étincelle de ce feu dévorant t'anime ? Cours, vole à Naples écouter les chefs-d'œuvre de Leo, de Durante, de Jommelli, de Pergolèse ». Dans les ruelles de la Naples gréco-romaine se sont probablement croisés en ces années-là **Giambattista Vico**, l'initiateur critique de la philosophie moderne en Italie, et le prince **Raimondo de Sangro**, dépositaire d'une sagesse ancienne, dont témoigne sa **chapelle Sansevero**. Les meilleurs esprits de l'époque sont accueillis dans l'administration de l'État : un lien vertueux semble s'établir entre des « philosophes », tels **l'abbé Galiani, Antonio Genovesi, Gaetano Filangieri**, et le pouvoir. Bref, l'éclat des **Lumières** marque tous

COMMENT UTILISER CE GUIDE ?

Il est, certes, possible de lire ce livre chapitre après chapitre, pour découvrir un panorama de la société napolitaine ; mais il est aussi conçu pour que le lecteur puisse y trouver rapidement (et en extraire) des informations précises sur un sujet qui l'intéresse. Il est donc conseillé :
*– **de se reporter au sommaire :** chaque chapitre est divisé en rubriques (avec des renvois internes) qui permettent de lire, dans un domaine choisi, une notice générale. En outre, les autres rubriques du chapitre complètent l'information. Au début de chaque chapitre, une introduction situe*

AVANT-PROPOS

le sujet dans une perspective différente, illustrant la société et les mentalités napolitaines ;
– **d'utiliser l'index** à partir duquel, sur une notion générale, un terme technique, voire un personnage, il est possible de réunir, à travers l'ensemble du livre, plusieurs données complémentaires.

Une bibliographie choisie permet, dans un premier temps, de se reporter à des ouvrages récemment parus pour y commencer une recherche. Tous offrent, sur le sujet qu'ils traitent, une bibliographie plus ou moins riche.

Enfin, **les tableaux de synthèse, les cartes et graphiques** pourront aider à visualiser et mieux retenir les informations désirées. (Cf. Table des cartes, plans et tableaux en fin de sommaire.)

les aspects de la vie civile napolitaine. Pourtant, juste à la fin du siècle, des ténèbres épaisses tombent sur ce spectacle et y mettent fin. La tentative révolutionnaire de 1799 avec l'instauration de la « République napolitaine », connue aussi sous le nom, que nous utiliserons au cours de ce livre, de « République parthénopéenne », est brisée et la jeunesse la plus brillante de Naples monte sur l'échafaud. À partir de ce moment, Naples se dirige vers son déclin mélancolique, précisé, une soixantaine d'années plus tard, par la perte définitive de son statut de capitale. L'harmonie ne s'accomplira plus sous le Vésuve : plus d'accord entre la magnificence de la nature et le cours de l'histoire, dont on trouve des représentations dans les nombreuses gouaches ou les paysages du XVIIIe siècle mettant en scène, sous l'ombre protectrice du Vésuve, dans un azur clair et aéré, une ville calme, solaire ; en somme, un hymne à l'accord entre la nature et la culture, le génie du lieu et l'esprit du monde. Dans son magistral essai intitulé *L'Harmonie perdue. Fantaisie sur l'histoire de Naples*, **Raffaele La Capria**, grand écrivain napolitain de notre siècle, n'a pas simplement travaillé autour de ce concept d'harmonie, mais il en a même situé la perte à l'époque de la faillite de la « République parthénopéenne ».

Dans ce livre, nous nous consacrerons à l'étude et à l'analyse de cette période qui va de l'espoir suscité par l'arrivée au pouvoir de Charles de Bourbon en 1734 jusqu'aux désillusions postrévolutionnaires de 1799. Nous chercherons à comprendre pourquoi un grand ensemble comme Naples et son vaste territoire, prêts à prendre à un certain moment leur envol, sombrent dans une destinée tragique et marginale, bien loin derrière les autres grandes capitales et nations européennes.

SOMMAIRE

Avant-propos et mode d'emploi du guide. 7

NAPOLI

I. L'HISTOIRE 19

Naples vit au XVIIIe siècle son « heure la plus belle ». À partir de 1734, la ville redevient la capitale d'un royaume indépendant. L'essor du nouveau royaume ne durera pas. À la fin du siècle, en 1799, la révolution jacobine est écrasée et avec elle s'écroulent les rêves de modernisation du pays.

L'ascension au pouvoir des Bourbons. 21
Règne de Charles de Bourbon - première phase. 23
Règne de Charles de Bourbon - seconde phase 25
La régence de Tanucci (1759-1767). 27
Ferdinand IV et Marie-Caroline (1767-1799) 30
L'époque des révolutions 32
La République parthénopéenne 35
Pourquoi la révolution a échoué. 38
Chronologie 40

II. LA VILLE ET SON ROYAUME 49

Naples semble construite comme un amphithéâtre romain, avec ses collines en arrière-plan, et la scène dominée par le golfe où trône le Vésuve. Le résultat est une ville à la fois magnifique et étroite qui doit gérer à l'intérieur de ce cadre restreint une population énorme, provenant de régions méridionales très pauvres.

Le golfe du Cratère 50
Une ville poreuse et baroque : le sous-sol. 55
Topographie et population 58
Les alentours de Naples 70
Le royaume de Naples 72

SOMMAIRE

III. L'ORGANISATION POLITIQUE ET SOCIALE 79

Les rois instaurent de nouvelles institutions qui ne remplacent pas les anciennes. Cela crée une situation politique instable. La condition sociale est tout aussi explosive car il n'existe aucune mobilité entre les différentes classes.

    Les classes sociales 81
    L'exercice du pouvoir et de la justice 86
    Les finances 94
    Le pouvoir militaire 95

IV. LA VIE ÉCONOMIQUE 99

De nombreuses activités économiques ambitionnent de rénover Naples et son royaume. Toutefois, l'économie napolitaine ne parvient pas à s'envoler.

    L'industrie 100
    Les activités mercantiles et commerciales 108
    L'agriculture et l'élevage 109
    Les retards de l'économie napolitaine 112

LES NAPOLITAINS

V. LE TEMPS 119

Naples ville-monastère est dominée par la puissance de l'Église. Ce pouvoir investit toutes les sphères de la vie quotidienne. C'est la raison pour laquelle il faut se référer à la religion pour comprendre comment les Napolitains organisent leur vie au XVIIIe siècle.

    L'organisation de la vie 120
    Les principales fêtes religieuses 121
    Les « crèches napolitaines » 126

SOMMAIRE

VI. LA RELIGION 129

La religion est un puissant dispositif de pouvoir, mais elle incarne aussi un sentiment populaire. L'État, qui avait essayé de contrer cette force, finira, à la fin du siècle, par pactiser avec elle.

L'affrontement État-Église 130
La religion comme une « fête » 135
Le clergé 139
Églises et protection sociale 141

VII. LA LITTÉRATURE. 151

Le XVIIIe siècle est aussi à Naples le siècle de la philosophie : les intellectuels veulent se consacrer à des choses « utiles », afin de changer la situation sociale du royaume.

La philosophie des Lumières à Naples 153
Les sciences 166
La littérature 167

VIII. LES ARTS 173

L'arrivée d'une monarchie importante, les idées philosophiques des Lumières, les découvertes archéologiques imposent à Naples de nouvelles tendances artistiques contre la tradition baroque, qui toutefois résiste encore. L'explosion du théâtre musical rend Naples célèbre dans le monde.

Le baroque 174
La peinture 175
L'architecture. 184
La sculpture. 192
La musique 195
Vies d'artistes. 199
Les artistes. 201
Les principales institutions musicales 206

SOMMAIRE

IX. LES LOISIRS 211

Les Napolitains se promènent dans les jardins, dans les rues. Ils vont au café et sortent au théâtre pour établir des formes de sociabilité urbaine. Ils s'amusent lors des fêtes civiles et pratiquent beaucoup les jeux de hasard.

    Les sorties en ville 212
    Les sorties culturelles (mondaines et politiques) 217
    Les fêtes civiles................................ 221
    Les jeux de hasard 226

X. LA VIE PRIVÉE................................ 229

Au XVIIIe siècle, on assiste à Naples, comme partout en Europe, au remplacement d'une sociabilité anonyme, celle de la rue ou des salons aristocratiques, par une sociabilité restreinte qui se confond avec la famille ou avec l'individu lui-même.

    Les habitations................................. 230
    La sexualité 233
    La femme 235
    L'hygiène..................................... 236
    L'éducation 237
    L'alimentation 239
    Le costume et la parure 244

ANNEXES

REPÈRES BIOGRAPHIQUES 251

ORIENTATION BIBLIOGRAPHIQUE 257

INDEX GÉNÉRAL................................. 265

INDEX DES NOMS DE PERSONNES................. 269

SOMMAIRE

CARTES, TABLEAUX-ENCADRÉS ET ILLUSTRATIONS

CARTES

Naples par Homann, 1734 16-17
Carte du golfe de Naples avec les lieux antiques. 50
Carte géologique du golfe de Naples 54
Duc de Noja, plan de Naples, détail : le centre historique. 61
Plan de Naples d'après Seutter, c. 1730 64-65
Carte des provinces du royaume de Naples 74
Duc de Noja, plan de Naples, détail : les tribunaux. 91
Vue de Naples (1720). 92
Carte de Naples avec les principales institutions musicales . 208-209

TABLEAUX-ENCADRÉS

Le terme « parthénopéenne ». 35
Chronologie de la révolution napolitaine de 1799 47
Généalogie des Bourbons. 48
Description géographique de Strabon 51
La population de Naples. 62
Les portes et les quartiers de Naples 69
La population du royaume en 1791 62
Les mouvements démographiques 76
Les lieux du pouvoir 93
Effectifs de l'armée du royaume de Naples
   au temps des réformes d'Acton 98
La monnaie. 114
Approvisionnement de la ville de Naples. 115
Les productions agricoles en Campanie par zone 116
L'utilisation du sol dans les provinces de la Campanie en 1830 . 116
Les prix à Naples en 1785. 117
Les salaires en 1785 118
Les différentes étapes de l'affrontement État-Église 130
Quelques recettes de Vincenzo Corrado 242-243

ILLUSTRATIONS

Masaniello, le chef de la révolution de 1647 20
Charles de Bourbon 24
Bernardo Tanucci 26
Ferdinand IV de Bourbon 29
Une réunion de Jacobins. 34
Émeute de la plèbe devant le palais royal 35

SOMMAIRE

NAPOLI

Emblème de la République française à Naples. 36
La Destruction de l'arbre de la liberté sur la place devant le palais royal 39
Le général Championnet 44
Combat entre les troupes françaises et les lazzari au pont de la Maddalena. 45
Vues du cratère du Vésuve 52
Sir William Hamilton. 53
La grotte de Pausilippe 55
Bâtiments napolitains 56
Ferdinando Sanfelice, escaliers « ouverts » du palais Sanfelice. . 66
Porte Capuana, dessin d'A. Senape (1820) 69
Un pêcheur. 83
Femme du quartier de Santa Lucia 83
Pêcheurs à Mergellina. 84
Charretier. 86
Duc de Noja, maquette du Castel Sant'Elmo. 93
Le palais royal de Naples. 94
Projet de F. Collecini pour Ferdinandopoli. 102
Mongiana, fabrique d'armes. 105
Lancement du vaisseau *Partenope* dans les chantiers navals de Castellammare di Stabia 107
Marchand de vin primeur 111
Retour d'une partie de pêche à Naples 112
Piastre représentant Ferdinand IV et Marie-Caroline 115
Saint Janvier (San Gennaro) 122
Procession de l'image de la Vierge. 123
Mât de cocagne 125
Carnaval de 1778 126
Une crèche en corail 127
Un spectacle de marionnettes. 128
L'armée de la Sainte-Foi 140
Piazza San Domenico Maggiore 142
Piazza del Gesù. 143
Église del Gesù 143
L'église de l'Annunziata. 144
Majoliques du cloître de Santa Chiara 147
Planimétrie du rez-de-chaussée de l'Auberge des pauvres. . . . 148
L'Université. 156
Plan du Collège des Jésuites 157
Gaetano Filangieri. 162
Mario Pagano. 164

SOMMAIRE

Le catalogue des découvertes des fouilles d'Herculanum. 168
Eleonora Fonseca Pimentel 171
Découverte du temple d'Isis à Pompei 175
Paolo de Matteis, *Allégorie de la prospérité et des arts
    dans la cité de Naples* 177
Gaspare Traversi, *Concert* 181
Veduta du golfe de Naples 182
Palais Tarsia, projet de D. Antonio Vaccaro 185
Ferdinando Sanfelice, Palazzo dello Spagnolo 186
Dessin d'un portail par F. Sanfelice 186
Le palais royal de Capodimonte 187
Le palais royal de Caserte 189
La *Deputazione di Salute* et l'entrée dans le port de Naples . . . 191
Les Greniers de Ferdinando Fuga 191
Plan du théâtre San Carlo 196
Projet pour la nouvelle façade du théâtre San Carlo (1809)
    par Antonio Niccolini 196
Philippe Benoist, *Le Théâtre San Carlo* 197
Le Castel Nuovo et le môle 212
La promenade de Chiaia 212
Calascione Turchesco 213
Marchand de glaces 214
Marchands de sorbets 215
Promenade de femmes à Chiaia 215
Vendeur de fruits de mer 216
Tarantella 217
Grande fête au palais royal 219
Tommaso Ruiz, *Mât de cocagne réalisé par l'architecte
    Ferdinando Sanfelice sur le Largo di Palazzo* 222
Luigi Vanvitelli, *Projet d'un appareil pour une fête civile à Naples* . 225
La mourre 226
Chaises en bois sculpté 231
Détail du boudoir de la reine Marie-Amélie 232
Femme et enfant, par M. De Vito 237
Mangeurs de spaghettis, par M. De Vito 241
Vestes pour homme 244
Costumes de Naples et ses alentours 246

NAPOLI

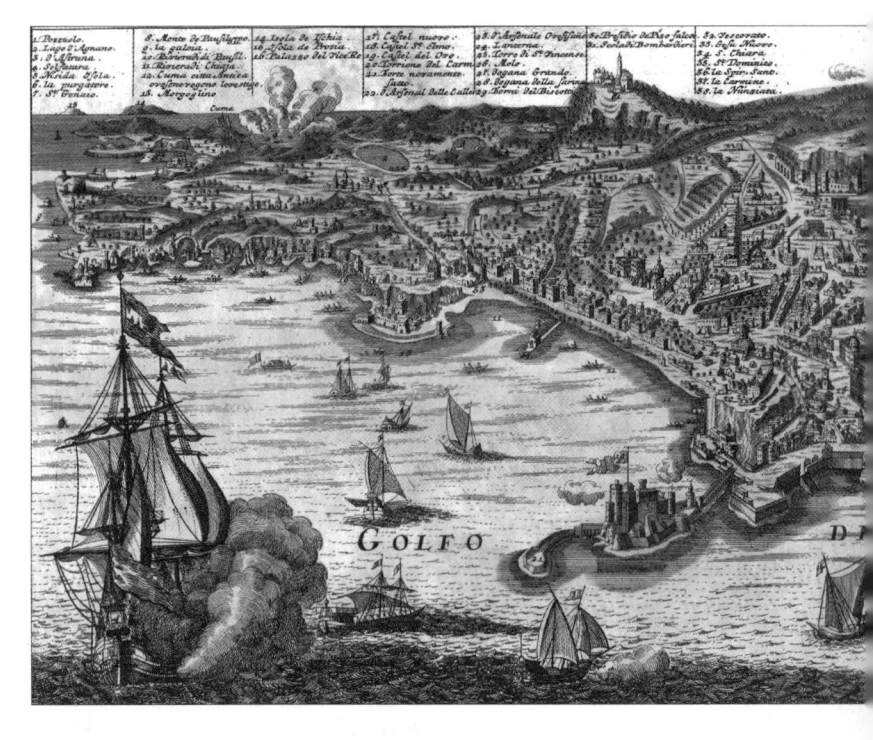

Naples par Homann, 1734

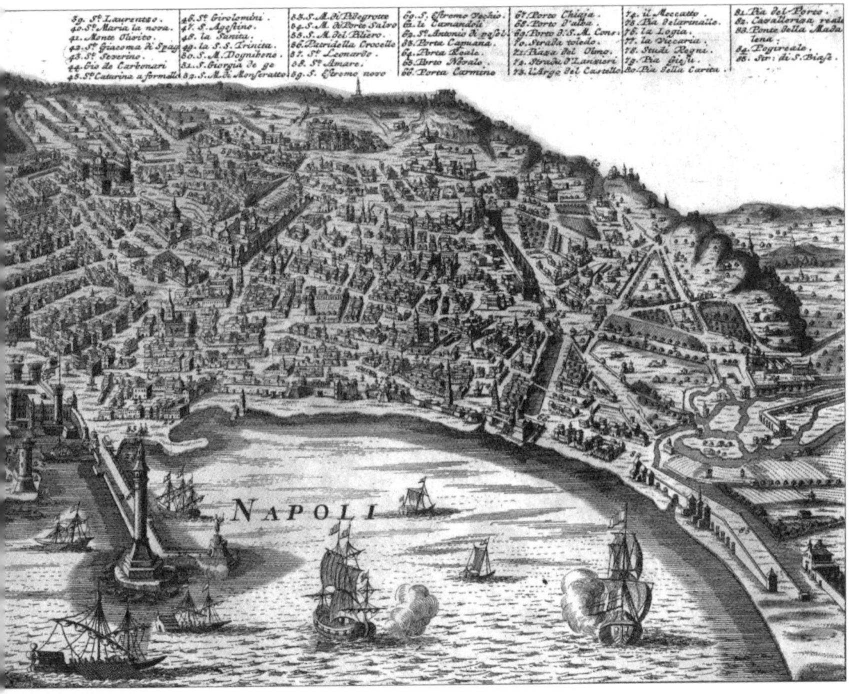

I
L'HISTOIRE

L'histoire de Naples dans la période que nous entendons analyser (1734-1799) semble dominée par les grands personnages, notamment par les monarques qui gouvernent la ville à partir de 1734. L'arrivée d'une dynastie importante à Naples implique également l'affirmation d'une cour considérable. **Et pourtant, les protagonistes de la scène sociale continuent d'être les hommes et les femmes du peuple, ceux qu'on appelle les *lazzari*, ou *lazzaroni*, le sous-prolétariat surabondant, issu d'un arrière-pays d'une grande pauvreté, qui ne peut pas trouver de travail et vit d'expédients et d'activités illicites dans la capitale** (cf. « Les classes sociales », chap. III). Les voyageurs du Grand Tour, même dans leur éblouissement devant la beauté des paysages et des arts, n'omettront presque jamais de signaler la présence à Naples de cette masse extraordinaire d'hommes, de femmes, d'enfants, menaçante, agressive, effrayante. Le marquis de Sade, dont on ne saurait mettre en doute l'effronterie et le courage, en est même scandalisé.

Cette plèbe avait fait connaître sa force à l'époque de l'épisode révolutionnaire lié au nom de l'un des siens, un pêcheur, nommé Masaniello, en 1647.

Depuis, des fêtes et des prébendes sont censées calmer sa rage. Pourtant, en 1799, elle éclate à nouveau, non pas contre le trône et la superstition, mais contre les jeunes gens, les Jacobins napolitains, essayant de renverser le pouvoir. Les *lazzari* rendent le pouvoir à leurs anciens oppresseurs et massacrent les bourgeois. Depuis, l'histoire de Naples est bloquée. Sa classe dirigeante est paralysée par la crainte d'un soulèvement de cette masse. Une plèbe qui est même assimilée à la « nature », comme s'il s'agissait d'une force destructrice menaçant toujours la culture ou la raison, en rendant utopique toute possibilité d'une nouvelle harmonie. Les différents pouvoirs ont, d'une part, essayé de l'amadouer,

L'HISTOIRE

Masaniello, le chef de la révolution de 1647, gravure sur cuivre, Relazione delle rivoluzioni popolari successe nel distretto del regno di Napoli nel presente anno 1647 *(1648)*

voire de l'imiter : un fil rouge lie Ferdinand IV, roi *lazzarone*, au commandeur Achille Lauro (1887-1982), maire de Naples de 1951 à 1954 et de 1956 à 1958 (armateur, homme politique de droite, voire d'extrême-droite, Lauro est le leader d'un parti monarchiste. Durant ces années, la ville est victime d'une effroyable spéculation immobilière qui la défigure à jamais, comme l'a dénoncé le film de Francesco Rosi, *Main basse sur la ville,* 1963). D'autre part, ils ont cherché à en canaliser la fureur, en l'associant aux goûts bourgeois. Or, ce n'est pas la plèbe qui arrête l'histoire, mais la peur du changement qui pourrait naître de sa rébellion. Cela, ni les Français ni les Jacobins ne l'ont compris en 1799. Sous prétexte que la plèbe menaçait d'insurrection, la classe dirigeante de Naples a historiquement défait les toiles du changement. Pourtant, ces soulèvements ont été également porteurs d'espoirs, comme en 1943, quand le peuple, lors des « quatre journées », libère la ville des nazis avant même l'arrivée des Américains, ou dans les années 1970, quand les luttes sociales des « chômeurs organisés », variante moderne des *lazzari*, éclaircissent l'horizon politique de Naples après des années assez sombres. Autrement dit, les révoltes de la plèbe ne sont pas forcément « sanfedistes » (l'armée de la « Santa Fede », « Sainte-Foi », est composée de troupes légitimistes organisées par le cardinal Ruffo contre l'expérience républicaine de 1799). Elles le deviennent quand les « grands » s'obstinent dans la défense de leurs privilèges.

La question que nous nous posons est alors la suivante : pourquoi, même dans ses périodes les plus favorables, comme lors de la restitution du royaume au XVIIIe siècle, Naples n'arrive-t-elle pas à accomplir sa destinée ? En réalité, une politique de l'image, du faste culturel, comme celle que les Bourbons essayent d'appliquer à Naples, ne peut jamais résoudre les problèmes sociaux. Surtout dans une ville et un royaume où ils sont historiques, liés à la puissance d'une féodalité prédominante (cf. « Les retards de l'économie napolitaine », chap. IV). C'est cette politique qui sera sanctionnée par les républicains en 1799, et paradoxalement aussi par les *lazzari*. À bien y réfléchir, cela ne peut finir que dans le sang puisque l'on n'a jamais voulu mettre en question le pouvoir traditionnel des « grands » et, à l'autre bout de la chaîne, la pauvreté des « petits ». Seule « une révolution bien entière », comme le dit Sade à propos du système social de la ville, aurait pu arranger la situation à Naples. En d'autres termes, seule la formation d'une « nation », d'un groupe social incluant la plèbe, aurait pu débloquer l'histoire napolitaine. L'unification italienne elle-même n'a pas su y remédier. C'est pourquoi ont également échoué les tentatives les plus récentes d'une politique purement spectaculaire. La plèbe est, en effet, toujours là, derrière la grandeur et la beauté de Naples, et une implacable pression démographique persiste toujours, complexifiée par les grandes migrations internationales qui font aujourd'hui de Naples une ville-monde.

L'ASCENSION AU POUVOIR DES BOURBONS

Notre histoire de Naples commence, en réalité, à Madrid en 1714. Le roi Philippe V vient de perdre sa première épouse, Marie-Louise de Savoie, et se marie aussitôt avec une Italienne très ambitieuse, Élisabeth Farnèse. Lorsque, en 1716, l'*infante* Carlos (Charles de Bourbon) naît de ce mariage, commence à se poser le problème de la succession. En effet, Élisabeth Farnèse aura pendant longtemps une véritable obsession : comment assurer à sa progéniture un destin royal, étant donné que Philippe V a déjà des enfants de son premier mariage ? C'est ainsi que le problème de la succession des rois d'Espagne devient un problème européen. Il faut trouver une place pour les nouveaux fils du roi. Tout naturellement, Élisabeth Farnèse se tourne vers sa terre natale, notamment vers les duchés de Parme et de Plaisance et vers le grand-duché de Toscane, parce qu'elle peut y vanter des droits et que les derniers seigneurs n'y ont pas de descendance. Évidemment, l'empereur, Charles VI, voit toutes ces manœuvres d'un mauvais œil. Il ne veut

L'HISTOIRE

pas que l'Espagne revienne en Italie après la guerre de succession espagnole qui avait rendu l'Autriche maître de la situation dans la Péninsule. Toutefois, Charles VI a un point faible. Il doit s'assurer que son trône et le territoire des Habsbourgs seront légués à une femme, sa fille Marie-Thérèse. Pour cela, il rédige un édit, la Pragmatique Sanction, en essayant de le faire accepter par les autres puissances européennes. La condition que pose l'Espagne pour le signer est de permettre l'entrée en Italie à l'*infante* Carlos en 1731. Il peut profiter de la vacance du pouvoir à Parme, où est mort le dernier des Farnèse, le duc Antonio, et en Toscane où le grand-duc Gian Gastone n'a pas d'enfants.

Charles de Bourbon ne respectera pas les accords du passé, selon lesquels il n'a qu'un droit de vassal, au nom de l'Empire, sur Parme, Plaisance et la Toscane. Dès qu'il arrive en Italie, il se comporte en roi, totalement indépendant, d'abord en Toscane, puis à Parme et à Plaisance. Or Charles VI ne peut pas répondre à ces provocations puisqu'un autre feu embrase l'Europe. En 1733, le roi de Pologne, Auguste II, meurt en laissant ouvert le problème de sa succession. Le trône est revendiqué par son fils et par l'ancien roi de Pologne, Stanislas Leszczynski, déchu en 1709, beau-père de Louis XV. Le premier est soutenu par la Russie, l'Autriche et le Saint-Empire, le second par la France évidemment, et par l'Espagne et le roi de Sardaigne. La guerre éclate lorsque Stanislas arrive en Pologne et réussit à se faire élire roi. Les partisans de Léopold III ont déjà pris les armes et obligent Stanislas à prendre la fuite et à se réfugier dans la forteresse de Dantzig aussitôt assiégée. Deux autres fronts sont ouverts : en Lorraine et dans le Nord de l'Italie. Ici, Espagnols, Français et Piémontais luttent pour s'emparer de l'État de Milan. **Mais l'objectif des Espagnols est tout autre. Alors qu'ils doivent contrôler la partie méridionale du Pô, ils en profitent pour diriger leur armée vers le royaume de Naples. L'affrontement décisif a lieu dans les Pouilles, à Bitonto, le 24 mai 1734 et les Espagnols, grâce à leur cavalerie notamment, gagnent la bataille. Charles de Bourbon est, néanmoins, déjà entré à Naples le 10 mai. Quelques jours plus tard, son père, Philippe V, assure que le nouveau royaume appartient totalement à son fils. Naples redevient la capitale d'un royaume autonome.**

L'HISTOIRE

RÈGNE DE CHARLES DE BOURBON - PREMIÈRE PHASE

NAPOLI

La fondation du nouveau royaume est accompagnée à Naples d'un grand espoir. **Bernardo Tanucci**, un juriste toscan qui suit Charles de Bourbon lorsqu'il s'empare de Naples et y devient l'homme-clé des institutions, **parle de « temps héroïques » pour qualifier cette période**. Tous à Naples pensent que la fin de l'état de « province » apportera de grands bénéfices. Un royaume indépendant signifie la possibilité d'un nouvel essor de la ville et de ses territoires, comme en témoignent les exemples du Portugal et des Pays-Bas. On arrive même à imaginer que le nouveau roi de Naples deviendra un jour « roi d'Italie ».

L'ambassadeur de France, le marquis de Bissy, rend compte, le 26 mai, des effets excellents de cette nouvelle : « C'est avec beaucoup de plaisir que je vous informe que la noblesse et le peuple continuent à sentir le bonheur d'avoir un roy, et Sa Majesté napolitaine est tout comme il le faut pour leur faire connaître de plus en plus un pareil avantage ».

En réalité, seulement un an après, la situation est déjà moins euphorique : les résistances des pouvoirs traditionnels, les nobles et le clergé, semblent estomper la volonté réformatrice du nouveau royaume. De surcroît, **la volonté de contrôle de la part de Madrid empêche toute tentative d'innovation autonome. Le pouvoir exécutif est déjà dans les mains d'Espagnols** : Charles de Bourbon, avant même d'entrer à Naples, a organisé, à Aversa, un gouvernement dont les personnalités principales sont le comte de Santesteban et le marquis Montalègre de Salas. Mais un grand nombre de décisions viennent directement de l'Espagne car le jeune roi n'entend nullement contrarier la volonté de son père, et surtout de sa mère. La dépêche quotidienne provenant de Madrid est, en fait, l'événement politique le plus important dans la vie de la cour de Naples. C'est pourquoi celui qui se charge de la correspondance avec Madrid, en l'occurrence le comte de Santesteban, détient les clefs du pouvoir à Naples. Il convient également de souligner que le roi ne montre aucun intérêt particulier pour l'exercice du pouvoir. Les réunions du gouvernement ne sont pour lui que des intervalles fort ennuyeux entre deux parties de chasse. Il ne pense à rien d'autre que cela, obligeant la cour à des déplacements fréquents sur des terres de chasse, partout en Campanie. Même lors de son expédition vers la Sicile, qui restait encore à

NAPOLI

L'HISTOIRE

Charles de Bourbon,
d'après une tapisserie de Domenico Del Rosso

L'HISTOIRE

conquérir, Charles de Bourbon s'adonne à sa passion tout au long du trajet. La guerre pour la conquête de la Sicile est néanmoins très importante car elle permet au roi de se faire couronner. En effet, les royaumes de Naples et de Sicile sont revendiqués par le pape comme étant ses fiefs, et le pape refuse en 1734 l'investiture à Charles de Bourbon. Toutefois, grâce au privilège de l'*Apostolica legazia*, dont pouvait jouir la Sicile, le 3 juillet 1735, Charles peut être couronné roi à Palerme.

Le pape n'investit Charles de Bourbon du titre de roi qu'en 1738, l'année du traité de Vienne, par lequel les grands États européens reconnaissent la nouvelle situation du Sud de l'Italie. Toujours en 1738, l'homme fort du pouvoir, le comte de Santesteban, part pour l'Espagne. Mais, en réalité, le nouveau royaume est toujours dans les mains espagnoles. C'est seulement en 1746, avec la mort de son père Philippe V et le départ du nouveau chef du gouvernement le marquis Montalègre de Salas, que Charles de Bourbon devient roi à part entière.

RÈGNE DE CHARLES DE BOURBON - SECONDE PHASE

En 1745, lors de la guerre de Succession autrichienne, après la mort de l'empereur Charles VI, l'armée bourbonienne remporte un succès important contre les troupes autrichiennes à **Velletri. Cette victoire donne, enfin, une réelle consistance au nouveau royaume et une vraie légitimité au roi qui a montré un grand courage durant ces événements.** Quelques années auparavant, en 1742, le royaume avait essuyé une grave humiliation lorsque la flotte anglaise avait menacé de tirer sur Naples si le roi ne retirait pas ses troupes engagées contre l'Autriche. Charles de Bourbon s'était exécuté, ce qui avait révélé la faiblesse du nouvel État. C'est pourquoi Velletri représente une étape importante dans l'édification de la monarchie bourbonienne à Naples. À partir de cette date, le roi Charles commence également à organiser son pouvoir selon ses propres idées. Le nouveau chef du gouvernement est le marquis Fogliani. Dans tous ces changements, l'épouse de Charles de Bourbon, Marie-Amélie de Saxe, a joué un rôle de premier plan, puisqu'elle essaie, dès son arrivée à Naples (presque une enfant ! elle n'a que quatorze ans), de soustraire le royaume de son mari de l'influence de l'Espagne. Elle finira par s'investir directement dans les affaires politiques en entrant au Conseil d'État.

L'HISTOIRE

Une autre *affaire* complique la vie politique de ces années à Naples. Le peuple napolitain s'est déjà insurgé plusieurs fois au cours de son histoire contre l'instauration du tribunal de l'Inquisition en ville. En 1746-1747, on découvre une autre tentative, subreptice, de la part de Rome, de pratiquer l'inquisition à Naples. Le résultat sera la totale abolition de ce tribunal (cf. « L'affrontement État-Église », chap. VI). Mais la réaction n'est pas tant le fait du gouvernement que de la société civile. Les idées des Lumières se propagent à Naples grâce à l'activité d'un parti d'intellectuels, dont la figure principale est, tout d'abord, Antonio Genovesi (cf. « La philosophie des Lumières à Naples », chap. VII).

C'est, toutefois, au moment même où Charles de Bourbon s'investit pleinement dans la vie politique napolitaine que commence à se poser le problème de sa propre succession. En effet, selon le traité d'Aix-la-Chapelle (octobre-novembre 1748) qui clôt la guerre de Succession de l'Autriche, au cas où Charles deviendrait roi d'Espagne, il ne pourrait pas transmettre la couronne du royaume des Siciles à ses enfants. Elle reviendrait à son frère qui, ayant épousé l'une des filles de Louis XV, bénéficie du soutien du roi de France.

En juin 1755, Charles de Bourbon nomme un nouveau chef de gouvernement, Bernardo Tanucci, au service du roi depuis son retour de Toscane.

Cet ancien ministre de la Justice dans les gouvernements des Espagnols Santesteban et Montalègre doit résoudre le problème de la succession avec les puissances européennes. Lorsqu'on comprend que Charles de Bourbon remplacera son demi-frère Ferdinand VI, malade, sur le trône d'Espagne, les États européens, notamment l'Angleterre et l'Autriche, savent qu'il est improductif, et dangereux, de s'opposer au futur roi d'une grande nation. **Quand, le 6 octobre 1759, Charles de Bourbon prend le large depuis le port de Naples pour devenir Charles III, roi**

Bernardo Tanucci, d'après une caricature

L'HISTOIRE

d'Espagne, le problème a déjà trouvé sa solution: le roi de Naples sera son troisième fils, Ferdinand, qui, mineur (il a à peine neuf ans!), sera entouré par un conseil de régence contrôlé par Tanucci.

LA RÉGENCE DE TANUCCI (1759-1767)

Le départ de Charles de Bourbon de Naples a été immortalisé dans un tableau d'Antonio Joli. On y voit une foule immense, sur les quais du port, sur le môle, sur toutes les terrasses donnant sur le golfe, qui rend un dernier hommage à son roi. En signe de reconnaissance, le roi laisse à Naples la richissime collection des Farnèse qu'il avait emportée de Parme, toutes les richesses, les joyaux qui avaient été retrouvés à Pompéi et même une bague issue de ces fouilles qu'il avait mise à son doigt. Il laisse surtout une ville profondément rénovée.

En 1760, Alvise Mocenigo, diplomate vénitien, décrit en ces termes la ville de Naples, où il avait déjà séjourné en 1738 : « La ville de Naples, où j'aperçus, il y a vingt-deux ans, les premiers signes de l'amélioration qu'apporte d'habitude la résidence d'une cour royale, me sembla tellement différente dans son aspect et sa culture que je pus à peine reconnaître ses premières formes ». La construction de l'Auberge des pauvres, du théâtre San Carlo, du palais royal de Caserte, les fouilles d'Herculanum, de Pompéi et de Stabies, la puissance de l'armée, la fondation de la première chaire en Europe d'économie politique, confiée à Genovesi (cf. « La philosophie des Lumières à Naples », chap. VII), sont autant d'aspects du renouveau que Charles de Bourbon tente d'instaurer à Naples. Et pourtant, ces efforts n'apportent pas un vrai « progrès », la rénovation de la ville est plus « apparente » que « réelle », et surtout, tout cela se réalise au détriment de l'immense province méridionale. Tanucci est conscient de ces problèmes. Dans une lettre qu'il adresse au diplomate Guillaume Ludolf, **il affirme que la pauvreté du Sud de l'Italie naît du « baronnage universel qui opprime et de l'Église qui possède tout »**. Il pointe les deux questions permanentes de l'histoire de Naples et de son royaume qui imposent la persistance de privilèges féodaux, obstacles récurrents sur le chemin vers la modernité (cf. « Les retards de l'économie napolitaine », chap. IV).

L'HISTOIRE

Ces conditions économiques et sociales sont la cause de l'arrivée en ville d'une masse de travailleurs venant des campagnes du Sud. Il s'agit d'un phénomène ancien à Naples, remontant au moins au Moyen Âge : la création d'une couche sociale très vaste de pauvres (des sous-prolétaires au sens propre du terme) appelés les *lazzari* ou *lazzaroni*. Il est question d'une *plèbe* qui, poussée par la pauvreté des campagnes, s'installe dans la capitale où elle ne trouve que rarement du travail, sinon de manière temporaire, et vit dans la rue ou dans des conditions de grande précarité. La rénovation de la ville n'implique nullement l'amélioration de leurs conditions de vie : les transformations bourboniennes ne concernent ni la structure urbanistique de Naples ni a fortiori la structure sociale. La seule réponse que le nouveau royaume donne aux problèmes sociaux est l'enfermement dans l'Auberge des pauvres.

Les contradictions ne tarderont pas à apparaître. En 1764, une épidémie, causée par la famine, fait plus de vingt mille morts. Le gouvernement est pris au dépourvu. Les arrivages, puis la récolte, atténuent les effets de la famine à Naples. Mais elle a entraîné la venue d'autres *lazzaroni* en ville, en quête d'un morceau de pain.

Le gouvernement de Tanucci, et plus globalement la première phase du gouvernement bourbonien, sont marqués par cette ambiguïté. Ils se révèlent incapables de faire face aux problèmes sociaux qui constituent la caractéristique principale de toute l'histoire de Naples, et pourtant ils poursuivent une activité de modernisation de la machine étatique. En 1767, Ferdinand IV, ayant atteint l'âge de 16 ans, devient majeur. L'année suivante, il épouse l'une des filles de l'impératrice Marie-Thérèse, Marie-Caroline, très proche dans son enfance de sa sœur Marie-Antoinette, la femme de Louis XVI, ce qui ne sera pas sans conséquences dans l'histoire de Naples. **Ce mariage et la majorité de Ferdinand ne changent pas d'emblée le cours des événements politiques à Naples. Tanucci tient encore longtemps les rênes du pouvoir, jusqu'en 1776, date à laquelle il est contraint de le quitter.** L'une de ses dernières batailles a été d'abolir la présentation de la haquenée au pape, c'est-à-dire le tribut de la *chinea*, pour lequel Naples payait chaque année sept mille écus d'or, comme signe de sa vassalité à l'égard du Saint-Siège (cf. « L'affrontement État-Église », chap. VI).

L'HISTOIRE

NAPOLI

Ferdinand IV de Bourbon,
d'après une tapisserie de Pietro Durante

L'HISTOIRE

FERDINAND IV ET MARIE-CAROLINE (1767-1799)

Ferdinand IV est, sous maints aspects, un vrai souverain napolitain. Né à Naples, il parle la langue napolitaine et a été éduqué par des Napolitains, puisque ses parents partent très tôt vers l'Espagne où le trône les attend. Il parvient à instaurer une symbiose particulière avec la ville, non pas avec les classes aisées, comme on aurait pu l'imaginer, mais avec le peuple de Naples, avec la plèbe elle-même, jusqu'au point de devenir, dans l'histoire, **le roi lazzarone**. Il ne semble intéressé que par des plaisirs vulgaires, des jeux de mains, des *lazzis*. Il apprécie la compagnie de gens du peuple au point de faire de la cour un espace de *lazzaroni*, une « cour *lazzara* », comme l'écrira accablé son beau-frère, Joseph II de Habsbourg, à sa mère Marie-Thérèse, dans sa *Relation de Naples*. C'est la raison pour laquelle Ferdinand IV ne peut pas être tenu pour responsable de l'évincement de Tanucci en 1776, qui témoigne, en revanche, de la montée en puissance, au sein même du Conseil d'État, de son épouse, l'ambitieuse Marie-Caroline. **C'est à partir de cette date que commence réellement le règne de Ferdinand à Naples.**

D'ici peu, l'homme fort du royaume sera un Irlandais, **John Acton**, arrivé à Naples en 1779 pour organiser la marine militaire et qui gravira toutes les échelles du pouvoir jusqu'à devenir le chef du gouvernement, et probablement l'amant de la reine. Le résultat, ou mieux, l'enjeu réel de ces intrigues est l'indépendance du royaume par rapport à ses alliés historiques, l'Espagne et la France – auxquels Naples était liée pour des raisons dynastiques – et le renforcement du lien avec la puissance autrichienne. La reine y parvient grâce à une réelle habileté politique, en se fondant d'une part sur la maçonnerie, d'autre part sur l'influence que le modèle absolutiste habsbourgeois, incarné par toute sa famille, exerce sur les « philosophes ».

Au-delà des jeux d'intrigues (et d'alcôves), des personnages comme Acton participent à la volonté de réforme du nouveau royaume, qui accueille des personnalités étrangères pour améliorer la situation de l'État. Si Ferdinand IV n'est pas intéressé au pouvoir quotidien, il a au moins le mérite d'en laisser la charge aux autres, notamment à sa femme. À l'instar de son frère Joseph II, elle ouvre sa ville aux « philosophes ». C'est la raison pour laquelle **Naples devient, sous le pouvoir étrange de ce couple royal, une capitale européenne.** À l'inverse, le royaume de Charles de Bourbon,

L'HISTOIRE

plus sobre, puisque le roi était profondément religieux, se révèle moins ouvert aux échanges internationaux – limités surtout aux Espagnols –, et à l'esprit de réforme du siècle des Lumières. Plus tard, sous la régence de Tanucci, les choses évoluent peu. Naples semble alors perdre à nouveau son autonomie car c'est Charles III qui gouverne depuis l'Espagne par le biais de Tanucci. En ce sens, l'ouverture internationale prônée sous Ferdinand IV n'est pas seulement le signe de la volonté de s'insérer dans le courant réformiste du siècle, mais aussi de créer une perspective politique originale dans le royaume. En effet, **de nombreux témoignages confirment l'ouverture internationale et la volonté de réformes du royaume napolitain sous Ferdinand IV.** L'astronome français **Jérôme Lalande**, dans son *Voyage en Italie fait dans les années 1765-1766*, affirme que le gouvernement s'est occupé des « moyens de rétablir l'agriculture, d'ouvrir des communications, de défendre d'abord des côtes par le moyen d'une marine, de donner de la force aux lois et de ramener dans ce beau pays l'abondance et le bonheur ».

Sous Ferdinand IV, on réforme en 1777 l'Université, on crée en 1779 l'Académie de sciences et belles-lettres, on réforme les académies militaires. Le philosophe le plus prestigieux et le plus novateur du royaume, un véritable esprit des Lumières, **Gaetano Filangieri, entre au gouvernement en 1787**, après avoir écrit sa *Science de la législation*, plaidoyer pour une réforme radicale de l'État, contre toutes les survivances de l'Ancien Régime et ses privilèges féodaux (cf. « La philosophie des Lumières à Naples », chap. VII).

Il n'est pas facile de prononcer un jugement historique serein sur ces vingt années d'histoire napolitaine (du début du pouvoir autonome de Ferdinand, lors de l'évincement de Tanucci en 1776, jusqu'à l'éclatement de la révolution en 1799). D'une part, on ne cesse de lire des chroniques sur la passion du pouvoir de Marie-Caroline, sur ses histoires d'amour (mais quand, au juste, aurait-elle trouvé le temps de tromper son mari alors qu'elle a accouché dix-huit fois, entre 1772 et 1793, sans que la paternité du roi soit jamais mise en question ?), sur la bêtise de Ferdinand IV, le roi « plébéien » ; d'autre part, ces années constituent l'un des rares moments dans l'histoire de la ville où l'intelligentsia participe réellement à l'exercice du pouvoir, où un programme de réformes radicales semble commencer.

La première lecture des événements semble confirmée par la fin tragique où sombre le royaume à la fin du siècle. Pourtant, il reste à expliquer comment, malgré une conduite morale bien peu

L'HISTOIRE

exemplaire, ce pouvoir attire les meilleurs esprits de Naples et s'inspire, pendant cette période, d'un véritable projet réformiste.

En d'autres termes, la véracité de maintes accusations prononcées contre la vie de la cour *lazzara* de Naples est incontestable, même s'il faut ajouter qu'un grand nombre d'entre elles provient du parti « espagnol » qui voit son pouvoir compromis face au parti de la reine et à la montée en puissance de John Acton. Ainsi, la question peut se poser d'une manière différente. Il nous semble injuste d'attribuer la faillite du programme de réformes à des causes d'ordre moral (et d'une manière plus générale, nous savons, depuis au moins l'enseignement de Machiavel, que l'histoire n'est pas affaire de morale), mais alors pourquoi, tout comme à l'aube du pouvoir de Charles de Bourbon, les réformes n'aboutissent-elles pas ? En réalité, même dans le parti réformiste de la reine, se concentrent des intérêts réactionnaires. Des contradictions insurmontables bloquent les réformes que ce parti entend mener. Le parti de la reine représente, en effet, également les « grands », à savoir le baronnage et la noblesse, opposés à toute réelle élimination de leurs privilèges féodaux. La décennie révolutionnaire fera éclater toutes ces contradictions. Malheureusement pour Naples et pour tout le Sud de l'Italie, sans les résoudre.

L'ÉPOQUE DES RÉVOLUTIONS

La prise de la Bastille en 1789 a des effets immédiats sur la politique réformatrice de la reine. On établit un lien entre ce qui se passe en France et l'ouverture aux « philosophes » prônée dans le royaume napolitain. Comme si l'esprit de réformes conduisait mécaniquement aux révolutions. En vérité, jamais dans l'esprit de Marie-Caroline, les réformes n'auraient dû mettre en cause le caractère divin de la monarchie, c'est-à-dire le statut que les Bourbons ou les Habsbourgs attribuent à leur rôle. C'est pourquoi l'acceptation en 1791 de la part du roi de France de la Constitution, élaborée par l'Assemblée nationale, et, plus encore, l'arrestation du couple royal à Varennes, vont conduire le royaume de Naples dans le camp de la réaction internationale.

La France révolutionnaire a compris très tôt ce risque. Le 15 décembre 1792, elle envoie une flotte dans le golfe de Naples afin d'enrayer les menées du gouvernement napolitain à

L'HISTOIRE

Constantinople visant à ne pas faire reconnaître l'ambassadeur de la nouvelle République française. Le royaume napolitain s'est très bien préparé contre cette initiative et pourtant, dès que la flotte française apparaît dans sa baie, il cède sur tous les points. Il craint un soulèvement des « Jacobins » sur ses terres et essaie de conserver une sorte de neutralité, et donc la paix, sur le plan international. Le pas en arrière (pour ne pas dire l'humiliation) ne servira en réalité aucun de ces deux buts. Tout au long du mois et demi de présence française dans le golfe de Naples, des contacts s'établissent entre les soldats français et les premiers noyaux des révolutionnaires napolitains. D'autre part, la condamnation à mort de Louis XVI en janvier 1793, puis de Marie-Antoinette – qui est, ne l'oublions pas, la sœur de Marie-Caroline – fait basculer le royaume de Naples dans le camp ennemi de la France, en lui faisant perdre sa neutralité et l'espoir d'une paix durable. Le 12 juillet 1793, le royaume signe un traité d'alliance avec l'Angleterre qui l'implique clairement dans la première coalition anti-française.

Les dépenses militaires, et la crainte persistante d'actes révolutionnaires sur son sol, amènent bientôt le gouvernement à changer à nouveau de stratégie. Il se résout à signer l'armistice, puis la paix avec la France. La victime de ce revirement est tout naturellement Acton, et par conséquent la reine qui perd le contrôle de la situation. Acton, d'origine britannique, est considéré comme l'inspirateur de la politique guerrière contre la France. Il faut le sacrifier pour signer la paix, et aussi pour assouvir la vengeance de ce parti de la réaction, les « grands » – noblesse et baronnage – ayant toujours mal vu ses réformes et les ouvertures internationales, et maintenant les coûts liés aux efforts militaires. En octobre 1796, la paix avec la France, où s'illustre un jeune général qui commence à montrer sa valeur dans les campagnes du Nord de l'Italie, Napoléon, est le résultat de calculs de politique intérieure. Marie-Caroline en est bien consciente : durant la période de paix, il faudra réorganiser l'armée pour résister aux Français, mais aussi pour prévenir l'entrée des idées « françaises » dans le royaume.

Un procès contre des « Jacobins », dès la fin de l'année 1794, a déjà confirmé ses craintes. Suite à la présence française dans le golfe, des clubs « révolutionnaires » ont commencé à s'organiser. Découverts après une dénonciation, ils subissent un procès spectaculaire qui se solde par la condamnation à mort de trois de leurs membres : Vincenzo Vitaliani, 31 ans, Vincenzo Galiani, 24 ans, Emanuele de Deo, 21 ans. Ils seront exécutés sur la place du château de Naples.

L'HISTOIRE

Une réunion de Jacobins, dessin de Francesco Lapegna

La paix de 1796 n'implique nullement un retour au calme, ni à l'intérieur, où l'activité de répression du gouvernement continue, ni à l'extérieur, où Napoléon ne tarde pas à changer la carte politique de l'Italie. Les Français entrent à Rome, prenant comme prétexte l'assassinat de Mathieu-Léonard Duphot par les milices papales : le 15 février 1798, on proclame la République romaine. L'événement accroît la peur du royaume de Naples et favorise la création de la deuxième coalition anti-française. La paix n'a pas duré longtemps. Le 21 novembre, Ferdinand IV proclame la guerre contre la France pour l'occupation des États pontificaux et de Malte. L'armée bourbonienne avance rapidement et rejoint Rome dès le 27 novembre ; le lendemain même, Ferdinand IV entre dans la Ville éternelle. Toutefois, les Français résistent sur la frontière des Abruzzes, empêchant l'armée bourbonienne guidée par le général Mack de boucler le cercle autour de Rome. À partir de là, ils lancent la contre-offensive et chassent les Napolitains du Latium. Le général Championnet, venu du Nord de l'Italie pour prêter main-forte à ses compatriotes, annonce même, le 19 décembre, qu'il entrera à Naples sous huit jours. Le roi prend peur. Le 20 décembre, il décide de quitter Naples. La plèbe de Naples se soulève et marche vers le palais royal. Mais non pas pour détrôner Ferdinand, plutôt pour lui demander des armes contre les Jacobins. Le couple royal est effrayé par cette violence populaire, qui n'était pourtant pas dirigée contre eux. Le 21 décembre, Ferdinand IV, Marie-Caroline et un petit noyau de courtisans s'embarquent sur le vaisseau anglais *Vanguard* en direction de Palerme. Avant de partir, le roi nomme comme vicaire le prince

L'HISTOIRE

Émeute de la plèbe devant le palais royal, anonyme

Pignatelli di Belmonte. L'anarchie s'installe à Naples. Les nobles essayent de profiter de la situation pour amoindrir la puissance de la monarchie et conserver leurs anciens privilèges. Ils entament une lutte farouche contre le vicaire pour le révoquer et prendre sa place. Celui-ci essaie d'occuper cette vacance du pouvoir, et, tout seul, signe un armistice avec les Français à Sparanise le 10 janvier 1799. Le peuple, à son tour, s'insurge et occupe la ville avec des pillages fréquents et des actes de violence. Dans cette situation, les Jacobins napolitains tentent d'instaurer un nouvel ordre politique : c'est le début de la révolution à Naples.

LA RÉPUBLIQUE PARTHÉNOPÉENNE

Le 21 janvier, les révolutionnaires napolitains proclament la « République parthénopéenne ».

> LE TERME « PARTHÉNOPÉENNE » vient de Parthénope, la sirène qui selon la mythologie grecque se suicide dans les eaux du golfe de Naples, probablement après avoir été rejetée par Ulysse. Elle se dissout dans ces eaux, mais son corps sinueux et superbe se métamorphose et donne naissance à la morphologie du paysage napolitain : la sirène est donc considérée comme la fondatrice de Naples et donne son surnom à la ville, à ses habitants et aux événements qui y sont liés.

L'HISTOIRE

Le lendemain, l'armée française, après **avoir affronté la résistance farouche des *lazzari*, restés fidèles au roi, dans des combats menés rue par rue, maison par maison**, entre dans la forteresse Saint-Elme où on arbore **le drapeau de la nouvelle République : bleu, rouge et jaune** (le rouge et le jaune sont les couleurs traditionnelles de la ville de Naples, le bleu est un hommage à la République « sœur » française). Le 23 janvier, le général Championnet qui s'est installé dans le palais royal de Capodimonte nomme le Gouvernement provisoire de la République.

Ce gouvernement a les pouvoirs exécutif et législatif, mais, comme il est précisé dans l'article 4 du décret de son institution, toutes les lois, pour être appliquées, doivent être approuvées par le général. **La République parthénopéenne, comme toutes les autres républiques nées à la même époque sous l'impulsion des armées napoléoniennes, est sous tutelle française.** En fait, les troupes françaises se présentent tout de suite comme des troupes d'occupation et non pas comme des troupes de libération. Le 25 janvier, de son côté, le roi nomme le cardinal **Ruffo** vicaire en Calabre pour libérer le royaume des Français et des Jacobins. Il organise, au fur et à mesure de sa montée vers Naples, une armée de la Santa Fede (Sainte-Foi), composée notamment de paysans fidèles aux idéaux de la monarchie et de la religion (cf. « Le clergé », chap. VI).

La République doit, d'une part, donner une structure politique et administrative nouvelle à l'État, d'autre part, enrayer les soulèvements populaires fomentés par Ruffo dans les campagnes méridionales. Elle échouera partout. Tous ses projets tournent court : la loi sur la suppression des titres de noblesse (7 mars), la loi pour l'abolition de la féodalité (25 mars). Même sa Constitution, rédigée par Mario Pagano (cf. « La philosophie des Lumières à Naples »,

Emblème de la République française à Naples

chap. VII), est discutée, mais jamais mise en œuvre car, en juin, la République est déjà défaite. En effet, le cardinal Ruffo marche inexorablement vers Naples, et entre dans la capitale le 13 juin.

Les Français sont déjà partis, la ville est à genoux car la flotte anglaise, commandée par Nelson, contrôle le golfe et empêche toute activité économique. La mer, espace traditionnel de survie pour les Napolitains, n'offre plus aucune possibilité de vie ni de travail. L'étrange armée de la Sainte-Foi, composée par une plèbe variée, défait la dernière résistance des républicains. Ruffo a gagné, mais il ne veut pas écraser son adversaire. Il comprend très vite qu'il faut traiter avec les républicains pour éviter une guerre et des bombardements de la part de la flotte anglaise, et surtout pour empêcher les débordements des *lazzari*, prêts à tout détruire. Ruffo n'est pas animé par un esprit de revanche, contrairement au couple royal. Il veut simplement rétablir l'ordre, contre le spectre de l'anarchie que la ville a connue en janvier. C'est ainsi qu'il rend l'honneur des armes, le 23 juin, aux Jacobins, en leur permettant, dans les clausules de la capitulation, de partir vers Toulon ou de rester à Naples sans avoir à se soucier de représailles. C'est, pour les Jacobins, une issue favorable dans des événements tragiques, car, d'une certaine manière, la monarchie reconnaît implicitement la République.

Or, le lendemain, l'amiral Nelson débarque en ville. Il n'accepte guère les conditions de la capitulation. Son opposition à Ruffo a le soutien du couple royal, notamment de Marie-Caroline, qui, pour se venger de l'humiliation qu'ont été son départ pour Palerme et la condamnation de sa sœur, veut en découdre avec les Jacobins napolitains. Ces derniers sont des bandits, des hors-la-loi, et ils doivent être traités comme tels. Nelson a commencé par Francesco Caracciolo, chef de la marine de la République, qu'il fait pendre sur son bateau. Le 9 juillet, Ferdinand IV est à Naples, mais ne descend pas de son bateau. Il exige l'arrestation de tous les républicains, en revenant honteusement sur le traité de capitulation qui avait été signé en son nom. **C'est le début d'une répression violente qui frappe les divers participants à la République. On compte 1 251 condamnés. À Naples, on exécute 118 hommes et femmes. Au vu des noms et des professions d'un grand nombre de ces personnes, on dira que la monarchie a éliminé toute une classe dirigeante.** Ce qui n'est pas sans conséquences dans l'histoire future du royaume, et pour l'existence même de la dynastie bourbonienne, destinée à disparaître comme un résidu de l'histoire.

L'HISTOIRE

POURQUOI LA RÉVOLUTION A ÉCHOUÉ

Les causes de la défaite de la République napolitaine sont nombreuses. **Les Français, tout d'abord, sont moins soucieux de soutenir les révolutionnaires napolitains que de confisquer, comme des occupants, tout ce qu'ils peuvent.** Le rôle de Championnet demeure ambigu puisqu'il empêche la République d'exprimer ses potentialités, tout en étant le garant de son indépendance vis-à-vis de la France. En effet, il accepte la constitution autonome de la République et pense même continuer l'expédition militaire jusqu'en Sicile. À la différence d'autres, comme Faypoult, il ne pense pas que la France doive simplement dépouiller ses conquêtes, au nom des intérêts de la Grande Nation. Faypoult est le commissaire civil, un titre que le Directoire avait inventé pour contrôler l'action des généraux. Le contraste entre ces deux tendances, l'une plus proche des idéaux révolutionnaires jacobins (Championnet), l'autre exprimant le triomphe d'une bourgeoisie thermidorienne avide d'argent et de pouvoir, conduira à éloigner Championnet de Naples et à la nomination de Macdonald, plus proche de la nouvelle ligne politique qui s'est imposée au sein du Directoire. Ce n'est pas un hasard si Macdonald réintègre Faypoult, qui avait été chassé de Naples par Championnet.

Force est aussi de constater que le départ des Français, même s'il est tardif, le 9 mai, n'améliore pas la situation de la République. Cela confirme l'existence de problèmes endogènes dans la faillite de l'expérience républicaine. **Il est nécessaire, tout d'abord, d'examiner le rôle du peuple dans cette tentative.** Les *lazzari* métropolitains et les paysans des campagnes sont unis par une haine commune des Français et des idées nouvelles. Selon une interprétation courante, elle est due à leur attachement viscéral à la monarchie et à la superstition religieuse. En réalité, ils s'opposent au nouveau pouvoir, considéré comme une autre forme de la domination à laquelle ils sont soumis depuis toujours. La lutte contre les Français n'est pas idéologique, mais vise plutôt les vexations fiscales, les impôts, les conditions de vie que les nouveaux dominateurs imposent. C'est là la différence entre l'expérience révolutionnaire française et celle de Naples : ici ne se réalise jamais une convergence entre les intérêts des révolutionnaires et ceux du peuple. En effet, tous les cadres de la révolution napolitaine sont issus de la bourgeoisie, et même de la noblesse. Cette dernière

L'HISTOIRE

La Destruction de l'arbre de la liberté sur la place devant le palais royal, d'après le tableau de Saverio Della Gatta

voit dans la vacance du pouvoir la possibilité d'affirmer ses droits (ses privilèges) contre la monarchie centralisatrice des Bourbons. C'est pourquoi quelques nobles iront même jusqu'à défendre les Français. D'autres soutiennent l'idée d'instaurer un gouvernement oligarchique. Peu d'entre eux en revanche prennent le parti des Bourbons. La bourgeoisie, notamment sa partie la plus cultivée, son aile « intellectuelle », plaide la cause républicaine. Ainsi la base sociale de la révolution n'est pas le peuple, mais cette élite éclairée, composée d'hommes et de femmes de talent (entre autres Eleonora Pimentel Fonseca, Ignazio Ciaja, Vincenzio Russo, Mario Pagano) et de militaires (comme Caracciolo). Considérant la composition sociale de la République, on a reproché à ses membres leur manque de réalisme politique, leur naïveté. Plus généralement, dans le sillon de l'interprétation de Vincenzo Cuoco, on a défini cette révolution comme un exemple de « **révolution passive** ». L'expérience républicaine parthénopéenne serait un cas exemplaire de révolution importée dans un pays qui n'est pas disposé à l'accueillir, et portant en elle-même les germes de sa tragédie finale.

L'HISTOIRE

CHRONOLOGIE

Naples vice-royaume espagnol

1442-1495 : Naples est un royaume, sous la domination des Aragonais.

1495 : Charles VIII, roi de France, conclut sa campagne d'Italie en entrant à Naples (première phase des guerres d'Italie).

1504 : Le traité de Blois entre l'Espagne et la France marque le début de la domination espagnole en Italie. **Naples devient un vice-royaume de l'Espagne. Elle le restera jusqu'en 1707.**

1559 : La paix de Cateau-Cambrésis confirme la domination de l'Espagne en Italie.

1647 : Insurrection populaire. Tommaso Aniello, pêcheur connu sous le nom de Masaniello, s'impose parmi les chefs de cette révolte. Le vice-roi est obligé d'octroyer une constitution populaire. Le 16 juillet, Masaniello est tué. Toutefois la lutte continue. À partir du mois d'octobre explose une véritable guerre civile. Le peuple, guidé par Gennaro Annese, proclame la « Serenissima repubblica del regno di Napoli » (sic !). L'insurrection se terminera seulement l'année suivante avec le retour à l'ordre espagnol.

Naples vice-royaume autrichien

1702-1714 : Guerre de succession d'Espagne qui aura des répercussions sur Naples, puisque la branche autrichienne des Habsbourgs revendique des droits sur la couronne d'Espagne, et donc sur ses territoires italiens.

1707 : L'armée impériale entre à Naples. Le premier vice-roi autrichien est Giorgio Adamo, comte de Martinitz.

1710 : Giambattista Vico publie son ouvrage *De antiquissima italorum sapientia*.

1713 : Gian Vincenzo Gravina publie *De origine iuris civilis*. Paolo Mattia Doria publie la *Relazione dello stato politico, economico e civile del Regno di Napoli nel tempo ch'è stato governato dagli spagnoli*. Traité d'Utrecht : l'Espagne perd ses territoires italiens.

1714 : Paix de Rastadt. Fin de la guerre de succession espagnole : l'empereur Charles VI renonce à la couronne espagnole ; en échange, sa domination sur certains territoires d'Italie (dont le royaume de Naples) est officiellement reconnue.

L'HISTOIRE

1718 : Représentation de *Il trionfo dell'amore*, opéra d'Alessandro Scarlatti.
1722 : Représentation de *Griselda*, opéra d'Alessandro Scarlatti.
1723 : Pietro Giannone publie l'*Istoria civile del Regno di Napoli*. Il est aussitôt excommunié. Il part à Vienne.
1725 : Francesco Solimena peint la grande fresque *Héliodore chassé du temple* à l'intérieur de l'église du Gesù Nuovo.
1733 : Représentation de *La serva padrona*, opéra de Giovanni Battista Pergolesi.

NAPLES BOURBONIENNE

1733-1738 : Guerre de succession polonaise. L'instabilité européenne, causée cette fois-ci par la succession au trône en Pologne, changera de nouveau la nationalité des maîtres de Naples.
1734 : **Charles de Bourbon, fils cadet du roi d'Espagne Philippe V**, chasse les Autrichiens de l'Italie du Sud. Le 10 mai, il entre à Naples. Le 15 mai, par une série de déclarations, son père assure que le royaume ne fera plus partie de la couronne espagnole. Naples redevient la capitale d'un royaume indépendant. Le 24 mai, l'armée bourbonienne bat définitivement les troupes autrichiennes à Bitonto dans les Pouilles.
1735-1736 : Pietro Giannone écrit à Vienne le *Triregno*.
1736 : Giovanni Battista Pergolesi compose le *Stabat Mater*. Restauration et agrandissement du port de Naples.
1737 : **Inauguration du théâtre San Carlo**, construit en six mois par Angelo Carasale, d'après un projet de Giovanni Antonio Medrano.
1738 : Début de la construction du palais royal de Capodimonte, l'architecte est Giovanni Antonio Medrano. Début de la construction du palais royal de Portici par l'architecte Antonio Canevari. Les réaménagements des rois dans ce palais, de surcroît trop petit pour héberger toute la cour, nécessitent l'édification de nombreuses villas de courtisans dans les alentours. Il s'agit des « villas vésuviennes » du Miglio d'oro, du nom de la ligne de côte qui de Portici arrive à Torre del Greco. Aujourd'hui, le palais héberge la faculté de sciences agraires de l'Université de Naples.

41

L'HISTOIRE

18 novembre 1738 : La paix de Vienne clôt la guerre de succession polonaise. Charles de Bourbon obtient officiellement le royaume de Naples et de Sicile.

1739 : Antonio Genovesi ouvre une école privée pour l'étude de la philosophie.

1740 : Paolo Mattia Doria publie le traité *Del commercio del Regno di Napoli*.

1743 : Création d'une usine de faïences à l'intérieur du parc du palais royal de Capodimonte.

1744 : Édition définitive de la *Scienza nuova* de Giambattista Vico.

1748 : Découverte des premiers vestiges de la ville de Pompéi.

1751 : Ferdinando Galiani publie le traité *Della moneta*.

1751 : Début de la construction du Reale Albergo dei Poveri (Auberge des pauvres), institution destinée à l'enfermement des pauvres, dont le projet est l'œuvre de Ferdinando Fuga.

1752 : Premières pierres du palais royal de Caserte, dont l'architecte est Luigi Vanvitelli.

1753 : Antonio Genovesi publie le *Discorso sopra il vero fine delle lettere e delle scienze*.

1754 : Naissance de l'Académie des beaux-arts.

1757 : Début de la construction du Foro Carolino (l'actuelle place Dante), les travaux seront terminés en 1765.

1758 : La famille royale entame la restauration de l'ancien palais royal de Castellammare di Stabia sur la colline de Quisisana. Elle y séjournera l'été pour profiter de la position géographique et de la fraîcheur.

1759 : Charles devient, sous le nom de Charles III, le roi d'Espagne, suite à la mort de son frère Ferdinand VI. Il quitte Naples. Il remet alors la couronne de Naples à son troisième fils, Ferdinand. Ce dernier étant mineur, Charles nomme un conseil de régence que préside Bernardo Tanucci.

1760 : Construction de l'église de l'Annunziata, l'architecte est Luigi Vanvitelli auquel succède son fils Carlo.

1764 : Une grave famine sévit dans le royaume.

1765 : Antonio Genovesi publie le premier volume de ses *Lezioni di commercio*.

1767 : Ferdinand devient majeur et met fin à la régence. Il devient roi sous le nom de Ferdinand IV.

1768 : Le roi épouse l'archiduchesse d'Autriche, Marie-Caroline, fille de l'empereur François Ier.

1770 : Tommaso Tomeo fonde le théâtre dialectal San Carlino.

L'HISTOIRE

1775 : Publication du plan topographique de la ville de Naples par Giovanni Carafa.

1776 : Bernardo Tanucci, figure politique majeure du royaume, est contraint de partir. À la cour, c'est le parti pro-autrichien, dirigé par la reine, qui s'impose.

1778 : Fondation de l'Académie des sciences et des belles-lettres. Construction du théâtre Fondo, aujourd'hui Mercadante.

1778-1780 : Aménagement des jardins de Chiaia.

1779 : Construction des Granili (les Greniers) par l'architecte Ferdinando Fuga.

1780 : Gaetano Filangieri entame la publication de la *Scienza della legislazione.*

1783 : Construction des chantiers navals à Castellammare di Stabia (ils existent toujours).

1783-1785 : Mario Pagano publie ses *Saggi politici.*

1786 : Giuseppe Maria Galanti publie la *Nuova descrizione storica e geografica delle Sicilie.*

1787 : Giuseppe Palmieri publie anonymement ses *Riflessioni sulla pubblica felicità relativamente al Regno di Napoli.*

1789 : John Acton, en charge de la marine militaire depuis 1779, devient premier ministre. Giuseppe Palmieri publie ses *Pensieri economici relativi al Regno di Napoli.* Représentation de l'opéra comique *La pazza per amore* de Giovanni Paisiello. Début de la Révolution française.

1790 : Inauguration du théâtre San Ferdinando.

1792 : Représentation de *Il matrimonio segreto,* opéra de Domenico Cimarosa. Une flotte française, commandée par l'amiral Latouche-Tréville, se positionne dans la baie de Naples afin d'obtenir la neutralité du royaume dans la guerre qui oppose la France révolutionnaire à la première coalition (Grande-Bretagne, Espagne, Sardaigne, Prusse, Autriche, entre autres États). Pendant cette période, des Jacobins napolitains établissent des contacts étroits avec les Français.

1793 : Famine dans le royaume.

20 juillet 1793 : Malgré la promesse faite à Latouche, John Acton signe un traité d'alliance avec la Grande-Bretagne.

1794 : Tremblement de terre puis éruption du Vésuve.

18 octobre 1794 : Peine capitale pour un groupe de Jacobins napolitains (Vincenzo Galiani, Vincenzo Vitaliano et Emanuele De Deo), qui ont comploté contre la monarchie. Ils sont exécutés sur la place du château ; ce sont les premiers martyrs de la République napolitaine.

L'HISTOIRE

NAPLES RÉPUBLICAINE

15 février 1798 : Proclamation de la République romaine. L'armée napoléonienne prend Rome, chasse le pape et instaure une république. Le roi de Naples se sent alors encerclé par les puissances révolutionnaires. Il se tourne à nouveau vers les États de la coalition.

Octobre 1798 : Ferdinand IV décide de partir en guerre contre la République romaine. Les opérations militaires semblent d'abord sourire à l'armée bourbonienne qui entre à Rome. En décembre, toutefois, les Français reprennent tous les territoires qu'ils avaient perdus.

20 décembre 1798 : Manifestation violente des *lazzari* devant le palais royal contre les Français et les Jacobins.

21-23 décembre 1798 : Ferdinand et Marie-Caroline quittent Naples après la défaite de l'armée bourbonienne dans le Latium. Le roi nomme son vicaire, le prince Pignatelli di Belmonte. Le 26 du même mois, le couple royal est à Palerme.

11 janvier 1799 : Le vicaire signe un armistice honteux avec Championnet à Sparanise. Quelques jours après, il quitte la ville alors que la plèbe napolitaine se soulève. L'anarchie règne dans la ville : la plèbe, entre le 17 et le 24 janvier, commet des actes de violence et des pillages. Toutefois, elle est la seule force autochtone qui résiste aux Français.

21 janvier 1799 : Les républicains napolitains s'emparent du château Saint-Elme qui surplombe la ville. Proclamation de la République napolitaine (ou parthénopéenne).

25 janvier 1799 : Le roi, depuis Palerme, nomme le cardinal Fabrizio Ruffo comme vicaire pour la reconquête du royaume.

26 janvier 1799 : Institution du Gouvernement provisoire (républicain) à Naples.

8 février 1799 : Le cardinal Fabrizio Ruffo débarque en Calabre, d'où, avec son armée de la Sainte-Foi, part l'expédition pour la libération de Naples.

Le général Championnet

L'HISTOIRE

Combat entre les troupes françaises et les lazzari au pont de la Maddalena

9 mai 1799 : Les Français quittent Naples car l'armée est déployée vers le Nord de l'Italie sous les ordres de Macdonald.
13 juin 1799 : L'armée de la Sainte-Foi arrive à Naples. Quelques jours plus tard, les républicains capitulent.
17 juin 1799 : Dernier acte de la République parthénopéenne.
Juin 1799-mars 1800 : Répression sanglante des révolutionnaires : exécution de 118 hommes et femmes ayant participé aux événements.

La première restauration bourbonienne

1800 : On supprime les *Sedili nobili* et on crée un Sénat nommé par le roi.
1801 : Vincenzo Cuoco publie son *Saggio storico sulla rivoluzione di Napoli.*
1802 : Ferdinand IV rentre triomphalement à Naples.

Naples napoléonienne

23-24 janvier 1806 : Le roi quitte la ville face à l'avancée de l'armée napoléonienne, au cours de la guerre des Français contre la troisième coalition.

L'HISTOIRE

14 février 1806 : L'armée française entre à Naples.

30 mars 1806 : Joseph Bonaparte est nommé roi de Naples par son frère Napoléon.

23 mai 1808 : Joseph Bonaparte quitte le royaume de Naples, Napoléon lui ayant conféré la couronne d'Espagne.

31 août 1808 : Napoléon nomme son beau-frère Joachim Murat nouveau roi de Naples.

LA DEUXIÈME RESTAURATION BOURBONIENNE

20 mai 1815 : Le traité de Casalanza attribue le royaume de Naples à Ferdinand de Bourbon.

17 juin 1815 : Le roi revient à Naples après que le congrès de Vienne a confirmé officiellement ses droits sur la couronne napolitaine.

Octobre 1815 : Joachim Murat essaie d'organiser la résistance contre les forces réactionnaires à partir de la Calabre, mais il est pris et fusillé.

1816 : Les royaumes de Naples et de Sicile sont réunis sous le nom de royaume des Deux-Siciles. Ferdinand IV roi de Naples devient Ferdinand Ier, roi des Deux-Siciles.

1825 : Mort de Ferdinand Ier. Le roi de Naples, François Ier, succède à son père.

1830 : Mort de François Ier, le roi est son fils Ferdinand II.

1859 : Le nouveau roi de Naples est François II, qui succède à son père Ferdinand II.

NAPLES « ITALIENNE »

1860 : Dernière phase des guerres pour l'indépendance de l'Italie (Risorgimento). Le roi quitte Naples face à l'avancée des « Mille » (l'armée de Garibaldi). Le 7 septembre, Garibaldi entre à Naples. Le 1er octobre, l'armée bourbonienne est défaite près du fleuve Volturno. Le 21 octobre, un plébiscite sanctionne l'annexion du Sud de l'Italie au royaume de Savoie. Naples n'est plus la capitale d'un royaume. Une autre histoire commence, c'est l'avènement de l'Italie unie et indépendante.

L'HISTOIRE

CHRONOLOGIE DE LA RÉVOLUTION NAPOLITAINE DE 1799

21 janvier. Les patriotes napolitains entrent dans le Castel Sant'Elmo (forteresse située sur la colline de Vomero, dotée d'une position stratégique puisqu'elle domine toute la ville) et proclament la République napolitaine, alors que le roi Ferdinand IV se trouve à Palerme.

22 janvier. Les troupes de l'armée française, guidées par le général Championnet, entrent à Naples, où l'on nomme un Gouvernement provisoire de la République.

2 février. Eleonora de Fonseca Pimentel publie le premier numéro du *Monitore napoletano* (*Le Moniteur napolitain*), journal de la nouvelle république.

21 février. La République napolitaine engage l'abolition de la féodalité.

1er mars. Le cardinal Ruffo avance depuis la Calabre avec l'armée antirépublicaine de la Santa Fede (Sainte-Foi).

7 mars. La République abolit les titres de noblesse.

13 mars. La République ordonne la conscription obligatoire pour constituer une armée capable de résister aux troupes russes, turques et sanfédistes.

1er avril. Francesco Mario Pagano présente au Gouvernement provisoire le projet de Constitution républicaine.

13 juin. Les troupes du cardinal Ruffo entrent à Naples. La République tombe.

20 août. Exécution capitale sur la place du marché d'Eleonora de Fonseca Pimentel et de Gennaro Serra di Cassano.

29 octobre. Exécution capitale sur la place du marché d'Ignazio Ciaja, de Domenico Cirillo et de Francesco Maria Pagano.

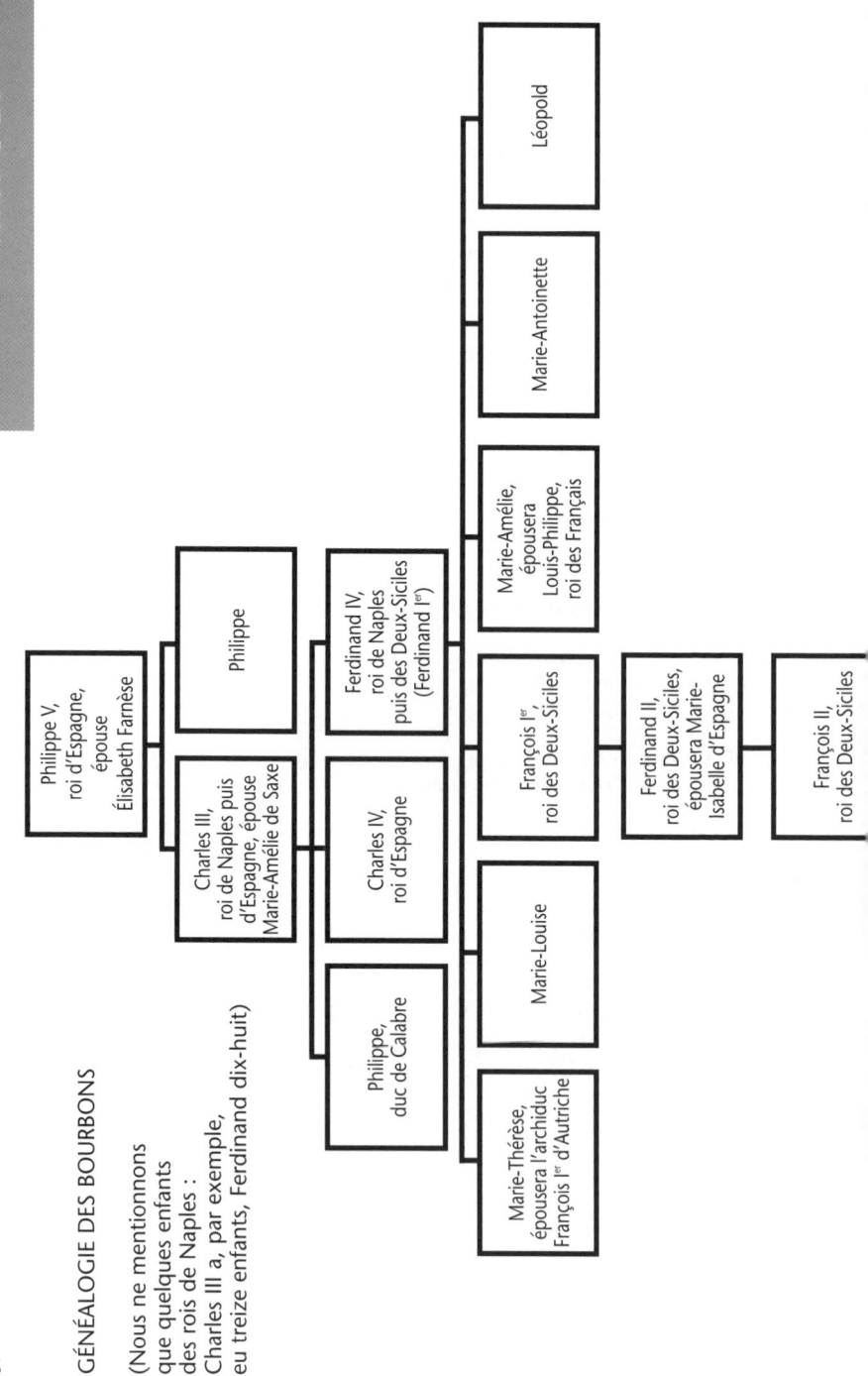

L'HISTOIRE

NAPOLI

GÉNÉALOGIE DES BOURBONS

(Nous ne mentionnons que quelques enfants des rois de Naples :
Charles III a, par exemple, eu treize enfants, Ferdinand dix-huit)

- Philippe V, roi d'Espagne, épouse Élisabeth Farnèse
  - Charles III, roi de Naples puis d'Espagne, épouse Marie-Amélie de Saxe
    - Philippe
    - Charles IV, roi d'Espagne
    - Ferdinand IV, roi de Naples puis des Deux-Siciles (Ferdinand Iᵉʳ)
      - Marie-Thérèse, épousera l'archiduc François Iᵉʳ d'Autriche
      - Philippe, duc de Calabre
      - Marie-Louise
      - François Iᵉʳ, roi des Deux-Siciles
        - Marie-Amélie, épousera Louis-Philippe, roi des Français
        - Marie-Antoinette
        - Léopold
        - Ferdinand II, roi des Deux-Siciles, épousera Marie-Isabelle d'Espagne
          - François II, roi des Deux-Siciles

II

LA VILLE ET SON ROYAUME

Au XVIIIe siècle, les voyageurs sont attirés par l'histoire de la région napolitaine qui plonge ses racines dans les mythes, mais également par ses beautés naturelles. La baie de Naples avec le Vésuve devient un des paysages les plus réputés en Europe, notamment grâce à l'œuvre d'un grand nombre de peintres qui représentent ces lieux, comme Antonio Joli et Jakob Philipp Hackert. Le climat doux, presque toute l'année, favorise aussi la rencontre avec la ville. Et pourtant la topographie de Naples est la cause de maints problèmes que la ville doit affronter. La capitale du royaume des Bourbons donne somptueusement sur la mer et elle est encerclée par un mur de collines à l'arrière-plan : il s'agit un véritable amphithéâtre romain, fait de collines, d'immeubles et d'hommes, au milieu de la mer Tyrrhénienne. La caractéristique essentielle de cet emplacement est l'étroitesse. Or, depuis le Moyen Âge, Naples est une métropole qui doit gérer une population dense à l'intérieur de ce cadre restreint. C'est la cause de deux problèmes majeurs pour la ville, et c'est aussi un révélateur du déséquilibre sur lequel le royaume se fonde. **L'étroitesse de la ville et le grand nombre de ses habitants la rendent chaotique** : pour pourvoir aux besoins locatifs, on construit des immeubles en hauteur sans règle ni plan. La ville est totalement désorganisée puisqu'elle ne peut pas suivre ce développement démographique, à cause du site, mais aussi du manque de volonté de la part des gouvernants. Un grand nombre de riches profitent de cette situation propice à la hausse des loyers et à une intense activité économique liée au bâtiment. C'est une des raisons historiques du retard économique du Sud : ses classes dirigeantes n'ont pas impulsé une réelle croissance économique liée au capitalisme naissant, préférant exploiter simplement leurs rentes, issues souvent de la « brique » (en tuf, à Naples). D'autre part, Naples est surpeuplée, elle compte presque 450 000 habitants à la

LA VILLE ET SON ROYAUME

fin du siècle, car elle accueille une masse extraordinaire d'hommes et de femmes provenant de l'immense province méridionale, laissée par les pouvoirs centraux dans la misère et l'arriération. L'étude de la géographie humaine du royaume révèle un grand nombre de problématiques : le poids de la rente foncière dans l'économie méridionale, les questions urbanistiques et démographiques, la pauvreté économique, sociale, culturelle et la désertification du Sud de l'Italie.

LE GOLFE DU CRATÈRE

Le paysage de Naples reproduit la beauté des courbes de la sirène Parthénope : selon le mythe, elle est morte de désespoir amoureux (Ulysse serait passé par là...) et son corps, en se recomposant, est à l'origine de la géographie de la ville de Naples. La sirène serait allongée, sa tête formant la colline de Capodimonte et ses pieds la péninsule de Pausilippe (cf. « La République parthénopéenne », chap. I). De plus, cette Naples/Parthénope s'est blottie au cœur d'une baie superbe qui va des champs Phlégréens jusqu'à la péninsule de Sorrente, du cap de Misène à l'ouest jusqu'à la pointe Campanella au sud.

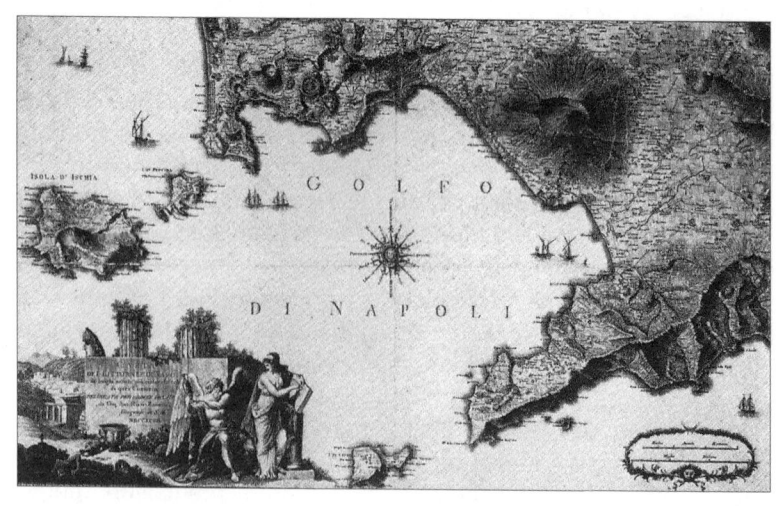

Carte du golfe de Naples avec les lieux antiques les plus remarquables de ses alentours, gravure de Giovanni Antonio Rizzi Zannoni, 1794

LA VILLE ET SON ROYAUME

La description de Strabon, dans sa *Géographie*, nous permet de parcourir encore aujourd'hui avec précision cette baie. Les références au mythe n'entravent en rien le tableau, le rendent simplement plus fascinant et confirment l'importance de Naples dans l'histoire de l'humanité :

> « Près de Cumes se trouvent le Cap Misène et, dans l'intervalle, le Lac Achérusien, sorte d'étier marécageux. Sitôt qu'on a tourné le Cap Misène, au pied même du promontoire, s'ouvre un port, après lequel la côte se creuse en une baie d'une infinie profondeur, abritant la ville de Baïes et ses eaux thermales [...]. À Baïes succèdent immédiatement d'abord le Golfe Lucrin, puis, à l'intérieur de celui-ci, le Golfe Averne [...]. Les récits fabuleux de nos prédécesseurs situent dans l'Averne la scène homérique de l'évocation des morts. [...] On dit que Baïes a pris le nom de Baïos, un des compagnons d'Ulysse, le Cap Misène, celui de Misénos. Ensuite viennent la côte escarpée de la région de Dicéarchia, et la ville elle-même. Dicéarchia était, à l'origine, un port construit par les habitants de Cumes sur la pente descendant vers la mer, mais les Romains s'y installèrent à leur tour lors de la guerre contre Hannibal et changèrent son nom contre celui de Puttéoli, emprunté aux puits. Certains auteurs, cependant, font venir ce nom de l'odeur putride de l'eau, toute la contrée jusqu'à Baïes et jusqu'aux environs de Cumes étant pleine de soufre, de feu et de sources chaudes. On pense aussi que la région de Cumes a été appelée pour la même raison Phlégrea et qu'il faut rapporter aux émissions de feu et d'eau l'histoire des blessures faites par la foudre aux Géants qui tombèrent sur ce champ de bataille. [...] À Dicéarchia succède la ville de Néapolis. Fondée par les habitants de Cumes, elle reçut plus tard une colonie chalcidienne et quelques ressortissants de Pithécusses et d'Athènes, ce qui lui valut son nom de Néa Polis. On y montre le tombeau de l'une des Sirènes, Parthénope [...]. L'oppidum d'Héracléion, contigu à Néapolis, occupe un promontoire en saillie sur la mer et remarquablement battu des vents du sud-ouest, ce qui assure la salubrité de ce lieu de résidence [...]. Située près du Sarnos, par lequel se font l'importation et l'exportation des marchandises, Pompéi sert de port [...]. Surrentum, cité campanienne de laquelle se détache le sanctuaire d'Athéna, appelé par certains auteurs promontoire des Sirénusses, est contiguë à Pompéi. À la pointe du promontoire s'élève un temple d'Athéna bâti par Ulysse [...]. **C'est là que se termine le golfe connu sous le nom de Cratère. Il est délimité par deux promontoires orientés vers le sud, le Cap Misène et celui du sanctuaire d'Athéna, et paré sur toute sa longueur soit des cités que nous avons énumérées, soit, dans les espaces intermédiaires, de résidences et de plantations qui se touchent toutes et offrent ainsi d'un bout à l'autre l'aspect d'une seule ville** ».

Strabon, *Géographie*, livre V, 4, 5-8, texte établi et traduit par F. Lasserre, CUF, Les Belles Lettres, Paris, 1967.

LA VILLE ET SON ROYAUME

En face de ce littoral, il y a un autre spectacle que Strabon n'oublie pas d'indiquer : les trois îles de Procida, d'Ischia et de Capri. La première (anciennement Prochyté) prolonge le cap Misène et la dernière le cap du sanctuaire d'Athéna (la pointe Campanella aujourd'hui). Ischia (l'ancienne Pithécusses) est mentionnée pour sa richesse – elle possède même des mines d'or –, pour ses tremblements de terre et ses éruptions. Ce golfe est une zone entièrement volcanique. Le golfe de Naples est, selon les termes de Strabon, le « golfe du Cratère » puisqu'il est dominé par le « mons Vesuvius », centre unificateur de cette « ville unique » qui peut donner la mort à ses habitants, mais aussi la vie, en fécondant une terre « heureuse ». Dans les champs Phlégréens, on peut voir encore aujourd'hui d'anciens cratères, s'ouvrant comme des béances, dont le plus connu est la Solfatare de Pouzzoles, déjà célèbre au XVIIIe siècle, comme le confirment les nombreux tableaux qui la représentent.

À l'époque historique, l'énergie éruptive se concentre presque exclusivement dans le Vésuve. C'est un exemple typique de volcan Summa, ainsi que l'on appelle, en se référant justement à ce volcan campanien, les caldeiras volcaniques partiellement remplies par de nouveaux cônes centraux plus récents. Le Vésuve est le résultat d'un cercle extérieur plus large et plus ancien, qui existe toujours (c'est le cratère du mont Somma), et d'un cône éruptif intérieur plus petit et plus récent (c'est le cône du Vésuve ou *Gran Cono*). Selon certains vulcanologues, ce cône se serait formé dans le vaste cratère du mont Somma à l'époque de l'éruption rapportée par Pline, pendant l'automne 79. Selon d'autres, ce cône devait déjà exister avant cette catastrophe.

Or, au XVIIIe siècle, naît un nouvel intérêt scientifique et culturel pour ce volcan. La découverte des fouilles archéologiques des villes ensevelies par le Vésuve incite à l'étude de son activité. D'ailleurs, quelques fortes explosions, entre autres celle de 1737, puis celle de

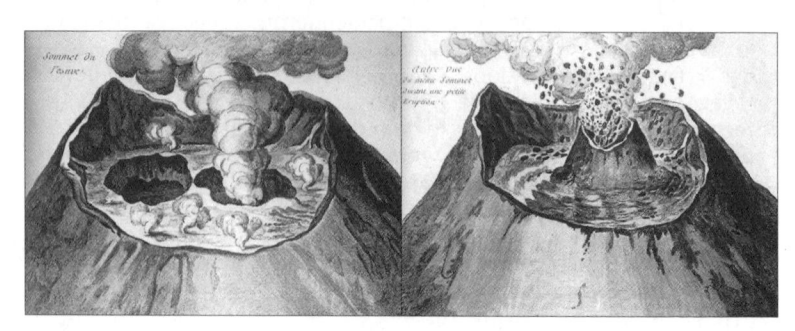

Vues du cratère du Vésuve, XIXe siècle

LA VILLE ET SON ROYAUME

1767, et enfin la plus violente le 16 octobre 1794, font tourner tout aussi naturellement les regards vers le volcan : l'esprit curieux des Lumières y trouve un objet d'étude sans fin. Des hommes de science viennent de toute l'Europe à Naples pour étudier ce phénomène, comme par exemple l'astronome français **de Lalande**, auteur d'un *Voyage d'un François en Italie*, ou bien ils l'étudient de loin, comme le fera Buffon. C'est toutefois un homme qui n'était pas, au départ, un scientifique, qui nous a laissé le témoignage le plus intéressant sur le Vésuve au XVIIIe siècle jusqu'au point de devenir le premier « vulcanologue » de l'histoire, avant même la création de ce mot. Il s'agit d'un jeune noble écossais, **William Hamilton**, qui arrive à Naples en 1764 en tant qu'ambassadeur de Grande-Bretagne. Il y restera jusqu'en 1800, sa demeure, le palais Sessa, devenant un haut lieu de la culture et des rencontres mondaines à Naples. L'ambassadeur aura le temps d'étudier les différentes éruptions et de rédiger pour le public anglais des relations sur ces phénomènes. En 1776, il publie sous le titre de *Campi Phlegraei, Observations on the Volcanoes of the Two Sicilies*, texte bilingue anglais-français, l'ensemble de ces rapports. Il ne s'agit pas seulement du premier texte de vulcanologie et d'une étude scientifique de première importance, grâce auxquels Hamilton est reçu « membre correspondant de la Royal Society de Londres », mais aussi d'un document iconographique très beau, car dans l'édition napolitaine, imprimée par Paolo De Simone, Hamilton insère des illustrations éditées par le peintre Pierre Fabris.

Sir William Hamilton, gravure de Giovanni Morghen

Ces dessins, comme Hamilton l'écrit dans sa cinquième lettre, doivent démontrer l'origine volcanique de Naples et de ses alentours puisque « le sol sur lequel a été bâtie cette grande capitale a été produit évidemment par des explosions, dont quelques-unes semblent avoir existé sur le lieu même où elle est ; tous les lieux élevés des environs de Naples, Pausilippe, Pouzzoles, Baia, et Misène, les îles de Procida et d'Ischia, paraissent avoir été élevés par des explosions. Vous observez toujours dans la plupart de ces

LA VILLE ET SON ROYAUME

hauteurs la forme conique qui leur a été donnée dans le principe, et même les cratères par où la matière est sortie ». Cette ville unique qu'est la région de Naples est assurément le golfe des cratères.

Dans le cas de Naples-ville, l'action volcanique sur la topographie est évidente : Naples se situe au croisement de la région vésuvienne, des champs Phlégréens et de la Terra di Lavoro.

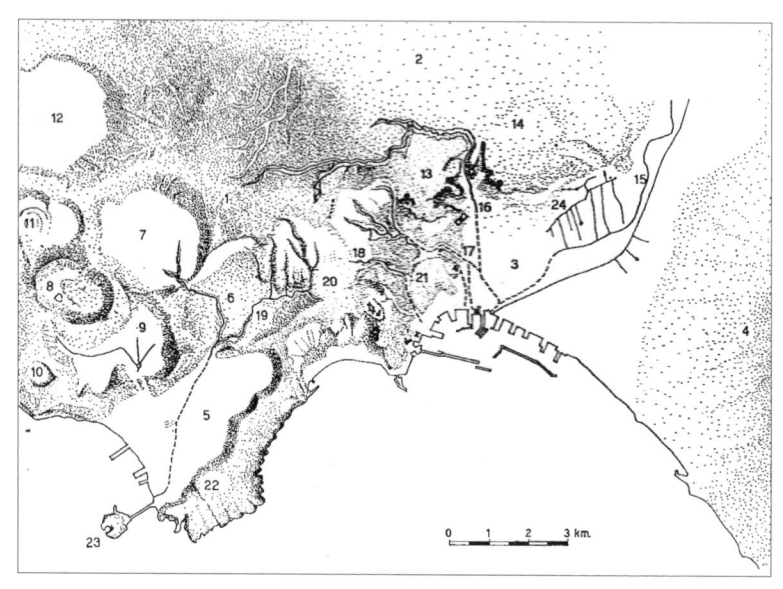

Carte géologique du golfe de Naples, d'après Storia di Napoli, *ESI*

1. Colline des Camaldoli
2. Terra di Lavoro
3. Plaine de l'Arenaccia
4. Le Vésuve
5. Fuorigrotta
6. Soccavo
7. Pianura
8. Cratère des Astroni
9. Cratère d'Agnano
10. Solfatara
11. Cratère de la Senga
12. Quarto
13. Capodimonte
14. Capodichino
15. Fleuve Sebeto
16. Arenaccia
17. Arena alla Sanità
18. Arenella
19. Arena Sant'Antonio
20. Vomero-Arenella
21. Ancienne ville gréco-romaine
22. Pausilippe
23. Nisida
24. Sources du « Purgatorio »

LA VILLE ET SON ROYAUME

UNE VILLE POREUSE ET BAROQUE : LE SOUS-SOL

Naples est, dans la mythologie, une terre de Géants parce que son terrain relève d'innombrables explosions. Le sol où surgit la ville est composé de différentes strates. Comme l'a déjà souligné Hamilton, il s'agit de couches témoignant des différentes éruptions. Le signe distinctif du sol de la région est alors une sorte de pierre tendre, composée de ponces, de cendres, et de matière brûlée, qu'on appelle le tuf « napolitain ». On peut voir cette matière volcanique sur les hauteurs des environs de Naples, notamment sur la colline où s'ouvre la grotte de Pausilippe, un chemin creusé qui conduit de Naples à Pouzzoles et qui est le lieu où, selon la légende, a été bâti le tombeau de Virgile, et plus récemment on y a construit celui de Giacomo Leopardi.

La grotte de Pausilippe par Gaspar van Wittel (fondation Maurizio et Isabella Alisio, Naples, DR)

Les matériaux projetés ou éjectés lors des éruptions donnent naissance à ces types de roche dont la caractéristique principale est la tendreté. Le peu de dureté du tuf a favorisé sa large utilisation dans les constructions architecturales de la région : depuis les origines grecques, comme en font foi les murs qui encerclaient la ville à cette époque, et que l'on peut partiellement voir encore aujourd'hui, jusqu'aux immeubles populaires où habitent les Napolitains au XVIIIe siècle, peints admirablement par l'Anglais **Thomas Jones** (cf. « La peinture », chap. VIII).

LA VILLE ET SON ROYAUME

Bâtiments napolitains, huile sur papier par Thomas Jones, 1782 (DR)

Mais le tuf est aussi ce qui donne son aspect particulier au paysage et au sol napolitains. Comme le montre très bien la grotte de Pausilippe, la terre tufière, de couleur jaune, sur laquelle surgit Naples, est friable, parsemée de criques, de grottes et de véritables béances, qui sont le résultat des mouvements de la terre, mais surtout de l'activité de l'homme. Profitant de la tendreté de ce sol, on y a construit des aqueducs, des galeries ou des catacombes ou bien on l'a utilisé comme source intarissable de matériaux de construction (d'où la dangerosité du sol napolitain qui est parfois littéralement « vide »).

Une autre pierre d'origine volcanique a été largement utilisée dans l'architecture napolitaine. Il s'agit du *piperno*, une roche magmatique typiquement phlégréenne, de couleur plus sombre que le tuf, très proche du péperin que l'on a employé à Rome. Le *piperno*, plus noble que le tuf, n'a pas besoin d'être couvert d'enduit, et sa résistance aux agents atmosphériques en fait un revêtement extérieur idéal. Moins disponible, donc plus cher, le *piperno* est utilisé dans les édifices importants de Naples, comme le « Castel Nuovo », connu également sous le nom de « Maschio Angioino » (le « Nouveau Château » de Naples construit par les Angevins en 1279), dans les tours de certaines portes d'entrée de la ville, Porta Capuana ou Porta Nolana, ou dans l'église du Gesù Nuovo. Au XVIIIe siècle, c'est la pierre avec laquelle on bâtit le palais royal de

LA VILLE ET SON ROYAUME

Capodimonte et les autres palais nobiliaires, notamment les villas vésuviennes. Le *piperno* était également très recherché pour la construction de portails et d'escaliers. Les carrières de *piperno* se trouvaient essentiellement à Soccavo, à l'ouest de Naples.

Ce rapport étroit entre la ville et son territoire, ou plus précisément son sous-sol, a donné lieu à **une définition philosophique de Naples en tant que ville « poreuse ».** **Walter Benjamin**, avec sa compagne de l'époque, **Asja Lacis**, a été l'un des derniers grands voyageurs étrangers à Naples. En 1924, ils séjournent plusieurs mois dans la ville et ses environs, notamment à Capri. Lors de ce séjour ils écrivent un texte, intitulé *Naples*, pour le *Frankfurter Zeitung*. L'idée forte de cet article est l'identification de Naples à sa pierre : « la ville est rocheuse ». Or, nous savons déjà que cette roche n'est pas dure : les regards de nos philosophes se portent aussi vers les cavernes qu'on y a creusées. **Ce sont ces cavernes qui donnent son caractère « poreux » à la ville, présentée comme une terre de contacts, de passages entre des mondes différents, entre la vie privée et la vie publique, entre la vie et la mort, comme sur le lac d'Averne ou dans le célèbre « antre de la Sybille » à Cumes.** La « porosité » de la ville se révèle surtout dans son caractère *non-finito*, où rien n'est définitif, notamment en architecture, tout se transforme, s'écoule. Il y a des myriades de « pores » à Naples car la ville vit dans cette situation de changement perpétuel, elle n'a pas de limites, mais des connexions infinies se nouent, et se dénouent, en son sein. On l'aura compris : **Benjamin, qui travaillait en ces années-là sur le baroque, trouve dans la ville même une illustration de ce concept. Le baroque serait précisément ce rapport entre des œuvres fragmentaires, indéfinies, ou déchues, et les choses, à savoir la nature. Il existe un lien entre l'absence d'une forme « finie » de la ville, sa structure architecturale non codifiée, et la matière géologique dont elle est faite** (cf. « Le baroque », chap. VIII). On ne peut pas savoir où la construction se poursuit et où commence la décrépitude. Cette pierre rend impossible l'affirmation d'une situation, d'une figure définitive, elle ouvre toujours à de nouvelles configurations. Le baroque est l'attention au fragment, la fascination pour le désordre, le surchargé, ou mieux : l'intuition de la caducité des choses. D'une part, le baroque se lie à l'un des caractères les plus célèbres de Naples, à son âme théâtrale. La fragilité des choses implique la passion de l'improvisation. Chaque jour, on est acteur ou spectateur d'une nouvelle mise en scène. D'autre part, cette caducité révèle également le rapport profond que la ville entretient avec la mort. À Naples, toute chose

LA VILLE ET SON ROYAUME

est une affirmation destinée à périr, vivant dans une position fragile, passagère, dans le monde. Il s'agit d'une mort qui ne pétrifie pas les choses, mais qui est elle aussi prise dans son devenir. Ce n'est pas la mort qui arrête le mouvement, c'est plutôt le mouvement même vers la mort. Comme le disait Gilles Deleuze à propos de Leibniz, le baroque est la mort en mouvement, en train de se faire. Or, Benjamin n'omet pas de signaler ce rapport constitutif de Naples avec cette idée baroque de la mort : « Vue des hauteurs, où les signaux sonores ne parviennent pas, de San Martino, elle dépérit dans le couchant, fusionnant avec la pierre ». **Le rapport de la ville avec sa roche poreuse renverrait à son rapport avec la mort. Naples est aussi « poreuse » parce qu'elle est toujours en train de mourir. « Vois Naples et puis meurs »** (« *Vedi Napoli e poi muori* ») **ne serait rien d'autre que répéter le geste infini accompli par la ville elle-même.**

TOPOGRAPHIE ET POPULATION

Les nouveaux souverains bourboniens doivent répondre à un double défi. **D'une part, ils ont à redéfinir un modèle urbain qui répondrait aux exigences – notamment sanitaires et locatives – d'une population très dense. D'autre part, ils doivent faire de Naples la vitrine de leur nouveau pouvoir.** Naples attire toujours une masse extraordinaire de travailleurs provenant des vastes campagnes du royaume. Le nouveau pouvoir des Bourbons essaie de régler, voire d'encadrer, ces mouvements de personnes en aménageant au mieux la ville. Pendant leur règne, Naples s'étend en dehors de ses anciennes limites en direction des collines, intégrées à la ville avec le début de la démolition des murs. Un des objectifs de l'administration est d'éliminer le caractère chaotique de Naples et de favoriser une circulation fluide à l'intérieur de la ville et dans les échanges avec l'extérieur. Pour cela, on crée de nombreux axes marqués par la construction d'immeubles monumentaux. Par exemple, l'Auberge des pauvres est située sur un des axes les plus importants de la ville, la via Foria, et les Greniers se trouvent sur la route conduisant à Portici, où, d'ailleurs, sera construite une demeure royale. **Les souverains améliorent à la fois la circulation citadine et leur image.** Ces projets de réaménagement de la ville, à partir de la deuxième moitié du siècle, s'appuient sur l'œuvre

LA VILLE ET SON ROYAUME

cartographique de **Giovanni Carafa, duc de Noja.** Ce dernier, exemple typique d'un « philosophe », un « technicien » qui se met au service du souverain éclairé, établit une *Mappa topografica della città di Napoli e de' suoi contorni (Carte topographique de la ville de Naples et de ses alentours,* commencée en 1750 par le duc, mais terminée et publiée par **Niccolò Carletti,** après sa mort, en 1775) afin d'offrir au roi un instrument de connaissance du territoire et de l'orienter dans ses programmes de redéfinition du visage de Naples et de sa région. Ce plan topographique composé de 35 feuilles comprend toute la structure urbaine de Naples : au nord, il inclut le petit village de Nazaret, la colline des Camaldoli et Capodimonte ; au sud, il englobe la mer jusqu'à la petite île de Nisida ; à l'ouest, il arrive jusqu'à Bagnoli dans les champs Phlégréens ; à l'est, il comprend les villages de San Giorgio a Cremano, Portici et Resina.

Le duc de Noja fait précéder sa carte d'une admirable préface, *Lettera ad un amico contenente alcune considerazioni sull'utilità e gloria che si trarrebbe da una esatta carta topografica della città di Napoli e del suo contado (Lettre à un ami avec quelques considérations sur l'utilité et la gloire que l'on tirerait de l'établissement d'une carte topographique précise de la ville de Naples et de son territoire),* dans laquelle il expose les raisons qui ont inspiré son travail. Carafa affirme que la carte naît de l'exigence de montrer l'« augmentation des monuments en ville » sous Charles de Bourbon. C'est parce que le roi a voulu construire tant d'ouvrages sous le Vésuve qu'il lui faut une carte, afin de « régulariser le site et l'ordre des nouvelles maisons ». Autrement dit, la carte peut favoriser la rencontre entre les fastes que le roi impose à la ville et une amélioration de sa structure urbanistique. Mais l'intérêt de cet esprit des Lumières ne se porte pas simplement sur les goûts du souverain. La rédaction de la carte est fondamentale pour « réordonner » la ville qui a connu un développement tumultueux. Naples « vacille et souffre sous le poids de sa grandeur », elle est, parmi les grandes villes européennes, celle qui a le plus d'urgence « à être ramenée à une condition meilleure ». En effet, **la population de Naples est devenue trop importante par rapport aux conditions mêmes de son site géographique : une si grande ville est désormais sur le point d'exploser, coincée entre la mer, d'un côté, et les collines derrière** : la colline de Pausilippe (170-180 m, qui sépare Naples des champs Phlégréens), celle du Vomero (180 m), Saint-Elme (245 m, où se trouve la forteresse qui jouera un rôle important lors de la révolution), le monte Echia ou Pizzofalcone (55 m, probablement le site où est née la ville grecque dans le prolongement de Saint-Elme), vers le nord

LA VILLE ET SON ROYAUME

la colline des Camaldoli (458 m, le point le plus élevé de la ville), Capodimonte (153 m, où le roi Charles fait construire un palais), Capodichino (93 m) et Poggioreale (89 m, où Ferdinando Fuga réalise le cimetière).

Mais ce n'est pas seulement la situation géographique qui pose problème, mais aussi la structure urbanistique. Il faut y construire des « rues longues et droites » et des « places », des auberges pour les étrangers, un musée pour la collection Farnèse, un jardin botanique, etc. Or, pour entreprendre ces travaux de rénovation, il faut, au préalable, avoir un plan de l'état actuel de Naples. La carte est le fondement de la vie en communauté, puisque seules les villes ayant leur « délimitation géométrique » génèrent les bonnes mœurs de leurs habitants. Par exemple, les rues étroites et tortueuses contribuent, selon Carafa, à exacerber l'esprit du peuple, à le conduire à l'insoumission. À l'inverse, les maisons bien construites ont une grande importance dans l'éducation des jeunes, dans la bonne tenue des femmes et, en général, dans les habitudes du peuple. Elles constituent, selon les dires de Carafa, le fondement de la salubrité de l'air, d'une longue vie des habitants, de la bonne discipline et de la prospérité des commerces et des manufactures. Ce lien précis entre la carte géographique et l'économie nous dévoile les dessous de ces travaux techniques. Comme l'a enseigné Michel Foucault, les efforts pour mettre de l'ordre dans la structure urbanistique, typiques de l'époque des Lumières, servent la volonté de maîtrise de la ville, par l'exercice d'un contrôle plus continu et plus direct sur les populations.

Le problème principal, en ce qui concerne la ville de Naples et son territoire, c'est qu'elle échappe à cette tentative de rationalisation, malgré la définition du plan topographique. En effet, comme en témoigne un autre grand esprit des Lumières, Giuseppe Maria Galanti, qui publie en 1792 une *Breve descrizione della città di Napoli e del suo contorno,* la construction d'une ville monumentale est peut-être réussie, mais la construction privée subit une croissance désordonnée. L'explosion démographique aggrave le désordre et la congestion du tissu urbain. Les habitations ne sont jamais construites selon un projet rationnel, un dessein précis, elles ne répondent qu'aux exigences du moment, c'est-à-dire à la nécessité de fournir un toit. Galanti parle de « maisons très hautes avec une mauvaise architecture, elles ont quatre, cinq, six appartements l'un sur l'autre, et en même temps les rues sont étroites et irrégulières, ce qui fait perdre aux immeubles les bienfaits de l'air et du soleil ». Galanti dénonce le fait que l'on ne s'occupe ni de la santé

LA VILLE ET SON ROYAUME

des citoyens et de leur confort, ni de l'embellissement de la ville. Aussi les particuliers ont-ils la possibilité de restaurer les immeubles à leur guise, sans suivre aucun plan. Et la ville donne l'image d'un grand désordre. En effet, en regardant un détail de la carte du duc de Noja, on peut remarquer que le centre historique de Naples, comme le souligne Cesare de Seta, est densément habité et que les rues présentent un caractère irrégulier, surtout dans les quartiers donnant sur la mer. Il n'y a pas d'espaces libres, il y a peu de places et de jardins.

Le problème demeure : comment faire vivre correctement une population si dense sur un territoire restreint ? Ou bien : comment faire fonctionner efficacement la ville avec ses activités multiples, commerciales et économiques, dans un tel chaos ? Sur la base du recensement des paroisses, Galanti soutient que la ville de Naples avec ses faubourgs compte 430 312 habitants en 1791.

Duc de Noja, plan de Naples, détail, le centre historique, 1775

LA VILLE ET SON ROYAUME

LA POPULATION DE NAPLES

Sur la base du registre des paroisses, Galanti propose ce tableau de la population à Naples (Breve descrizione della città di Napoli e del suo contorno, 1792).
On peut observer la rapidité de l'augmentation du nombre d'habitants :
– en 1742, la ville compte 294 241 habitants ;
– en 1759, 350 000 habitants ;
– en 1791, selon Giuseppe Maria Galanti, 451 202.
(Pour avoir un ordre d'idées de la grandeur de Naples, il faut penser qu'à la même époque, Milan comptait 135 000 habitants, Turin 78 000, Florence 81 000.)

PAROISSE	HABITANTS
Arenella	4 556
Avvocata	31 288
Capo di Monte	3 149
Cattedrale	5 174
Fonseca	18 672
S. Agnello Maggiore	1 107
S. Angelo a Segno	2 377
S. Anna di Palazzo	29 499
S. Arcangelo degli Armieri	7 842
S. Arcangelo all'Arena nel borgo di Loreto	11 650
S. Caterina al Mercato	6 011
S. Eligio Maggiore	11 590
S. Ferdinando	7 962
S. Gennaro all'Olmo	3 346
S. Giacomo degli Italiani	11 977
S. Giorgio Maggiore	6 820
S. Giovanni in corte	3 548
S. Giovanni Maggiore	25 214
S. Giovanni e Paolo	9 424
S. Giovanni in Porta	2 153
S. Giuseppe a Chiaia	22 804
S. Giuseppe e Cristofaro	9 861
S. Liborio	9 197
S. Maria a Cancello	8 560
S. Maria della Catena	5 346
S. Maria in Cosmodin	12 894

LA VILLE ET SON ROYAUME

S. Maria dell'Incoronatella	9 172
S. Maria Maggiore	3 948
S. Maria di Ognibene	17 666
S. Maria a Piazza	8 105
S. Maria della Scala	15 212
Ss. Matteo e Francesco	21 851
Ss. Salvatore	7 692
S. Sofia	5 154
S. Tommaso a Capuano	6 034
Tutti li Santi	25 176
Vergini	24 614
Parrocchie regie (paroisses royales)	
Castelnuovo e Real Palazzo	902
Castello del Carmine	634
Castel dell'Ovo	136
Castello di S. Ermo	291
Darsena	276
Pizzofalcone	453
S. Gennaro di Capodimonte	280
Paroisses des faubourgs de Naples	
Fuori Grotta	2 041
Posillipo	2 293
Orsolone	1 301
San Giovanni a Teduccio	5 060
TOTAL	430 312
Soldats	10 890
Étrangers et gens de passage	10 000
TOTAL	451 202

Une terrible peste en 1656 avait décimé la population de Naples. Toutefois, **au XVIII⁰ siècle, Naples redevient une des villes les plus peuplées au monde. Sa population passe de 200 000 à 400 000 habitants environ au cours du siècle.** L'explosion démographique entraîne une croissance de l'activité immobilière, qui détermine, à son tour, l'ouverture de nouvelles carrières et grottes dans les collines environnantes pour se procurer le tuf. La demande est tellement forte

LA VILLE ET SON ROYAUME

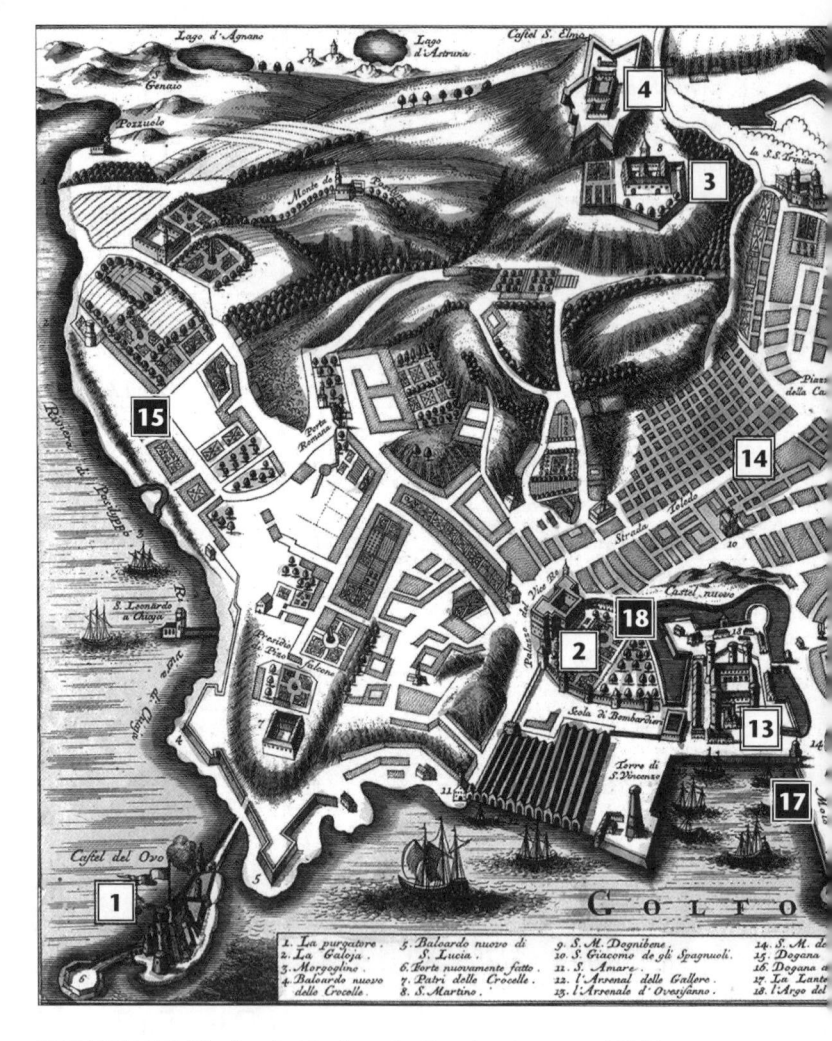

PLAN DE NAPLES, d'après Mattheus Seutter, Augsbourg, c. 1730

☐ Sites existant avant les Bourbons

■ Emplacements de futures réalisations des Bourbons

1. Castel dell'Ovo
2. Palais royal
3. Chartreuse de Saint-Martin (auj. musée San Martino)
4. Castel Sant'Elmo
5. Piazza San Domenico
6. Piazza del Gesù Nuovo

LA VILLE ET SON ROYAUME

7. Foro Carolino (auj. piazza Dante)
8. Université (puis musée archéologique)
9. Vicaria (tribunaux)
10. Duomo
11. Piazza Mercato
12. Santa Chiara
13. Château Neuf (Maschio Angioino)
14. Via Toledo
15. Jardins de Chiaia
16. Via Marina
17. Quais
18. Théâtre San Carlo

que les Napolitains commencent, à partir de l'époque espagnole, à creuser, dans les lieux même d'édification des grottes pour se procurer ce tuf. Comme l'écrit Niccolò Carletti, « jusqu'à nos jours nous continuons à utiliser le tuf dans nos constructions en le tirant du plan en dessous de la ville ou bien en l'extrayant dans les montagnes qui l'entourent ». **Le manque d'espace, la tendreté du tuf, sa disponibilité presque illimitée, l'explosion démographique déterminent une autre caractéristique de l'urbanisme à Naples : à partir de l'époque espagnole, les immeubles se développent en hauteur.** On bâtit des étages supérieurs sur les maisons déjà existantes pour faire face à la pénurie de logements. Souvent, pour ces surélévations, on utilise les caves exploitées pour la construction du bâtiment d'origine. C'est une pratique tellement courante qu'un édit de 1781 promulgué par le *Tribunale di fortificazione, acqua e mattonata* (la magistrature en charge des rues, des aqueducs, des égouts et en général des constructions et des travaux publics) interdit les excavations au-dessous des immeubles où l'on habite. C'est fort probablement une allusion aux premiers affaissements et éboulements du sol, responsables de catastrophes. Or, l'utilisation du tuf n'est pas réduite à cette nécessité sociale. Au cours du XVIIIe siècle, et peut-être pour répondre aux hauteurs des édifices, on crée des **« escaliers ouverts » en façade des immeubles**. Leur structure portante, caractérisée par des arcs rampants et des piliers très minces, est faite de tuf. L'architecte Ferdinando Sanfelice se distingue dans ces constructions, propres à désengorger l'espace citadin. Les hauts immeubles, noyés dans l'étroitesse des ruelles, sont pourvus d'escaliers ouverts qui confèrent un air de légèreté aux structures, tendues vers l'azur du ciel et susceptibles de sortir l'édifice de l'obscurité. Hélas, l'activité de Sanfelice ne concerne que quelques rares immeubles à Naples, comme le « Palazzo dello Spagnolo », une pure merveille baroque (cf. « L'architecture », chap. VIII), ou le palais qu'il construit pour sa propre famille.

Ferdinando Sanfelice, escaliers « ouverts » du palais Sanfelice

LA VILLE ET SON ROYAUME

Pour le reste, si les rois visent surtout à rendre grandiose la ville par la réalisation de grandes œuvres, ce sont ses différentes magistratures (cf. « L'exercice du pouvoir et de la justice », chap. III) qui essaient d'améliorer le quotidien des citoyens.

La surpopulation de Naples et sa structure urbanistique chaotique engendrent de **graves problèmes hygiéniques**. Les Napolitains vivent souvent dans des appartements insalubres, inscrits dans des rues et des quartiers très sales, comme c'est le cas dans toutes les grandes villes de l'époque, mais à Naples la faute revient aux administrateurs négligents. On ne peut jamais bien nettoyer une ville où les activités productives naissent et se développent sans plan précis. Les étables, par exemple, sont entassées dans les sous-sols des immeubles sans aucun système d'aération. À cause de la puanteur qui s'en dégage, il est presque impossible de marcher dans les ruelles. De même, on ne peut se promener vers le Ponte della Maddalena (l'entrée orientale de la ville) où l'on entasse toutes les ordures de la ville qui, en se décomposant, diffusent leurs mauvaises odeurs dans les autres quartiers de Naples.

Les questions hygiéniques imposent une réflexion sur la distribution de l'eau en ville. Les magistratures citadines **essaient de créer un plan du réseau des eaux, à partir de l'aqueduc et jusqu'aux différentes ramifications urbaines**.

Selon les indications de Galanti, nous savons qu'en 1631 l'éruption du Vésuve avait détruit l'ancien **aqueduc de Naples**. On en construit alors un autre. L'eau est amenée depuis Maddaloni à travers les plaines d'Acerra jusqu'à un village nommé Licignano. Quand l'eau arrive à Salice, elle se divise en deux : d'un côté, **elle approvisionne les puits de Naples**, de l'autre, elle passe sous Casoria, anime les moulins placés le long des canaux de la Porta San Gennaro à la Porta del Carmine, puis, après avoir servi pour le blanchissement, se déverse dans la mer à la Marinella. Ces eaux, en 1770, sont augmentées par les eaux généreuses de Caserte, que le roi Charles Bourbon a acquises pour le nouveau palais, et qu'il donne à la ville de Naples. Depuis Caserte, elles embouchent dans l'aqueduc de Carmignano, près de Cancello, par un canal couvert, pour arriver dans la capitale. Les antiques eaux de Naples sont celles qu'on appelle *Bolla*, et dérivent des strates du Vésuve : une partie pourvoit la partie basse de la ville, une autre forme le *Sebeto*. Les lieux qui, dans la ville, sont destinés à recueillir les eaux pour leur utilisation quotidienne, sont dits « formels », parce que les Anciens les appelaient « formes » des eaux. L'eau est ensuite acheminée vers les puits par des canaux.

LA VILLE ET SON ROYAUME

Les magistratures de la ville ne parviennent pas à réaliser un plan de rationalisation de l'approvisionnement de l'eau ni à arrêter les spéculations sur les puits en ville (qui recueillent l'eau des aqueducs pour la distribuer aux citoyens). Néanmoins, elles montrent toujours un intérêt réel pour la construction du réseau. Ce n'est pas un hasard si Niccolò Carletti est nommé architecte de la ville. Selon lui, les eaux n'ont pas seulement une utilité d'ordre hygiénique ou sanitaire, elles revêtent également une grande importance pour la production économique et pour l'esthétique de la ville. C'est, par exemple, grâce à l'eau que l'on peut construire des machines pour les manufactures et des fontaines. L'intérêt de la *Deputazione di Fortificazione* (cf. « L'exercice du pouvoir et de la justice », chap. III) pour le service des eaux se manifeste encore en 1791 lorsqu'elle charge l'ingénieur Antonio De Simone de réaliser un plan complet de l'aqueduc napolitain pour connaître la distribution exacte de l'eau. Le but avoué était de combattre les spéculations des responsables des fontaines et des puits souterrains. La tentative de rationalisation de l'activité souterraine des eaux se double d'un intérêt pour les constructions en surface. Cette *Deputazione* vise à éliminer les désordres dans les travaux du bâtiment. Elle pointe les fraudes, les constructions abusives, qui sont dangereuses et portent atteinte au décor de la ville. Mais une question se pose tout naturellement : pourquoi, malgré l'activité de ce tribunal et l'action d'éminents ingénieurs, les conditions de l'habitat demeurent les mêmes à la fin du siècle ? Pourquoi faut-il attendre encore un siècle pour entamer une première tentative d'amélioration de l'habitat à Naples ?

Le projet de la *Deputazione di Fortificazione* est de faire de Naples une ville « moderne », ou, tout au moins, une ville qui offre une bonne qualité de vie à ses habitants et qui favorise l'exercice du commerce et de l'économie. Autrement dit, ce projet démontre que la bourgeoisie a une idée précise de la forme urbaine qu'il faut donner à la ville. Et la *Deputazione di Fortificazione* représente aussi la victoire de ce « parti » dans les questions urbanistiques. Mais cette même coalition, qui essaie de rationaliser la ville de Naples, défend en même temps des intérêts opposés, puisqu'elle est également détentrice de la propriété immobilière. **C'est sur cette ambiguïté que le projet échoue : il se fonde sur l'idée que la rationalisation de la ville pourrait être le levier de l'économie, mais celle-ci est paralysée par l'inertie de la rente foncière.** La propriété immobilière, les propriétaires des appartements et des immeubles, les entrepreneurs du bâtiment, bloquent, en définitive, toute avancée de l'économie dans un sens plus moderne. Les autres grandes nations

LA VILLE ET SON ROYAUME

LES PORTES ET LES QUARTIERS DE NAPLES

Cinq entrées en ville

– Les trois principales :
Ponte della Maddalena : ce pont permet la communication de la ville à l'est avec les faubourgs de San Giovanni a Teduccio et les villages de Portici, Resina, Torre del Greco et Torre Annunziata. Par cette porte, entrent également à Naples les personnes qui arrivent du Sud de l'Italie.
Porta Capuana : on y accède par l'avenue large et droite de Poggio Reale. Par cette porte, pénètrent en ville les gens en provenance de la région de Benevento et des Pouilles.
Capodichino : on y arrive par un chemin creusé dans le tuf. Par cette porte, entrent à Naples ceux qui arrivent du Sannio, du palais royal de Caserte, des Abruzzes, de nombreuses villes campaniennes et de Rome.

– Les deux mineures :
Capodimonte : qui lie Naples aux villages situés sur les collines qui encerclent la ville.
Grotte de Pausillipe (c'est l'antre le plus extraordinaire) qui lie la ville aux champs Phlégréens.

Quartiers de Naples

San Ferdinando
Chiaia
Montecalvario
Avvocata
Stella
San Carlo all'Arena
Vicaria
San Lorenzo
San Giuseppe Maggiore
Porto
Portanova

Porte Capuana, dessin d'A. Senape (1820). Cette construction remonte à la Renaissance. Aujourd'hui encore, comme à l'époque, c'est l'un des endroits les plus animés de la ville.

LA VILLE ET SON ROYAUME

nord-européennes connaissent ce même phénomène de concentration massive de la population dans leur capitale. Mais cette urbanisation s'accompagne souvent du processus d'industrialisation que Naples ne connaît pas à l'époque. L'urbanisation de Naples ne répond pas à des exigences ni à des règles d'ordre économique (que l'on peut déplorer mais qui ont néanmoins permis le développement de certains pays), elle suit plutôt les diktats imposés par une propriété immobilière de type parasitaire.

Pour résumer notre propos, on peut dire que **les « grands » (les nobles et le clergé) de Naples ne consacrent pas leur argent à une économie de type capitaliste, ne l'investissent ni dans l'industrie, ni dans les commerces, ni dans les services, mais tentent quand même d'attirer vers la capitale un grand nombre de personnes pour faire fructifier leurs biens et spéculer sur leurs propriétés immobilières** (cf. « Les retards de l'économie napolitaine », chap. IV). L'exode massif de la population paysanne vers la ville est le résultat de conditions économiques et sociales très graves dans le reste du royaume.

LES ALENTOURS DE NAPLES

Les ruelles étroites de Naples, sa surpopulation ne laissent que peu d'espace libre dans la ville. Il faudra attendre l'aménagement des jardins de Chiaia (cf. « Les sorties en ville », chap. IX) pour pouvoir bénéficier d'une promenade sous les arbres à Naples. Le chaos citadin s'oppose à la grâce et aux beautés naturelles des environs de la capitale : c'est ici que l'on trouve l'image d'une **ville-jardin**. Aux portes de Naples, comme le souligne Letizia Norci Caqiano de Azevedo, l'odeur des citrons, des myrtes, des lauriers se propage dans l'air tiède et l'azur à l'intérieur d'une campagne riche et très fertile. Les voyageurs étrangers soulignent toujours la magnificence des jardins qui environnent Naples et de cette *campania* (campagne), qu'on appelle *felix* (heureuse) depuis le temps des Romains. Maximilien Misson décrit ainsi le paysage de Naples vu des hauteurs de la chartreuse de San Martino : « On se plaist à regarder les jardinages qui l'environnent et les costeaux fertiles ». Assurément, les jardins se trouvent en dehors de Naples.

LA VILLE ET SON ROYAUME

Les *casali* (les villages entourant Naples), les collines qui encerclent la ville, comme Capodimonte ou Pausilippe, sont, à l'époque, magnifiques. Ils constituent autant de *loci amoeni*, des endroits agréables et paisibles où « les orangers viennent en pleine terre », où l'on peut s'enivrer des parfums et des éclats du paysage naturel. Dans ces alentours de Naples, ce sont surtout **les îles de Capri et d'Ischia** qui contribuent à associer l'image de la capitale méridionale à celle d'un jardin luxuriant. Les récits des voyageurs étrangers créent cette sorte de carte postale qui circule partout en Europe. Le philosophe britannique George Berkeley écrit à propos d'Ischia : « Il est inutile de citer les pommes, les poires, les prunes, les cerises, qui, en plus des abricots, des pêches, des amandes, des figues, des grenadiers, et de tant d'autres fruits qui n'ont même pas un nom en anglais, avec les vignes, le blé et le maïs, recouvrent presque entièrement l'île. Les fruits, qui sont à la portée de tous, sans clôtures, donnent ainsi à la campagne l'aspect d'un énorme verger. Seuls quelques points de l'île sont couverts de châtaigniers et d'autres endroits présentent des bois de myrte. **Il n'y a rien de plus fabuleux que les forces de la nature. Montagnes, collines, vallées, petites plaines cultivées, toutes sont rassemblées en une variété sauvage et superbe.** Presque toutes les collines ont le sommet recouvert de vignes [...] Puis il y a de très hautes montagnes. Le long de leurs flancs, il y a des villes et des villages, en pente, les uns au-dessus des autres, ils créent un spectacle d'une extraordinaire originalité. Les chemins le long des hauteurs sont souvent abrupts et inégaux, mais les ânes de l'île (l'unique *voiture* utilisée ici) nous transportent partout sans danger ».

C'est le même spectacle que le président de Brosses observe depuis les hauteurs du Vésuve : « [...] les sommets des arbres et les vignobles étendus sous vos pieds, comme un tapis à qui les villages de Portici, de Resina et autres, ainsi que les maisons de campagne répandues tout au long du rivage, servent de bordure ». L'œil du voyageur continue son exploration sur ce spectacle merveilleux, en contemplant les beautés naturelles qui s'étendent aux alentours de Naples.

LA VILLE ET SON ROYAUME

LE ROYAUME DE NAPLES

Dans son ouvrage sur Naples, **Galanti** reprend une métaphore célèbre pour décrire la situation du royaume. À partir de l'époque espagnole, Naples s'est agrandie au détriment de ses provinces et même en les opprimant. La capitale est devenue immense et riche, alors que les provinces vivent dans l'indigence et subissent un grand retard culturel et économique. **C'est pourquoi Galanti parle d'une capitale « qui forme une grande tête avec un petit et pauvre corps » à savoir le reste du royaume, composé par tout le Sud de la péninsule italienne.** C'est en tant que centre administratif et juridictionnel que Naples attire ce mouvement migratoire important, notamment vers les différents emplois dans la cour royale, mais aussi dans les petites cours des familles, nobles ou pas, de la capitale. Beaucoup d'habitants des campagnes s'exilent également vers la capitale pour y travailler dans différents secteurs économiques : le port, l'arsenal, le bâtiment. Ce rôle politique, et en partie économique, de Naples crée la disproportion entre la capitale et le royaume, entre la tête géante et le corps rachitique.

L'ouvrage que Galanti consacre à Naples n'est qu'un appendice d'un autre travail bien plus important : *Della descrizione geografica e politica delle Sicilie,* qu'il rédige entre 1781 et 1794 afin de décrire chaque partie du royaume. Auparavant, Galanti avait écrit un autre texte de géographie sur sa terre natale, le Molise, intitulé *Descrizione del Contado di Molise.* Le roi Ferdinand IV apprécie cet ouvrage et lui demande de rédiger une œuvre dans laquelle, avec la « même méthode », il présenterait tout le royaume. C'est ainsi que Galanti commence, à la demande du roi, un long voyage dans les campagnes méridionales. Il ne doit pas seulement visiter et décrire ces lieux. Le roi attend aussi de lui des propositions sur les remèdes législatifs et politiques propres à améliorer la condition économique de ces provinces. Fidèle aux idéaux des Lumières, Galanti a l'intention d'écrire un ouvrage « pratique », apte à illustrer moins « des principes spéculatifs que des vérités concrètes ». **Le voyageur-géographe-réformateur est frappé par un premier élément : alors qu'un grand nombre de problèmes à Naples relèvent de sa surpopulation, le royaume est presque inhabité. En excluant la Sicile, celui-ci compte 4 950 533 habitants, dont 1 283 953 en Campanie !**

LA VILLE ET SON ROYAUME

LA POPULATION DU ROYAUME EN 1791 (source : Galanti)

PROVINCES	NOMBRE D'HABITANTS
Campanie	681 595
Naples et faubourgs	430 312
Villages de Naples	135 049
Îles	36 997
TOTAL	1 283 953
Principato citeriore	448 162
Principato ulteriore	305 768
Sannio	206 334
Abruzzo Aquilano	247 430
Abruzzo Teramano	158 539
Abruzzo Chietino	221 260
Daunia	284 741
Peucezia	309 653
Japigia	310 361
Basilicata	365 847
Calabria settentrionale	356 486
Calabria meridionale	426 847
TOTAL	4 925 381
Benevento	19 491
Pontecorvo	5 661
TOTAL	4 950 533

Voyons à présent quelles sont ces provinces. La division « administrative » du royaume comporte des domaines qui se trouvent sur le continent, ceux qui sont situés *en deçà du « Phare »* (le détroit de Messine, où se trouvent le phare et un petit village nommé Torre Faro, l'ancienne Charybde) et des domaines insulaires ou siciliens *(au-delà du « Phare »)*. Ces domaines, qu'on appelait anciennement les *giustizierati*, sont justement, à l'époque bourbonienne,

LA VILLE ET SON ROYAUME

les « provinces ». Avant de détailler leur contenu, il est nécessaire de préciser qu'une véritable organisation administrative de cet état ne sera réalisée qu'après la « décennie française », lorsque les Français, au pouvoir à Naples après les conquêtes napoléoniennes, introduisent des réformes importantes dans l'appareil juridique et bureaucratique.

Voici quelles sont les provinces du continent :

CARTE DES PROVINCES DU ROYAUME DE NAPLES

1. Abruzzo Ultra 1
2. Abruzzo Ultra 2
3. Abruzzo Citra
4. Molise
5. Terra di Lavoro
6. Napoli
7. Principato Ultra
8. Principato Citra
9. Basilicata
10. Capitanata
11. Terra di Bari
12. Terra d'Otranto
13. Calabria Citra
14. Calabria Ultra

Terra di Lavoro. C'est toute la région qui entoure Naples. Elle s'étend jusqu'au Latium au nord, à Montecassino, et comprend toute la plaine jusqu'à Caserte.

Principato ultra (ou ulteriore). C'est la région comprenant Bénévente et Avellino.

Principato citra (ou citeriore). Il s'agit des terres campaniennes au sud de Naples, de Salerne jusqu'au Cilento.

Abruzzo : Abruzze citra (ou citérieure), Abruzze ultra I (ou ultérieure première), Abruzze ultra II (ou ultérieure seconde). À partir de l'époque normande, sous Roger II de Sicile, en 1140, cette région, qui correspond à ce qu'on appelle aujourd'hui les Abruzzes, est liée au *Regnum Siciliae*. Elle a été divisée en trois provinces, les trois Abruzzes, selon la position qu'ils occupaient sur la Pescara, le fleuve le plus important de la région, par rapport à la capitale, Naples. L'Abruzze citérieure, Abruzzo citra en italien, *Aprutium citra flumen Piscariae* (l'Abruzze en deçà de la Pescara) comporte comme ville principale Chieti, mais présente aussi d'autres villes importantes (Lanciano, Vasto). L'Abruzze ultérieure, Abruzzo ultra en italien, *Aprutium ultra flumen Piscariae* (l'Abruzze au-delà de la Pescara) est divisée en deux parties : la première, Ultra I, avec comme ville principale Teramo, la seconde, Ultra II, avec comme ville principale L'Aquila.

Il Contado di Molise. C'est la région du Samnium. La ville principale est Campobasso.

Terra di Bari, Capitanata, Terra d'Otranto. Ce sont les trois provinces qui forment les Pouilles. Les villes principales de la

LA VILLE ET SON ROYAUME

Capitanata sont Foggia et Manfredonia. Dans la Terra di Bari, outre la ville principale, il faut signaler Altamura, Barletta, et Andria où l'on fabrique de jolis pots de terre cuite. Otrante est un port important, qui permet le passage vers la Grèce. Cette province abrite d'autres villes importantes comme Lecce, Brindisi, Gallipoli et Tarente, déjà connue à l'époque pour sa tarentule. Si elle nous mord, on est victime d'hallucinations. Le remède consiste à danser (cf. « La religion comme une "fête" », chap. VI).

Basilicata. C'est une région de montagnes. Parmi ses villes, on signale Venose, patrie d'Horace.

Calabria citra (ou citeriore). C'est la partie septentrionale de la Calabre. Les villes principales sont Cosenza et Rossano.

Calabria ulteriore. C'est la partie méridionale de la Calabre. La ville principale est Reggio, la dernière sur le continent avant de passer en Sicile.

Si l'on traverse le détroit de Messine, les villes les plus importantes, au-delà du Phare, sont Palerme, Catane, Messine, Syracuse, Agrigente, Trapani, Caltanissetta. **Le royaume de Naples et le royaume de Sicile sont indépendants et unifiés par la monarchie bourbonienne à partir de 1734. Ils garderont toutefois, pendant tout ce siècle, des administrations et des législations différentes. Le roi, la cour et le gouvernement sont à Naples. À Palerme se trouvent un vice-roi, nommé par le roi, et un gouvernement local qui administre l'île. Ce n'est qu'après la répression de la Révolution parthénopéenne et le retour des Bourbons que les deux royaumes sont unifiés sous la même administration, et Ferdinand IV deviendra Ferdinand Ier, roi des Deux-Siciles.**

L'historien Pasquale Villani a étudié les mouvements démographiques dans les provinces méridionales entre 1669 et 1765. Il a établi le pourcentage de la population de chaque province par rapport à la population globale du royaume aux deux époques, et fait observer les variations dans la démographie de chaque province.

Sur la base de son tableau, on peut observer que **la population augmente surtout en Campanie. C'est le caractère le plus important de l'histoire de la démographie dans le Sud de l'Italie : la population s'y concentre dans un demi-cercle autour de Naples qui va de Pouzzoles, Aversa, Caserte, Capoue, jusqu'à Avellino, pour se refermer au sud de Salerne.** Dans les autres provinces, on enregistre, en revanche, un net recul du nombre des habitants.

LA VILLE ET SON ROYAUME

PROVINCES	1669	1765	VARIATIONS
Terra di Lavoro	14,48	17,23	+ 2,75
Principato citra	7,63	10,77	+ 3,14
Principato ultra	4,84	8,19	+ 3,35
Molise / Capitanata	7,58	9,23	+ 1,65
Abruzzo citra / Abruzzo ultra	15,82	12,99	- 2,83
Terra di Bari	10,11	6,97	- 3,14
Terra d'Otranto	11,83	7,41	- 4,42
Basilicata	7,04	7,70	- 0,66
Calabria citra	8,81	7,78	- 1,03
Calabria ultra	11,86	11,73	- 0,13

LES MOUVEMENTS DÉMOGRAPHIQUES

Il existe une équation inversement proportionnelle entre l'augmentation constante du nombre d'habitants à Naples et la désertification du Midi. Pour Galanti, il s'agit d'une véritable spoliation. La séparation entre la capitale et les provinces du royaume est l'un des motifs récurrents de son livre. Galanti affirme que « **la situation civile de Naples est en opposition continuelle avec le bien-être des provinces** ». Ces dernières se sentent « étrangères » à leur patrie. Selon lui, le royaume pourrait accueillir le double de la population, c'est-à-dire dix millions d'habitants. C'est ce manque d'hommes et de femmes qui a favorisé la concentration de la propriété terrienne dans les mains d'un petit nombre d'individus. Voici donc la première proposition de Galanti : il faudrait procéder à une division des terres entre un grand nombre de propriétaires. Cet homme des Lumières dénonce également les causes de l'appauvrissement du royaume : « **Les papes, les barons, les vice-rois, les mauvaises lois, les tribunaux, la capitale. Tout cela depuis longtemps a changé le sol et les habitants, a détruit l'agriculture, l'industrie et l'énergie nationale, a divisé par deux son ancienne population** ». Voilà l'un des axes les plus intéressants de ce livre, où la description géographique devient l'instrument pour une critique de la situation sociale du royaume. On l'aura compris : Galanti écrit un ouvrage contre le système féodal, ce qu'il appelle « l'édifice gothique ». Le livre ambitionne de dénoncer les abus de ce système : « l'inégalité des richesses est à l'origine des désordres politiques les plus importants ». En ce qui concerne les campagnes, les désastres que ce système provoque

LA VILLE ET SON ROYAUME

sont évidents. Lorsqu'il décrit le Molise, Galanti fait valoir que les propriétaires, qui vivent loin de leurs terres, veulent en tirer le maximum de profits sans rien faire pour les améliorer. Les paysans, déjà contraints de vivre dans la misère, donnent à ces propriétaires la dixième partie du produit total de leur récolte (la dîme), et doivent en plus leur payer les instruments de travail. En véritable esprit des Lumières, Galanti conteste la légitimité du statut de la dîme, en remontant à son origine, qui n'est rien d'autre qu'un abus de la féodalité. Mais le pauvre paysan du Molise, et des autres provinces méridionales, ne doit pas payer seulement la dîme féodale, mais aussi la dîme ecclésiastique. Il ne lui reste que la moitié de sa récolte. En outre, ses charges ne s'arrêtent pas là : il paye des impôts à l'État, doit nourrir les moines mendiants, payer les gouvernants, par exemple ceux qui travaillent dans les tribunaux, qui, au lieu d'administrer la justice, exigent de l'argent des pauvres pour résoudre les conflits. Le paysan est jeté en prison à la moindre occasion, et, pour éviter tous ces tracas, il doit souvent payer pour ne pas croupir dans les geôles. **Galanti précise aussi que la condition des paysans du Molise ne diffère pas de celle des autres provinces. Les maisons de tous les damnés du Midi ne sont que des cabanes, couvertes de planches ou de paille, exposées aux aléas du climat. À l'intérieur, elles sont sombres, malodorantes, sales, misérables : une seule pièce avec un petit lit à côté de l'âne et du cochon. Les plus fortunés sont ceux qui ont un petit mur de boue séparant leur lit de la partie réservée à ces animaux.** Dans la Terra di Lavoro se trouve un petit village, à quinze miles de Naples, où une population de deux mille paysans vit dans des bicoques en paille : ils n'ont même pas les moyens de se construire de vraies maisons. La première fois qu'il a vu ce village, Galanti a cru se trouver parmi les sauvages. Et il ajoute que les anciennes populations italiques qui vivaient sur ces terres, les Samnites, les Lucains ou les Nolains, ne supportaient pas des spectacles si horribles, tout simplement parce qu'ils ne connaissaient pas les lois féodales.

Ce n'est pas un hasard si l'on assiste durant ces années à une recrudescence du **phénomène de banditisme dans ces campagnes du Sud de l'Italie**. La misère qu'on doit y endurer favorise la création de bandes, organisées selon des principes militaires, qui se distinguent par des vols, des incursions violentes dans les propriétés, des enlèvements. Les conditions économiques de ces provinces méridionales donneront ensuite, notamment après la fin du processus d'unification italienne, un caractère social et politique

LA VILLE ET SON ROYAUME

à ces bandes. On a alors parlé de brigandage (*brigantaggio* en italien), une forme de revendication de l'identité « paysanne » du Sud contre le nouveau pouvoir qui se trouvait à Turin. Déjà, sous le roi Ferdinand IV, émerge la figure d'un bandit d'un genre nouveau, une sorte de Robin des bois à la sauce italienne. **L'exemple le plus piquant est celui d'Angelo Duca, connu sous le nom d'Angiolillo, le « roi des campagnes », percepteur des droits de passage et grand juge.** Son histoire symbolise très bien les difficultés de vie dans les campagnes du royaume. Il vivait honnêtement de son travail de berger au sud de Salerne jusqu'au jour où il prit la défense de son neveu qui menait paître son troupeau sur les terres du feudataire du coin, le duc de Martina, Francesco Caracciolo. Il se disputa avec le gardien et dans la bagarre tira sur un cheval et le tua. Comme il connaissait le fonctionnement de la justice dans son pays, il ne répondit pas à l'injonction du duc de se présenter au tribunal. Il s'enfuit dans les montagnes et rejoignit la bande de Tommaso Freda. Après huit mois d'apprentissage, il fonda sa propre bande, avec laquelle il s'attaqua exclusivement aux riches et aux « étrangers », sans jamais porter préjudice aux habitants de la région. On raconte de nombreuses histoires à son sujet, il devint une figure légendaire, qui volait aux riches pour donner aux pauvres. Il aurait par exemple donné l'argent d'un vol, dont la victime était un évêque, à une jeune fille dépourvue de dot. Benedetto Croce, qui lui consacre un essai, en fait le prototype du bandit « humanitaire ». Mais le pouvoir central décide de mettre un terme aux agissements d'Angiolillo. Il est capturé en Basilicate et pendu à Salerne, après un procès sommaire.

L'ouvrage de Galanti, première grande enquête sur les conditions du Sud de l'Italie, peut être considéré comme l'étude pionnière sur la « question méridionale ». Certaines de ses pages résonnent dans le roman-essai de Carlo Levi, daté de 1945, *Le Christ s'est arrêté à Eboli*, quand sont évoquées les conditions matérielles de vie des paysans. En effet, dans la première moitié du XXe siècle, la question méridionale est loin d'être résolue. Et encore aujourd'hui, sous d'autres aspects, elle est d'actualité.

III
L'ORGANISATION POLITIQUE ET SOCIALE

L'instauration d'une monarchie indépendante à Naples n'implique pas la disparition des institutions qui avaient traditionnellement gouverné la ville. Évidemment, le roi et sa cour deviennent le centre du pouvoir, mais ils n'auront jamais la force de supprimer l'ancienne organisation politique, qui demeure très puissante, surtout dans le gouvernement de la ville de Naples. Celle-ci représente les résistances traditionnelles face à la volonté absolutiste de la monarchie. Les nobles s'unissent et renforcent les institutions qui sont entre leurs mains. La machine administrative que les rois essaient de mettre en place en subira les conséquences. Dans de nombreux secteurs, en particulier dans la finance, on enregistre la création de diverses institutions ayant les mêmes prérogatives. Non seulement les tâches de ces organes administratifs ne sont pas clairement distinctes, mais elles s'opposent souvent entre elles. Ces conflits dans l'exercice du pouvoir – comme, par exemple, celui qui oppose l'ancien tribunal en charge des questions économiques et commerciales, le tribunal de la Sommaria entre les mains des nobles, au nouveau ministère « des Finances » instauré par le roi – reflètent l'instabilité de la nouvelle monarchie. **Les rois ne parviennent pas à anéantir l'autorité des pouvoirs forts restés entre les mains de la noblesse napolitaine. C'est qu'ils échouent à créer une bourgeoisie entrepreneuriale à laquelle s'allier, sur le plan économique, contre les « barons », et une haute bureaucratie capable de porter jusqu'au bout, sur le plan de la politique et de l'administration, les projets de réformes. Cela relève de l'organisation sociale du royaume, qui n'est pas encore à proprement parler « moderne », à savoir capitaliste. Les capitaux restent dans les mains des « grands ». C'est pourquoi les couches sociales dites « improductives » dominent toujours la scène politique.** Depuis les cours universitaires d'**Antonio**

L'ORGANISATION POLITIQUE ET SOCIALE

Genovesi, titulaire de la première chaire d'économie politique en Europe, les réformateurs napolitains insistent beaucoup sur la critique de ces classes (cf. « La philosophie des Lumières à Naples », chap. VII). Ils mènent une vive lutte antiféodale dans l'espoir qu'une nouvelle structure économique changera l'organisation politique. L'affaiblissement des privilèges économiques et sociaux des classes aisées devrait signifier une perte de leurs pouvoirs politiques et, par conséquent, des réformes radicales dans l'administration. D'ailleurs, les tentatives de création de couches moyennes aptes à soutenir et à porter ces réformes demeurent partielles. La nouvelle bureaucratie employée dans les hautes sphères de l'administration ou bien les couches liées aux affaires, les commerçants et les *arrendatori* (ces derniers prêtent des capitaux à l'État afin de prendre en adjudication les droits fiscaux, par exemple sur les jeux de cartes ou sur l'eau-de-vie ; l'*arrendamento* serait justement ce type de bail que l'État confie aux particuliers pour le prélèvement de certains impôts) auraient pu jouer ce rôle. Mais cela ne se produit pas. Pourquoi ? D'une part, la monarchie n'est pas capable de s'appuyer sur ces classes contre les nobles. Malgré sa tentative de créer des formes de production capitaliste dans le royaume, de mettre en place des fonctionnaires compétents, et en dépit de conflits toujours vifs avec les « grands », la monarchie ne cherche pas véritablement à trouver des alternatives, à asseoir son pouvoir sur des classes sociales « émergentes ». D'autre part, **au moins deux tiers de la population demeurent exclus de toute participation à la vie politique.** Ils sont les premières victimes de la désorganisation de la machine administrative de l'État bourbonien, surtout du mauvais fonctionnement des tribunaux. Cette situation engendre une haine profonde. Galanti cite l'exemple du tremblement de terre du 5 février 1783 en Calabre. Les nobles, ensevelis sous les ruines de leurs palais, demandent de l'aide aux travailleurs. Ces derniers se mobilisent, non pas pour venir au secours de leurs patrons, mais pour profiter de la situation et dévaliser les propriétés. Cette distance entre les classes sociales explose à la fin du siècle, lors des événements de 1799, ébranlant même les révolutionnaires. En effet, les réformateurs des Lumières ont beau évoquer la question, ils ne proposent pas, dans leurs projets de réformes, la participation politique et économique aux classes moins aisées. **Ces conflits de classes – entre la cour et les « grands », et plus généralement entre les différentes couches de la population – créent une situation politique instable.** Les institutions existantes, les organes administratifs, politiques et judiciaires, leur multiplication,

L'ORGANISATION POLITIQUE ET SOCIALE

leurs superpositions, témoignent de cette fragilité politique et sociale. Les rubriques de ce chapitre couvrent quatre domaines : les différentes classes sociales, l'exercice du pouvoir et de la justice, les finances, le pouvoir militaire.

LES CLASSES SOCIALES

LES NOBLES

Contrairement à ce que l'on peut penser, cette classe n'est nullement homogène. Certains nobles font partie des *Sedili* (cf. « L'exercice du pouvoir et de la justice », chap. III) : **ils occupent une position prééminente à Naples. Leurs privilèges sont issus d'une société de type féodal. Au XVIIIe siècle, ils assoient encore leur pouvoir sur la propriété foncière, notamment sur leurs propriétés agricoles dans l'immense campagne méridionale.**

Les nobles exclus des institutions de pouvoir, des *Sedili*, sont des nobles de deuxième classe, mais ils se doivent d'afficher le même style de vie que les « vrais » nobles. Dans cette monarchie indépendante, les rois, afin d'asseoir leur pouvoir et d'en donner une image fastueuse, trient sur le volet ceux qu'ils admettent à la cour, créant encore des différences au sein de la noblesse. L'admission de nobles dans des ordres chevaleresques est une autre forme de différenciation. Charles de Bourbon crée l'ordre de saint Janvier et fait renaître l'ordre de Constantin. **L'institution d'honneurs chevaleresques participe de la politique de l'image que le souverain réalise auprès des nobles et de sa volonté de les intégrer dans le nouveau système de pouvoir.**

Le haut clergé partage avec la noblesse le pouvoir économique. L'Église demeure la grande propriétaire foncière du royaume et conserve un nombre important de privilèges, notamment fiscaux, au point de pouvoir être affiliée à cette classe. De plus, les ecclésiastiques sont tout aussi improductifs que les nobles. Selon ces mêmes critères, Galanti considère que les hauts gradés de l'armée se rattachent à la noblesse.

L'ORGANISATION POLITIQUE ET SOCIALE

LES COUCHES MOYENNES

On ne peut pas parler d'une bourgeoisie entrepreneuriale à Naples à cette époque. **La bourgeoisie citadine exerce son rôle de classe dirigeante non pas en investissant des capitaux dans l'industrie, comme commencent à le faire des esprits intrépides au Nord de l'Europe, mais en occupant toutes les places dans l'administration et les magistratures.** Les classes moyennes napolitaines constituent surtout le noyau puissant de la bureaucratie du royaume. C'est la conséquence logique de la concentration dans la capitale de tous les centres de pouvoir. Effectivement, des employés sont nécessaires dans toutes les fonctions administratives et judiciaires qu'offre une capitale, vaste et peuplée comme Naples. On parle de *togati* pour désigner les magistrats des tribunaux napolitains et donc la bureaucratie la plus importante du royaume (ils portent la « toge », une robe noire très ample ouverte devant). Plus généralement, on appelle *tribunalisti* ceux qui s'occupent de la justice (ils travaillent dans les « tribunaux »). Il y en a 6 214 – avocats, juges, procureurs, employés dans les tribunaux – à Naples, alors qu'il n'y en a pas plus de 20 000 dans le reste du royaume. **Les éléments les plus intéressants de cette bourgeoisie naissante sont les intellectuels qui se sont formés à l'école de Genovesi et à l'université de Naples. À côté de ceux-là, et avec des intérêts diamétralement opposés, on trouve parmi les couches moyennes de l'époque les *arrendatori* et les grands commerçants.** Les commerçants (les *negozianti privilegiati napoletani*) fondent leur pouvoir et leur richesse sur un certain nombre de privilèges, comme le monopole sur des produits alimentaires très importants (entre autres, le blé et l'huile).

LES TRAVAILLEURS MANUELS

Une ville comme Naples, dont le nombre d'habitants est extraordinaire et la densité impressionnante, a besoin d'une masse importante de travailleurs pour faire face à toutes les petites et grandes activités quotidiennes. En même temps, elle ne peut pas accueillir les activités industrielles manufacturières les plus modernes qui demandent de grands espaces pour se développer (cf. « L'industrie », chap. IV). **La structure sociale de la ville demeure archaïque, liée à une société encore mercantile et féodale, dominée par le pouvoir traditionnel (nobles et clergé), avec la présence de corporations d'artisans, sans**

L'ORGANISATION POLITIQUE ET SOCIALE

Un pêcheur,
aquarelle de M. De Vito (c. 1830)

Femme du quartier de Santa Lucia,
d'après une aquarelle
de Jean-Honoré Fragonard

ouvriers et sans une bourgeoisie capitaliste. Les corporations des **Arts et Métiers** sont divisées en deux catégories : les *corporations annonaires* (qui englobent aubergistes, bouchers, boguiers, charcutiers, chocolatiers, ciriers, poissonniers, fruitiers, meuniers, palefreniers, savonniers, verduriers), et les *arts mécaniques*, liés à la production et au commerce de biens issus de l'artisanat ou de l'industrie (parmi lesquels se trouvent appariteurs, barbiers, canniers, canuts, carrossiers, cartiers, chabretaires, chagriniers, chaisiers, chaussetiers, coffretiers, coloristes, cordiers, cordonniers, forgerons, fossoyeurs, gantiers, libraires, maréchaux-ferrants, menuisiers, orfèvres, pelletiers, selliers, serruriers, tailleurs, tombiers, verriers). Les boutiques des artisans se concentrent dans des quartiers précis selon leurs différentes activités. Ceux qui travaillent le cuir ou tannent les peaux se trouvent dans le quartier du Carmine, les forgerons, les dinandiers, les orfèvres dans le quartier Pendino, les teinturiers siègent au quartier du Cerriglio (tous ces quartiers sont à côté du port). Les ateliers de fonderie sont établis dans le quartier du palais royal. Dans la partie occidentale de la ville, Santa Lucia, Chiatamone, Chiaia, il y a les travailleurs de la mer, ceux qui vivent de la pêche et du petit cabotage.

L'ORGANISATION POLITIQUE ET SOCIALE

Dans ces mêmes quartiers, les femmes sont surtout blanchisseuses.

Dans le quartier de Monteoliveto, ce sont des cordonniers et des ouvriers spécialisés dans la construction et la réparation des carrosses qui exercent. Vers la porte Capuana, il y a des moulins et vers la porte Nolana des ateliers pour la production de faïences (on essayera ensuite de concentrer ce type d'activités près de Capodimonte).

Pêcheurs en train de travailler à Mergellina, d'après un dessin d'E. Matania (XIXe siècle)

LA DOMESTICITÉ

La conséquence la plus évidente de la stagnation économique de Naples est l'affirmation d'une classe sociale à part entière, qui se consacre exclusivement au service et à l'entretien des maisons des « grands » : pages, hommes et femmes de chambre, cuisiniers, cochers, secrétaires, laquais, garçons d'étable, etc. Giuseppe Parini (1729-1799), l'un des grands écrivains italiens de ces années, donne une image saisissante des conditions de précarité de ce genre de travail dans son poème *Il Giorno (Le Jour)*, publié en 1763. Parini est Milanais, mais le sort que les aristocrates de cette ville réservent dans son poème à leur domesticité est le même qu'à Naples. Il y raconte l'épisode de la *vergine cuccia*, le caniche des patrons, qui reçoit un coup de pied d'un serviteur après l'avoir mordu. Non seulement ce travailleur honnête et loyal est

L'ORGANISATION POLITIQUE ET SOCIALE

renvoyé sur-le-champ après des années de service, mais il devient également un sujet « dangereux » qu'aucune autre famille noble n'emploie, et cela l'oblige à vivre dans la rue avec sa famille. **La ville de Naples offre le spectacle d'une foule extraordinaire de domestiques.** Ils gagnent peu d'argent et sont indispensables pour afficher une certaine condition sociale. Charles-Marguerite-Jean-Baptiste Mercier Dupaty (1746-1788), éminent magistrat – avocat général, puis président à mortier au parlement de Bordeaux – lors de son voyage dans les États italiens pour en étudier les réformes juridiques et la procédure criminelle, montre toute sa surprise lorsqu'il rencontre ces personnes à Naples. Dans ses *Lettres sur l'Italie en 1785*, il écrit : « La profession, ici, de quinze mille personnes, c'est d'être devant un carrosse ; la profession de quinze mille autres, d'être derrière ».

LES *LAZZARI* OU *LAZZARONI*

Au plus bas de l'échelle sociale, il y a les *lazzari*. **Ce sont souvent des enfants abandonnés ou délaissés, des personnes qui, après avoir été exposées sur les roues ou tours d'abandon des orphelinats ou des hôpitaux, ont toujours vécu dans la rue ou bien au bord de la mer.** Ils sont essentiellement concentrés dans le quartier du « Mercato », le marché, où ils peuvent trouver des petits travaux et un peu de vivres. Selon Benedetto Croce, le terme *lazzaro* dérive de l'ancien espagnol *laceria* (du latin *lacerus* : mis en pièce, déchiré), par lequel on définissait la lèpre et la misère, donc le terme *lazaro* signifie *pobre andrajoso*, « gueux ». Le mot fait aussi référence au récit évangélique de la figure de Lazare de Béthanie, que le Christ ressuscite. Comme ce Lazare, les *lazzari* napolitains sont couverts de guenilles, ils marchent pieds nus, n'ont qu'une chemise et un pantalon en toile. Ils n'ont pas de maison et vivent sous les bancs, c'est la raison pour laquelle on les appelle aussi *banchieri*. En hiver, ils disposent d'une seule veste en laine pour se couvrir de la tête à la ceinture. Ils souffrent de leur condition, mais ont développé, d'après les récits, une sorte de philosophie de vie qui, grâce aux petits métiers qu'ils occupent, les fait vivre heureux du peu qu'ils ont.

Ils ne possèdent rien, mais ne font rien pour avoir plus. Ils mangent dans la rue des pâtes, des poissons salés, des légumes, les entrailles des animaux. Ils ont lié leur nom à la révolte de Masaniello, dont ils ont été les protagonistes en 1647, qui effraya les nobles et

L'ORGANISATION POLITIQUE ET SOCIALE

le pouvoir espagnol. En 1799, ils ne sont pas les acteurs d'un changement, mais d'une contre-révolution. Lors de l'expérience jacobine à Naples, seule une partie d'entre eux – qui n'est toutefois pas négligeable, contrairement à ce que l'historiographie a énoncé depuis des années – participe aux événements révolutionnaires. Ils se méfient de l'occupation étrangère française, qu'ils combattent avec courage et détermination, presque tout seuls à Naples, et des idées abstraites des Jacobins. Partant, ils forment les bandes les plus actives et les plus violentes des armées de la Santa Fede (Sainte-Foi) qui défont le gouvernement révolutionnaire pour restaurer le roi. Avec Ferdinand IV, d'ailleurs, ils ont depuis son ascension au pouvoir un rapport particulier, comme s'ils s'identifiaient à cette figure de souverain *lazzarone*.

Pieds nus, cet homme transporte quelques objets trouvés sur sa petite charrette pour les vendre

L'EXERCICE DU POUVOIR ET DE LA JUSTICE

LE CONSEIL D'ÉTAT ET LES DIFFÉRENTS MINISTÈRES

Le centre du pouvoir, avec l'affirmation de la monarchie bourbonienne, devient la cour, l'espace où sont prises toutes les décisions à l'époque de l'Ancien Régime. L'organe effectif des fonctions gouvernementales est le **Conseil d'État (ou *Giunta di Gabinetto*)** où siègent les représentants des nobles, les magistrats les plus importants et les ministres nommés par le roi. Ce Conseil se réunit tous les jours, sauf les mardis et les dimanches, sous la présidence du roi et de son Majordome (que l'on pourrait définir comme le Premier ministre) afin de discuter des affaires d'État les plus urgentes. Chaque ministre s'occupe d'un « **secrétariat d'État** » différent. Au

L'ORGANISATION POLITIQUE ET SOCIALE

début de la monarchie de Charles, il y en a quatre : le secrétariat de la Maison royale, qui s'occupe de l'économie, des finances et des rapports avec l'Église ; le secrétariat de la justice (où Bernardo Tanucci commence sa carrière à Naples) ; un *Sovrintendente generale delle Rendite reali*, en charge des questions financières, dont le secrétariat sera appelé *Sopraintendenza d'Azienda*, puis plus simplement *Segreteria d'Azienda* ; enfin, il existe un secrétariat qui se consacre à l'« ecclésiastique », c'est-à-dire aux rapports politiques et civils avec l'Église. Plus tard, sera créé un ministère des Affaires étrangères, de la Guerre et de la Marine (où John Acton s'illustrera). Comme le fait remarquer Vincenzo Cuoco, ce Conseil fonctionne très mal puisque chaque ministre est indépendant. « Le Conseil d'État, à Naples, n'existait que de nom. Chaque ministre était indépendant. Les règlements généraux, qui auraient dû être le résultat de la délibération commune de tous les ministres, chaque ministre les faisait lui-même : par conséquent, chaque ministre les faisait à sa manière. Les règlements d'un ministre étaient contraires à ceux d'un autre, car le soin principal de chaque ministre était toujours d'usurper le plus possible l'autorité de ses collègues et de détruire ce qu'avait fait son prédécesseur. Il n'y avait ainsi dans les actes du gouvernement ni unité ni constance : le ministre de la Guerre détruisait ce que faisait le ministre des Finances et le ministre des Finances détruisait tout ce que faisait le ministre de la Guerre ».

Sous Ferdinand IV, et notamment grâce à l'action de John Acton, on tente de réorganiser les différents ministères. Mais des luttes intestines persistent, empêchant la convergence de toutes les branches de l'administration. **C'est pourquoi s'imposent, en tant que centres de pouvoirs réels, d'autres institutions témoignant surtout de la résistance des nobles et des autres classes dominantes à toute forme de centralisation et de rationalisation du pouvoir monarchique.**

LES *SEDILI* : LES INSTITUTIONS DE POUVOIR DE LA VILLE DE NAPLES

Les *Sedili*, dits aussi *Piazze*, ou *Seggi*, constituent l'institution politique la plus importante de la ville de Naples pendant des siècles. Leur origine réside dans les réunions des « Grands » de la ville dans des salles ouvertes pour discuter d'affaires ou de questions publiques. Dans les temps anciens étaient convoqués à ces assemblées politiques les citoyens qui se distinguaient par leurs nobles

L'ORGANISATION POLITIQUE ET SOCIALE

origines, leur richesse, mais aussi par leur savoir. À partir du Moyen Âge, on recense quatre *Piazze*, une pour chaque quartier principal de la ville : Capuana, parce que la *Piazza* se trouve sur la route qui conduit à Capoue ; Forcella, parce qu'elle est dans un quartier où l'on manie des fourches pour châtier les malfrats ; Montagna, parce qu'elle domine la ville ; Nilo, parce qu'elle est située dans un quartier où des commerçants égyptiens provenant d'Alexandrie ont érigé une statue de ce fleuve (visible encore aujourd'hui). Avec l'augmentation de la population de Naples, deux autres *Piazze* sont créées : Porto et Portanova, dans les quartiers éponymes. En 1500, la Piazza Capuana établit que ses membres ne seront désormais issus que de familles nobles à part entière. Son exemple sera aussitôt suivi par les autres *Sedili* : le droit de naissance prime définitivement sur celui du mérite et sur les autres vertus.

En effet, **peuvent siéger dans ces *Piazze* seulement ceux qui bénéficient des droits de citoyenneté. Après la réforme de Charles Ier d'Anjou, ces derniers sont divisés en deux classes : les patriciens de *Piazza* et les patriciens du peuple. Les premiers, même s'ils sont peu nombreux, ont six *Sedili*, les seconds qui constituent le plus grand nombre, ont une seule *Piazza***, la Selleria, qui se réunit dans le cloître du couvent des Augustiniens (Sant'Agostino della Zecca) dans le quartier de Portanova. Les autres familles nobles qui n'ont pas de *Piazza* ont le droit de s'agréger à ce *Sedile*, mais, dans les faits, elles n'ont aucun droit de citoyenneté et, par conséquent, ne se soucient guère de la chose publique.

Chaque *Piazza* est représentée par six députés, sauf celle de Nilo qui en a cinq. Les députés de chaque *Sedile* élisent un homme parmi eux, l'*eletto* (« élu »). On a six élus nobles et un élu du peuple. **Les *Piazze* nobles choisissent chaque année, à tour de rôle, le maire. Il représente tout le royaume et tout le baronnage. Les *Sedili* s'occupent de questions de type administratif et judiciaire. Ils doivent également protéger le célèbre trésor de saint Janvier, constitué d'objets précieux, de tableaux, d'or et de bijoux de valeur.**

Les sept élus gouvernent l'économie de la commune, et composent le **tribunal de San Lorenzo** (l'organisme politique exerçant le pouvoir exécutif dans l'administration de la cité). Plus précisément, ils s'occupent de l'annone et de la *grascia*, la magistrature préposée aux approvisionnements en vivres de la ville. Le roi nomme un ministre pour présider aux réunions des élus, le *Grassiere* ou préfet de l'annone, mais celui-ci n'a pas le droit de vote. Les élus imposent les prix (l'*assisa*) sur les produits comestibles, promulguent des

L'ORGANISATION POLITIQUE ET SOCIALE

décrets, exigent des peines et peuvent faire arrêter les contrevenants. Ils sont en mesure de donner à certains le droit de citoyenneté napolitaine et de noblesse sans toutefois leur permettre d'entrer dans les *Sedili*. Ils nomment les juges du tribunal. L'un d'eux, à tour de rôle, chaque mois, est nommé *Giustiziere* et s'occupe des procès civils concernant les fraudes commises par les vendeurs. Le lundi et le vendredi, l'élu du peuple peut se rendre sur la place du marché et exercer une juridiction sommaire parmi les vendeurs. Il s'occupe aussi, en général, des aliments nécessaires au bien-être de la ville. Un fossé sépare les élus nobles et l'élu du peuple : les premiers détestent le second et cherchent toujours à le contrer.

Il est clair que les *Sedili* représentent la puissance politique et économique des nobles. C'est la raison pour laquelle le roi Ferdinand IV les supprime définitivement lorsqu'il revient au pouvoir après l'expérience républicaine en 1799. En effet, dès que le roi et sa famille quittent Naples, après l'échec de la campagne romaine et face à l'avancée de l'armée française commandée par Championnet, les « élus » en profitent pour contester l'autorité de Francesco Pignatelli que Ferdinand IV a nommé au pouvoir : le 30 décembre, ils récusent officiellement la position de ce vicaire et nomment une *Giunta del Buon Governo* (Conseil du Bon Gouvernement). Tout cela témoigne des tensions que l'arrivée au pouvoir des Bourbons a créées à Naples, car l'autorité royale est considérée par les nobles comme une forte limitation de leurs prérogatives traditionnelles. D'ailleurs, les Bourbons sont parfaitement conscients qu'ils doivent les limiter pour exercer le pouvoir en le concentrant à la cour. Cet équilibre fragile se rompt au moment de la révolution de 1799. Quand Ferdinand IV revient au pouvoir, il élimine, le 25 avril 1800, cette institution politique historique en instituant un Sénat, dans l'espoir de mieux contrôler les nobles.

Les magistratures (*Deputazioni*) de la ville de Naples

La ville de Naples dispose de différentes magistratures en charge des multiples aspects de la vie quotidienne dans le royaume. Elles s'appellent les *Deputazioni* : certaines d'entre elles ont affaire avec le gouvernement économique et dépendent du tribunal de San Lorenzo, d'autres concernent la vie civile et sont gouvernées par des magistrats nommés par les *Sedili*.

L'ORGANISATION POLITIQUE ET SOCIALE

Première *Deputazione*, celle de *la pecunia* (l'argent) : elle s'occupe du patrimoine de la ville, de ses gabelles, des entrées et des dépenses.

Deuxième *Deputazione*, celle de la révision des comptes.

Troisième *Deputazione*, celle de la fortification. Auparavant, elle s'occupait de la construction et de la réparation des murs de la ville. Au XVIIIe siècle, après leur destruction (la ville s'élargit considérablement au-delà de ses murs à cette époque), elle s'occupera d'urbanisme.

Quatrième *Deputazione*, celle de *la fortificazione, acqua e mattonato*. Elle traite tous les problèmes concernant les routes, les aqueducs, les égouts publics.

Cinquième *Deputazione*, celle de l'*osservanza dei capitoli e grazie*, octroyées à la ville de Naples et au royaume : ce sont les juridictions accordées à la Commune de Naples, comme les franchises concédées aux nobles et aux barons.

Sixième *Deputazione*, c'est celle qui s'occupe des monastères que Naples protège.

Septième *Deputazione*, celle qui combat l'**Inquisition**. Au cours des siècles, **Naples a toujours manifesté une hostilité farouche contre l'introduction en ville de ce tribunal religieux au point qu'il ne sera jamais opératoire** (cf. « L'affrontement État-Église », chap. VI).

Huitième *Deputazione*, celle qui se consacre à la fabrication des monnaies.

Neuvième *Deputazione*, celle qui s'occupe de la distribution de l'huile.

LE TRIBUNAL ET LA POLICE À NAPLES

Charles de Bourbon remplace le *Consiglio Collaterale* existant à l'époque des vice-rois par la **Real Camera di Santa Chiara (la Chambre royale de Santa Chiara)**. Au sein de cette institution, dont les fonctions sont juridictionnelles et consultatives, se trouve le tribunal proprement dit, en charge de la justice dans le royaume, connu sous le nom de *Sacro Consiglio di Santa Chiara* (Conseil royal). Le Conseil est divisé en quatre « roues » ou sections, sous les ordres d'un président choisi parmi les conseillers de la Chambre royale de Santa Chiara. Le Conseil royal est un tribunal de première instance. En effet, c'est la **Gran Corte della Vicaria** (Grande Cour de la Vicaria) qui fait office de tribunal d'appel de toutes les cours du royaume. Il est divisé en deux « roues », l'une s'occupant de justice

L'ORGANISATION POLITIQUE ET SOCIALE

Duc de Noja, plan de Naples, détail, les tribunaux, 1775

civile, l'autre plus particulièrement de justice criminelle. Chaque magistrat des deux sections se consacre également à l'inspection économique d'un quartier, aidé par six députés dans chacun de ces quartiers. Toutes les nuits, un magistrat ou un député fait le tour de la ville avec un officier subalterne, nommé le *scrivano* (chancelier), des policiers et deux artisans, qui jouent le rôle de témoins en cas de procédures. Les députés des quartiers et le *scrivano* travaillent gratuitement. La police de la ville, en charge de la sécurité des citoyens, est liée à la cour criminelle. Dans les premières années de la monarchie, on instaure aussi une **Giunta di Inconfidenza**, une Junte politique qui doit se consacrer à la répression politique de possibles opposants, en particulier de ceux qui sont encore liés à l'ancien pouvoir autrichien. À la fin du siècle, quand les ennemis seront les hommes et les femmes qui s'inspirent des idéaux de la Révolution française, on créera une « **Junte d'État** » pour combattre les adversaires politiques.

L'organisme qui s'occupe des questions économiques est, au début de la monarchie bourbonienne, le ***Tribunale della Regia Camera della Sommaria***. Ce tribunal, né à l'époque angevine, a survécu aux tribulations politiques du royaume. Il s'occupe du contrôle et de la gestion du fisc et exerce son autorité à travers des tribunaux et des bureaux périphériques. Pour gérer le secteur des finances, vaste domaine et l'un des plus délicats dans l'administration du nouvel État, d'autres institutions seront créées.

L'ORGANISATION POLITIQUE ET SOCIALE

NAPOLI

Vue de Naples (1720). Dans cette gravure sur cuivre de Jean et Louis Crépy, on peut voir les lieux de pouvoir les plus importants de Naples.

L'ORGANISATION POLITIQUE ET SOCIALE

LES LIEUX DU POUVOIR

Naples possède cinq châteaux qui, à leur origine, étaient tous destinés à la défense de la ville.
– Le Castel Sant'Elmo, sur les hauteurs de la ville.
– Le Castel dell'Ovo, sur la mer.
– Le Castel Nuovo, connu à Naples sous le nom de Maschio Angioino, forteresse construite par les Angevins à côté du port de Naples, devient le nouveau palais royal des souverains angevins. Les Aragonais restaurent le palais et en font également leur demeure. Durant leur domination, on construit le magnifique **arc de triomphe** à l'entrée du palais.
– Le Castello del Carmine, dans la partie méridionale de la ville, devient au XVIIIe siècle une prison. Il est aujourd'hui complètement détruit, hormis quelques ruines.
– Le Castel Capuano, construit au Moyen Âge, perd rapidement sa fonction de forteresse pour devenir, d'abord, une demeure royale et, ensuite, jusqu'à nos jours, le palais de justice de la ville. Il est ainsi connu sous le nom de Vicaria. À partir du XVIIe siècle, il héberge, entre autres institutions, la Gran Corte della Vicaria, avec ses quatre « roues » de la justice, les deux « roues » pénales et les deux autres civiles : le Sacro Regio Consiglio s'occupe des procédures civiles dans le royaume ; la Regia Camera della Sommaria se charge des finances et du fisc.

Au XVIIIe siècle, le palais royal est celui qui fut construit en 1600 par Domenico Fontana au bout de la rue Toledo, sur la mer, dans le Largo di Palazzo, qui devient la place principale de la ville. La façade du palais est modifiée au siècle suivant par Luigi Vanvitelli.

Selon l'usage des autres monarchies européennes, les Bourbons construiront des demeures royales en dehors du centre urbain, notamment le palais royal de Caserte, afin d'étaler clairement les nouveaux symboles du pouvoir.

Duc de Noja, maquette en bois, liège et plâtre de Castel Sant'Elmo et de la chartreuse de San Martino (musée San Martino, Naples).
La forteresse de Sant'Elmo, qui domine la ville, a été souvent l'enjeu des conflits politiques à Naples.

L'ORGANISATION POLITIQUE ET SOCIALE

NAPOLI

Le palais royal de Naples dans une gravure sur cuivre de F. Petrini. On notera la vaste place qui s'étend devant le palais, le Largo di Palazzo, théâtre de fêtes et aussi de révoltes sociales et politiques.

LES FINANCES

Au XVIIIe siècle, on ne peut pas encore parler d'une science des finances, comme on l'entend aujourd'hui. Pourtant, l'État a déjà besoin d'une quantité de recettes pour pourvoir aux services publics et au paiement des salaires de ses fonctionnaires. Mais ces affaires, relatives au « **budget** », ne sont pas encore organisées avec la rigueur actuelle. Par exemple, le budget est considéré au XVIIIe siècle comme un secret d'État. **Trois grands chapitres composent alors les recettes de l'État : les rentrées certaines, les rentrées incertaines et les rentrées occasionnelles.** Parmi les premières, il y a celles dérivant des impôts. Les deuxièmes sont incertaines parce qu'elles dérivent des droits que l'administration impose dans des conditions particulières (par exemple, les concessions, les douanes, les *arrendamenti*). Elles sont fondées sur des lois et des dispositions en vigueur, mais peuvent varier chaque année. Enfin, les dernières rentrées sont issues d'impôts extraordinaires ou de recettes inattendues, comme, par exemple, la confiscation de biens. Parmi les dépenses de l'État, on trouve les frais liés au paiement des fonctionnaires (administration de la justice, bureaucratie, diplomatie, Université), mais également à la vie de la cour et de la

L'ORGANISATION POLITIQUE ET SOCIALE

maison royale, et aux travaux publics (particulièrement actifs sous la nouvelle monarchie). Il existe aussi des dépenses liées au fonctionnement de l'armée et de ses rouages (l'industrie, par exemple, mais aussi les tribunaux et les hôpitaux militaires), et enfin des dépenses pour l'assistance sociale.

L'état des finances constitue le grand problème du gouvernement pendant ce siècle. Dès son arrivée au pouvoir, Charles de Bourbon crée, en 1739, **une magistrature suprême du commerce** (*Supremo Magistrato del commercio*), tribunal composé de huit juges, trois magistrats, trois nobles et deux commerçants. Il a tant de pouvoir qu'il semble éclipser certaines prérogatives du *Sacro Consiglio*. Il a juridiction sur toutes les affaires concernant le commerce. Il s'occupe des controverses relatives aux contrats commerciaux, aux marchandises, aux prix, aux échanges, aux sociétés commerciales, aux faillites, aux assurances, etc. D'une manière plus générale, ce tribunal doit veiller à l'économie politique du royaume sous tous ses aspects. Autrement dit, il interprète le commerce dans un sens très large, au point d'intervenir aussi dans le domaine des arts et métiers. Dans le même esprit, c'est-à-dire afin de rationaliser les propriétés dans le royaume et de les soumettre au fisc, on institue en 1741 le nouveau **cadastre**.

Toutes ces tentatives pour moderniser la machine de l'administration économique et fiscale du royaume culminent avec la création, par Ferdinand IV, d'un **Conseil suprême des finances**. Il assume la direction générale des finances du royaume et remplace le secrétariat qui jusqu'alors en avait la charge. **Dans ce Conseil travaillent de grands esprits des Lumières napolitains, comme Ferdinando Galiani ou Domenico Grimaldi.** Il est ainsi l'illustration la plus éclatante d'une période de convergence entre la politique de la monarchie et les projets des réformateurs (cf. « La philosophie des Lumières à Naples », chap. VII). Dans le rapport que John Acton envoie à la reine, il est clairement dit que cette politique réformatrice des années 1780, notamment en matière fiscale, vise à contrer le pouvoir des « barons » par une alliance entre la monarchie et les « philosophes ».

LE POUVOIR MILITAIRE

Rapidement, la nouvelle monarchie se rend compte de la nécessité de créer une armée puissante. Dès leur arrivée au pouvoir, les Bourbons promulguent des dispositifs qui vont dans ce sens. Tout

L'ORGANISATION POLITIQUE ET SOCIALE

d'abord, ils organisent l'institution d'un certain nombre d'**académies militaires** pour la formation et la préparation des futurs officiers de l'armée.

Dans les premières années de vie de la monarchie, tout cela vacille lorsque la flotte anglaise envahit avec une grande facilité, le 19 août 1742, lors de la guerre de succession autrichienne, le golfe de Naples et impose ses conditions à Charles de Bourbon (cf. « Règne de Charles de Bourbon – seconde phase », chap. I). L'Angleterre oblige le royaume de Naples à ne pas s'engager dans cette guerre et lui ordonne de rappeler les troupes envoyées dans le Nord pour soutenir l'armée espagnole. Cette humiliation restera dans toutes les mémoires.

C'est aussi sur la base de ce souvenir douloureux que le ministre **John Acton**, quelques décennies plus tard, entreprend un programme ambitieux de réorganisation de l'armée. **Pendant son gouvernement, le développement de l'armement devient la principale préoccupation. On y consacre entre 36 et 37 % du budget de la nation. Il faut ajouter à ces sommes les dépenses auxquelles l'État fait face pour améliorer, voire créer, l'industrie apte à supporter l'armement, comme par exemple les chantiers navals et les poudreries** (cf. « L'industrie », chap. IV). L'armée du royaume de Naples compte, selon Galanti, vingt régiments de fantassins, huit régiments de cavaliers. L'académie militaire de la Nunziatella, fondée en 1787 (et toujours existante), fournit quatre compagnies, comprenant 290 hommes formés pour devenir de bons officiers. Il y a aussi un corps d'élite, le corps royal, avec deux régiments. Selon les calculs de Galanti, on compte 46 259 fantassins et 5 388 cavaliers. La marine militaire revêt une importance particulière dans la réorganisation des armements, eu égard à la géographie du royaume, entouré par la mer presque tout au long de ses frontières. Les chantiers, où l'on produit des navires de guerre, sont ceux de Castellammare di Stabia et de la Darsena (l'Arsenal) du port de Naples (cf. « L'industrie », chap. IV). La marine militaire du royaume dispose de quatre vaisseaux (trois d'entre eux ont 74 canons et l'autre 60), quatre brigantins (chacun avec 12 canons), huit frégates (deux d'entre elles ont 36 canons et six 40), six corvettes (cinq d'entre elles ont 20 canons et l'autre 12), six chébecs (deux d'entre eux ont 24 canons et quatre 40), dix galères avec trois canons, et d'autres navires de moindre importance. Il y a au total 2 874 marins qui y travaillent. Après l'intervention de John Acton, l'armée napolitaine représente incontestablement une force importante. Le but des efforts économiques que le gouvernement

L'ORGANISATION POLITIQUE ET SOCIALE

déploie dans les armements est d'insérer la jeune monarchie dans le dispositif des grandes puissances internationales. En effet, on mobilise parallèlement la diplomatie. Le royaume de Naples envoie des ambassadeurs partout : en Espagne, en France, en Angleterre, en Turquie, en Autriche, à Rome, en Russie, en Sardaigne, au Danemark, au Portugal, à Venise et à Malte. Des agents et des consuls napolitains sont disséminés dans un grand nombre de villes européennes et également en Orient pour organiser les trafics commerciaux.

De nombreux intellectuels contemporains, comme Galanti ou Cuoco, critiquent ces tentatives du pouvoir pour insérer Naples dans le jeu des puissances européennes. Selon eux, une grande armée empêche de réaliser une politique pacifique et entraîne le royaume dans la spirale des alliances et des luttes entre les grands États. Des dépenses si importantes n'ont donc aucun effet réel, elles peuvent même, au contraire, se révéler désastreuses pour le royaume. Pietro Colletta partage ce point de vue, en ajoutant une autre critique. Comme la machine étatique n'est pas prête à ces efforts, elle se trouve contrainte d'appeler des militaires et des techniciens étrangers pour diriger les régiments. En 1787, le Suisse Ulysse Anton von Salis-Marchlins deviendra, par exemple, inspecteur général de l'armée. C'est, d'ailleurs, la même critique que la noblesse napolitaine adresse à Acton. Si les nobles de Naples ont été, dans un premier temps, contents des efforts du gouvernement pour renforcer l'armée, y voyant la possibilité de consolider leur position sociale en formant son élite, en revanche, lorsqu'ils comprennent que les vrais chefs des régiments sont, en réalité, des étrangers, ils désapprouvent le programme d'Acton.

Les réformes d'Acton veulent instaurer une véritable **stratégie militaire**. Elles impulsent, par exemple, la production de cartes géographiques et marines. La topographie du territoire et de la mer et leur représentation graphique sont les corollaires de la nouvelle stratégie politico-militaire du royaume. Les académies doivent contrôler le développement des sciences et des techniques et le canaliser vers un savoir de type militaire. Les portulans (les cartes marines) sont au service de l'organisation de la défense du royaume (d'où l'importance que John Acton accorde à la marine militaire). **La stratégie militaire d'Acton est avant tout défensive**. Le cours de l'histoire oblige toutefois l'armée napolitaine à s'engager dans des combats (cf. « L'époque des révolutions », chap. I). Cependant, elle n'a pas encore élaboré une stratégie militaire autonome : son artillerie est modelée sur l'artillerie française et sa cavalerie sur celle de l'armée prussienne.

L'ORGANISATION POLITIQUE ET SOCIALE

EFFECTIFS DE L'ARMÉE DU ROYAUME DE NAPLES
AU TEMPS DES RÉFORMES D'ACTON (À PARTIR DE 1780).
(Source : Galanti)

ARMÉE DE TERRE

Infanterie

4 régiments à l'étranger : 6 800 hommes
16 régiments nationaux de fantassins : 17 600 hommes
120 compagnies de « troupes provinciales » : 15 240 hommes
Autres : 6 619

Total infanterie : 46 259

Cavalerie

36 compagnies : 5 388 hommes
1 compagnie de « gardes du corps » : 172 hommes

Total cavalerie : 5 560

TOTAL ARMÉE DE TERRE : 51 819

MARINE ROYALE

Soldats : 2 128 hommes
État-major : 18 hommes
Marins piazza fissa : 258 hommes
Marins cannonieri : 470 hommes

TOTAL MARINE : 2 874

IV

LA VIE ÉCONOMIQUE

Les villes du Sud dominées par la chaleur, le soleil, la force de la nature ne sont pas très laborieuses. Naples n'échappe pas à ce cliché. Le climat doux imposerait une sorte de relâchement général, des rythmes lents et l'oisiveté. Selon certains auteurs, ce serait l'héritage grec de la ville. En effet, déjà à l'époque romaine, Naples et ses environs sont le jardin de l'Empire où l'*otium* (« oisiveté ») règne entre lectures épicuriennes (dans les villas d'Herculanum) et, parfois, débauche : une orgie célèbre du *Satiricon* de Pétrone est située dans un temple consacré à Priape à Naples, ou peut-être à Pouzzoles. Encore au XVIIIe siècle, les grands voyageurs véhiculent souvent cette image de la ville. Charles-Marguerite-Jean-Baptiste Mercier Dupaty (cf. « Les classes sociales », chap. III) est frappé lors de son séjour à Naples par l'attitude des Napolitains face au travail : « **Le peu qu'on travaille, c'est pour parvenir à ne rien faire. Ne rien faire est ici le bonheur** ». Dupaty explique en partie par la « **législation du soleil** » le nombre important de Napolitains exerçant un **travail servile** (cf. « Les classes sociales », chap. III). Mais il est bien conscient que **la stagnation économique de Naples** ne relève pas uniquement du climat, mais aussi du manque de volonté, politique et morale, des gouvernants. Nous ajoutons que ce sont, plus généralement, les conditions historiques et géographiques – d'une part, la lutte constante entre les barons et les nouveaux rois (en effet, les rares innovations économiques au XVIIIe siècle ne sont que des tentatives de la part du pouvoir royal de contrer la force politique des barons) et, d'autre part, la surpopulation de la capitale (cf. « Topographie et population », chap. II) – qui ont favorisé l'appauvrissement du peuple.

Dans cette optique, nous présenterons dans ce chapitre **les différents domaines de l'économie napolitaine de l'époque** et leurs rapports avec le reste du royaume (l'industrie, les activités

LA VIE ÉCONOMIQUE

mercantiles et commerciales, l'agriculture). Nous nous interrogerons enfin sur **les raisons des retards** que, malgré les tentatives d'innovations prônées par les Bourbons, l'économie napolitaine continue d'accumuler à la fin du siècle.

L'INDUSTRIE

L'industrie est très probablement le secteur où la confrontation entre le pouvoir royal et les forces dominantes traditionnelles est la plus aiguë. Les Bourbons savent que seule une forte avancée dans les domaines économiques les plus productifs permettra la modernisation de leur royaume et l'affaiblissement des groupes de pouvoir liés au passé. Ils tentent de jouer la carte de l'industrialisation du pays en créant des structures importantes dans différents secteurs, mais le fait que l'activité la plus rentable demeure à Naples l'industrie du bâtiment (cf. « Topographie et population », chap. II) démontre que leurs efforts sont par trop timides.

Malgré cela, nombreuses sont les créations d'activités industrielles à cette époque. Nous ne parlerons pas des activités traditionnelles, comme le textile qui reste le fondement de la vie productive à Naples, mais plutôt des nouvelles productions créées tout au long de ce siècle. Dans ce paragraphe, nous présentons les tentatives d'industrialisation du royaume dans **les diverses branches de la production (la manufacture, les mines, la métallurgie et la sidérurgie, les chantiers navals)**.

LA MANUFACTURE

La *Real Fabbrica di Porcellane* (l'Usine royale de faïences) de Capodimonte commence sa production en 1741. Il s'agit d'un exemple typique de la volonté du roi d'implanter des activités productives à Naples. Charles de Bourbon finance directement ces usines. On y travaille douze ou quatorze heures par jour, avec une pause pour le déjeuner variant d'une heure, en hiver, à deux heures, en été. Les usines sont installées dans l'ancienne caserne du bois de Capodimonte, le projet de réaménagement étant l'œuvre de Ferdinando Sanfelice. Au rez-de-chaussée, autour de la cour centrale, se déploient les différents ateliers de production communiquant entre eux, mais isolés de l'extérieur par la présence de soldats

LA VIE ÉCONOMIQUE

dont la tâche est d'empêcher le vol des matériaux et des secrets de production. Les travailleurs vivent à l'étage supérieur, dans des appartements plus ou moins grands, selon le nombre de membres de leur famille. En 1756, près de cent ouvriers sont employés dans ces usines. On les loge alors dans d'autres immeubles, et même dans une aile du palais royal.

La fabrication se déroule en trois étapes : la préparation des modèles (en cire ou en argile) ; la reproduction de ces modèles en plâtre ; la création des matrices qui donneront leur uniformité aux produits. Le catalogue de ces produits est très riche : **statuettes, vaisselle, théières, sucriers, boîtes, vases, cadres**, etc. Les clients sont nombreux, issus évidemment des couches aisées de la population, et on aménage même un point de vente dans les usines. Pourtant, quand Charles quitte Naples pour devenir roi d'Espagne, il ferme les manufactures. Elles sont reconstruites à Portici en 1771, mais ne rencontrent pas le même succès, Charles ayant emmené avec lui les meilleurs artisans de Capodimonte pour fonder une fabrique du même genre à Madrid. En 1773, on crée à nouveau une manufacture de faïences à Naples. Grâce à l'intervention de techniciens venant d'Autriche et de Toscane, l'usine obtient à nouveau de bons résultats. Sous le règne de Ferdinand IV, elle bénéficie d'une nouvelle impulsion. En vertu d'un partenariat avec l'Académie des beaux-arts, on tente d'améliorer le niveau artistique. Mais c'est surtout dans le domaine des concessions sociales aux ouvriers que l'usine devient un modèle (avec le complexe de San Leucio) : on accorde la retraite, des aides financières en cas de maladie, de décès ou de mariage des enfants, on fournit également un logement à ceux qui en ont besoin. Le directeur de cette époque, Domenico Venuti, est l'artisan de la renaissance des faïences à Naples car il sait renouveler les techniques de production et les goûts, sur la base de la nouvelle mode qu'imposent les découvertes archéologiques de Pompéi et d'Herculanum.

La *Real Colonia di San Leucio* (la Cité royale de San Leucio) se concentre sur l'art de la soie dans le royaume des Deux-Siciles. En 1767, Bernardo Tanucci ordonne par décret d'expulsion de la Compagnie de Jésus des terres du royaume. Aussitôt se pose le problème de l'exploitation des biens confisqués aux jésuites. Une partie de ce patrimoine sert à promouvoir la formation d'artisans de haut niveau. **L'art de la soie** est notamment mis à l'honneur : des immeubles napolitains ayant appartenu aux jésuites deviennent des lieux de fabrication, des écoles s'ouvrent, notamment en Sicile. La fondation de la Cité royale à San Leucio (près du palais royal

LA VIE ÉCONOMIQUE

de Caserte) représente l'aboutissement de cette tendance. On fait venir des maîtres-artisans de l'étranger pour y enseigner, notamment de France, d'Autriche, du Piémont et de la Toscane. Des maîtres-artisans de Naples et de Sicile sont envoyés en Angleterre ou en France pour perfectionner leur métier et se former aux nouvelles techniques. En même temps, la diplomatie est constamment à la recherche des machines et des outils de production les plus novateurs sur le marché. La Cité royale est composée de différents bâtiments, chacun ayant une fonction spécifique. Dans la partie supérieure, le *Belvedere*, se trouve la direction de la fabrique. Tout autour, selon une forme circulaire, typique de maints projets de l'époque, se situent des filatures, des magasins, des dépôts et, dans la partie inférieure, les logements des employés. Il s'agit de maisons mitoyennes disposées en deux rangées, le quartier San Carlo et le quartier San Ferdinando. Ces maisons s'élèvent sur deux étages, les ouvriers vivent à l'étage supérieur, et au rez-de-chaussée se trouvent les métiers à tisser. C'est une solution innovante pour l'époque, qui se répandra ensuite partout dans le monde. La Cité royale est inaugurée en 1789, munie d'un **règlement établissant les droits et les devoirs des ouvriers**. C'est Ferdinand IV qui a l'idée de créer cette constitution pour les travailleurs et Antonio Pianelli, chevalier de l'ordre de Malte, franc-maçon, auteur d'une étude sur le drame musical et d'un traité sur l'éducation du prince, en est l'auteur. **Ce règlement fixe un programme d'aide sociale pour les travailleurs sur la base des premières idées philanthropiques qui circulent au siècle des Lumières. Le but est de créer une véritable ville, heureuse et laborieuse, appelée Ferdinandopoli, où les hommes vivraient en harmonie entre eux et avec leur travail, où l'on aurait même créé un théâtre et une cathédrale.**

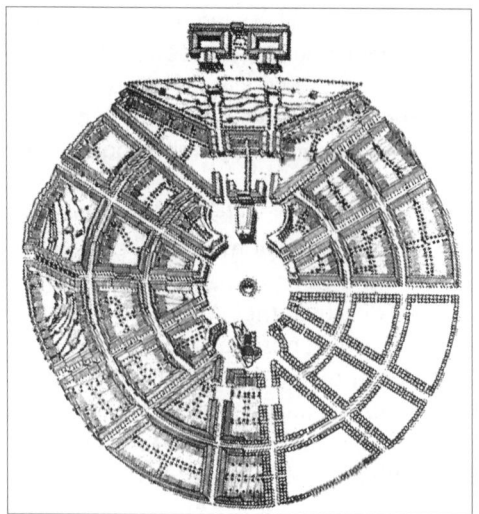

Projet de F. Collecini pour Ferdinandopoli à côté de San Leucio. On remarque la structure circulaire typique des bâtiments officiels.

LA VIE ÉCONOMIQUE

Le projet ne sera pas achevé, le royaume des Bourbons étant pris dans la tourmente de l'histoire révolutionnaire. Il nous reste toutefois le règlement. Il énonce, en cinq chapitres, les lois pour le bon gouvernement de la population de San Leucio, et établit, entre autres choses, la parité entre les hommes et les femmes, les aides sociales (en cas d'accidents du travail et de décès), les normes pour l'éducation et la protection de la santé, et même des formes de représentation « syndicale » des travailleurs. L'objectif de ce règlement est de concilier les intérêts économiques et la défense des droits des travailleurs, même si tout cela se réalise sous le contrôle du souverain, qui a ses appartements sur le *Belvedere*. En effet, comme d'autres projets philanthropiques du XVIIIe siècle, la finalité ultime de la Cité royale est d'inscrire les coutumes et les mentalités des individus dans l'ordre de la morale. La productivité de l'usine passe même au second plan, après l'élévation des hommes par le travail et leur insertion dans une communauté organisée selon les principes de l'industrie. Autrement dit, il s'agit surtout à San Leucio d'éduquer les hommes à la discipline du travail, et la circularité du complexe doit rendre évidente et transparente à tous l'acceptation de ces principes.

La production du corail. Dans certaines eaux de la Méditerranée, on trouve un corail d'une grande qualité, par exemple au large des côtes de Trapani en Sicile, ou bien à côté de Sorrente et de Capri. Il s'agit d'un corail de différentes couleurs, blanc, rouge ou noir, destiné à la création de bijoux et à la décoration de meubles et d'autres objets. La pêche en est très pénible et dangereuse car les travailleurs sont obligés de jeter leurs filets dans la mer alors que leurs bateaux sont en mouvement. Évidemment, il peut arriver que ces filets s'accrochent ou se coincent. Mais le vrai danger pour les pêcheurs, ce sont les corsaires barbaresques contre qui ils mènent souvent de véritables batailles. Les plus courageux sont les pêcheurs de corail de Trapani et de Torre del Greco, à côté de Naples, sous le Vésuve, qui disposent d'une flottille de presque six cents bateaux. À bord de chacune de ces embarcations se tiennent sept hommes. Il y a donc plus de 4 000 hommes qui travaillent dans ce secteur. En 1780, les pêcheurs de Torre del Greco s'emparent d'une petite île au large des côtes tunisiennes, appelée Summo, qui leur permet d'élargir considérablement leurs affaires. Comme ils doivent affronter une rude concurrence internationale, notamment de la part des Français et de leur Compagnie royale d'Afrique, les pêcheurs demandent aux autorités des institutions pour se protéger. On fonde alors la **Compagnie du corail**, qui élimine les prêts usuriers et facilite le crédit, et on établit un « code » pour la réglementation de cette activité. **Durant**

LA VIE ÉCONOMIQUE

cette période, une quarantaine d'usines de corail voient le jour à Torre del Greco et à Naples, employant 3 200 ouvriers. Du 1er au 8 mai de chaque année a lieu une foire destinée à faire connaître et à vendre, même auprès d'un public étranger, les produits manufacturés dans ces fabriques.

LES MINES

Les mines constituent une pièce maîtresse, dans les projets de la nouvelle dynastie au pouvoir, pour moderniser le pays et le rendre fort et autonome. Même dans ce secteur, les structures académiques et scientifiques sont mises à contribution pour améliorer la rentabilité des mines existantes et en ouvrir d'autres. Dans le royaume de Naples, on extrait du charbon, du fer, du soufre et du sel : il est question de matières fondamentales pour le développement de l'industrie et la conservation de certains aliments (avant l'invention des réfrigérateurs !). **Les mines de fer les plus importantes se trouvent en Calabre, à Pazzano, à côté de Stilo, et sont connues depuis le Moyen Âge.** Le soufre est extrait en Sicile qui, pendant de longues années, en est la plus grande productrice : dans les provinces de Caltanissetta, Agrigente et Enna se trouvent la plupart des soufrières : Bosco, Cozzo Disi, Ciavalotta, Principessa, Lucia, Trabia-Tallarita, Grottacalda, Floristella, Zimballo, Giangagliano, Lercara. Encore aujourd'hui, le paysage de la Sicile est marqué par la présence, sur ces sites, d'excavations et de fours à ciel ouvert. On produisait entre quatre cent mille et six cent mille tonnes de soufre par an. Les conditions de vie dans ces mines ont été immortalisées à la fin du XIXe siècle par l'un des plus grands écrivains italiens de tous les temps, Giovanni Verga, qui, dans le sillon du naturalisme zolien, écrit une nouvelle sur la vie et la mort d'un enfant, *Rosso Malpelo*, dans une mine sicilienne. Enfin, on compte un grand nombre de salines dans le royaume, qui s'emploient à l'extraction de la halite ou à l'évaporation de l'eau de mer. Les plus importantes se trouvent à Barletta dans les Pouilles et à Lungro et Altomonte en Calabre.

LA MÉTALLURGIE ET LA SIDÉRURGIE

Le nouvel État a besoin de mines et d'usines sidérurgiques performantes. Dès les premières années de son règne, probablement en 1736, **Charles de Bourbon** demande à l'architecte

LA VIE ÉCONOMIQUE

Giuseppe Stendardo de concevoir la nouvelle fonderie *en las montanãs de Stilo*, en Calabre, pour la fabrication *de las canoñes de fuciles*. En 1749, le roi envoie à Stilo deux commissions composées de techniciens étrangers et de mineurs expérimentés pour relancer l'activité. Les usines sont toutefois démantelées, mais à la fin du siècle, le fils de Charles, Ferdinand IV, fait entreprendre de nouvelles études à Stilo par deux minéralogistes, Tondi et Lippi, pour rouvrir le site. En effet, il faut répondre à l'augmentation de la demande de produits sidérurgiques, surtout par les usines d'armement. Le district des Serre Calabre, où se trouve l'usine de Stilo, est fort bien pourvu : il dispose de mines de fer de Pazzano, d'eau pour faire fonctionner les machines et de forêts très étendues où l'on peut aisément trouver l'énergie pour les hauts fourneaux. Le pôle sidérurgique le plus important de l'époque est construit à côté de Stilo, à **Mongiana : ce complexe est primordial pour le Sud de l'Italie et démontre une certaine industrialisation entre la période bourbonienne et l'unification.** On y exploite l'énergie hydraulique, les forges étant actionnées grâce à l'eau du fleuve Ancinale. Chaque forge est surveillée par un « maître du feu », qui gère un groupe d'environ cinquante ouvriers. Certains employés s'occupent de la manutention des canaux et du transport du charbon, d'autres se consacrent à la carbonisation de la houille ou au transport du fer.

Liée à la production de fer est l'usine d'armement. Le fer produit en Calabre doit alimenter les usines qui fabriquent des armes. Mongiana en possède une. **Le but est toujours le même : faire du royaume un état autonome, autosuffisant et puissant. En 1753, on crée à Torre Annunziata une fabrique d'armes.** Cette ville se trouve à une vingtaine de kilomètres de Naples, à côté du fleuve Sarno, dont on peut exploiter l'énergie. Elle est déjà le site de nombreuses activités industrielles, dont des fonderies, des

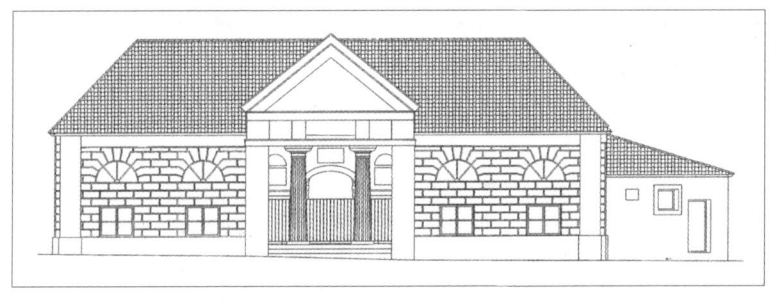

Mongiana, fabrique d'armes, projet de restauration (Alfredo Buccaro, Gennaro Matacena, Architettura e urbanistica dell'eta borbonica, Electa Napoli, 2004). © G. Matacena.

LA VIE ÉCONOMIQUE

entreprises de papeterie, des raffineries de salpêtre (qui sert à produire de la poudre à canon), liées par des canaux. Le projet de cette usine est l'œuvre de Francesco Sabatini, élève de Vanvitelli, à l'origine de certaines usines de Torre Annunziata. Le bâtiment que Sabatini conçoit se développe autour de deux cours qui communiquent, avec toutefois une seule entrée. Dans une des cours, on trouve les ateliers qui travaillent le fer, situés en dessous du niveau de la rue pour augmenter la puissance de l'eau du canal et la pression de l'air nécessaire à l'alimentation des fours. Dans l'autre cour, ouverte sur l'extérieur, se trouvent les parties destinées à l'administration et les logements des militaires. En 1775, on y produit seize mille canons et vingt mille pièces diverses (baïonnettes, briquets, etc.).

Les chantiers navals

Parmi les objectifs des Bourbons, il y a la création d'une flotte militaire pour la protection des côtes. Depuis longtemps, la défense du royaume est très fragile sur cette partie des frontières. En 1739, dans l'arsenal de Naples, on construit la première frégate totalement napolitaine, que l'on appelle la *San Carlo e Partenope*. La même année est créée la première Académie de marine militaire en Italie pour la formation des officiers. Plus tard, en 1779, Ferdinand IV commence un projet ambitieux d'organisation et de renforcement de la marine militaire, confié au nouveau ministre britannique John Acton. Parmi ses premières réalisations, **il y a la fondation en 1783 à Castellammare di Stabia d'un chantier pour la construction des navires du royaume**. La ville de Castellammare di Stabia (l'ancienne Stabies) se trouve à trente kilomètres au sud de Naples. Cette ville jouit d'une longue tradition de construction nautique puisqu'à l'époque médiévale, de nombreux chantiers existaient, occupant la majorité de la population masculine. Pendant la période du vice-royaume espagnol, la tartane de Castellammare (bateau à voile) est connue partout dans la Méditerranée en raison de sa rapidité. En choisissant de créer à Castellammare di Stabia des chantiers de type industriel, les Bourbons veulent valoriser ce patrimoine de connaissances et de savoir-faire. De plus, les forêts de la colline de Quisisana (où la famille royale possède une demeure de villégiature), à coté des chantiers, offrent la matière première pour la fabrication des navires tandis que les eaux minérales présentes dans le sous-sol de cette

LA VIE ÉCONOMIQUE

ville (qui est également une station thermale) permettent de traiter admirablement le bois. Enfin, la position géographique de la ville est idéale : elle se trouve dans une crique bien protégée à l'intérieur du golfe, qui forme presque une baie autonome, et elle est également bien reliée à la capitale, car elle se situe non loin de Torre Annunziata où un site industriel fleurit déjà. Les chantiers de Castellammare di Stabia sont les plus importants d'Italie ; ils emploient environ 1 800 personnes, ouvriers, techniciens et dirigeants confondus. On constate aussi la présence de forçats pour les travaux les plus durs. Le bois est conservé dans d'immenses entrepôts, les eaux minérales sont stockées dans de grands bassins où est entreposé le bois pour un séchage plus rapide. Il y a une escale fixe pour la construction de vaisseaux et deux autres provisoires pour la construction de corvettes.

Les chantiers de Castellammare di Stabia produisent en 1786 leur première corvette, nommée *Stabia,* en l'honneur de l'ancien nom romain de la ville. Cette même année, ils lancent la *Partenope*.

Ces chantiers, les premiers en Europe, existent toujours, malgré les nombreuses difficultés qu'ils rencontrent à cause de la concurrence mondiale et de choix maladroits des derniers dirigeants.

Lancement du vaisseau *Partenope* dans les chantiers navals de Castellammare di Stabia, *tableau de Jacob Philipp Hackert (musée San Martino, Naples)*

LA VIE ÉCONOMIQUE

LES ACTIVITÉS MERCANTILES ET COMMERCIALES

Les commerces de Naples avec l'extérieur se font surtout par voie maritime. **Dès les premières années de leur pouvoir, les Bourbons essayent de renforcer les échanges maritimes en commençant par la modernisation du port.** Durant ces travaux, impliquant la construction de nouveaux quais, de dépôts et d'un très beau palais, l'Immacolatella, on crée la nouvelle voie qui doit relier le port au quartier du marché. Pour cela, on détruit les anciennes enceintes murales, selon un schéma récurrent dans ce siècle qui voit la ville dépasser en de nombreux endroits ses frontières d'autrefois. Grâce à cette nouvelle voie, les trafics du port ne passent plus par le centre-ville, mais sont directement canalisés vers les provinces. Tout au long de cette route (l'actuelle via Marina) on installe des petites boutiques d'artisans, par exemple des ateliers de faïences. L'énergie que l'État déploie pour améliorer les trafics commerciaux est couronnée de succès. Les études de Romano prouvent que les échanges entre la France et le royaume de Naples, qui étaient, au départ, favorables à la France, s'inversent peu à peu : « [...] nous constatons que la balance entre les deux pays a changé de sens : elle est maintenant favorable à Naples et elle le restera jusqu'à la fin du siècle et même jusqu'en 1815, sauf pendant les années 1811-1813 ». Les commerces avec les ports autrichiens de la mer Adriatique sont tout aussi positifs, notamment avec Trieste. Aussi voit-on à cette époque dans le port de Naples de nombreux bateaux provenant de Gênes, de Venise, de Sicile, de Malte, des pays du Levant, d'Espagne, d'Angleterre, de Hollande, du Portugal et de France. **Le problème est que Naples exporte surtout des produits issus d'activités agricoles (huile, soie, laine, coton, blé, etc.) et importe des produits manufacturés.** Cela relègue l'économie méridionale à une position subalterne par rapport aux grandes puissances internationales. Il existe également un autre fléau, que l'expansion des commerces a fini par exacerber. Il s'agit de la **contrebande**, qui n'est pas simplement le fait de quelques commerçants malhonnêtes, mais représente un phénomène général. Pourtant, les nouveaux souverains interviennent promptement pour réglementer les échanges commerciaux. En 1751, Charles de Bourbon crée une Junte de la navigation mercantile pour contrôler les activités du port et imagine l'instauration d'un code maritime. C'est néanmoins sous le royaume de son

LA VIE ÉCONOMIQUE

fils Ferdinand IV que Naples se dote d'un code de la navigation. Le 20 décembre 1779, John Acton confie au juriste Michele de Jorio la réalisation d'un « nouveau code de lois maritimes et navales qui seraient utiles à ce royaume ». En 1781, de Jorio achève ce travail qui circule en quatre tomes parmi les commissaires chargés de vérifier la compatibilité avec les lois en vigueur. Ce code, connu sous le nom de « Code de Ferdinand », dont l'ambition était de réglementer toute l'activité des trafics maritimes, reste lettre morte et n'est pas publié, en raison des événements révolutionnaires de la fin du siècle.

L'AGRICULTURE ET L'ÉLEVAGE

Pour comprendre la production agricole dans les campagnes et les montagnes du royaume, il faut avoir à l'esprit sa géographie (cf. « Les alentours de Naples », « Le royaume de Naples », chap. II). Dans ce vaste paysage naturel coexistent des situations très différentes, mais, en suivant les indications de Paolo Macry, on peut distinguer deux grandes zones : les montagnes à l'intérieur du pays et les plaines qui se situent, en revanche, à proximité de la mer (Adriatique ou Tyrrhénienne). Les premières (notamment les Abruzzes et le Molise) sont coupées des voies commerciales et on s'y adonne plutôt à l'élevage des animaux ; dans les plaines (aux alentours de Naples et dans les Pouilles par exemple), on privilégie la production céréalière.

L'agriculture est l'élément fondamental de la vie économique méridionale au XVIIIe siècle. Elle reflète aussi tous les problèmes de l'économie du royaume puisqu'elle est dominée par la juridiction et la grande propriété féodales. Pourtant, même dans ce secteur, le nouveau pouvoir tente de réaliser des réformes. D'une part, **il introduit des éléments de gestion capitaliste dans quelques-unes de ses propriétés, notamment dans les « sites royaux »** qu'il crée dans les campagnes entourant Naples : à l'ouest, dans les champs Phlégréens, au nord, vers Caserte et autour du Vésuve. D'autre part, pour mieux connaître la production et le fonctionnement des provinces méridionales, **le pouvoir y envoie des « philosophes » qui cartographient le territoire**. À partir des années 1780, un grand nombre de réformateurs (comme Giuseppe Maria Galanti ou Domenico Grimaldi) partent vers ces campagnes pour établir un tableau de leur situation.

LA VIE ÉCONOMIQUE

Les **sites royaux** ont toujours été vus comme des résidences estivales pour la cour (cf. « L'architecture », chap. VIII). Ce sont également des fermes qui exploitent d'une manière plus intensive, donc plus industrielle, les terres. Ils sont implantés autour de Naples : dans le cratère éteint des Astroni, à Agnano, sur la côte de Licola, au bord du lac Patria et du lac Fusaro, à Cardito et Carditello, dans la plaine qui va vers Caserte, à Venafro et Persano, sur l'île de Procida et dans la campagne vésuvienne jusqu'à la colline de Quisisana à Castellammare di Stabia. Ils n'offrent pas simplement un lieu où le roi et les courtisans se livrent à leurs divertissements, en particulier la chasse, mais présentent également les débuts d'une rationalisation des exploitations agricoles. En effet, dans ces *casali* (les villages autour de Naples), on trouve peu de terres incultes, comme c'est le cas dans le reste du royaume. Ce qui confirme que ces sites royaux sont des tentatives pour améliorer la production agricole. Ils sont aussi un témoignage de la volonté monarchique de s'opposer à la mentalité parasitaire des barons, puisqu'ils résultent souvent d'une expropriation que le roi impose à des nobles conservant leurs terres incultes. L'ancien pavillon de chasse de **Carditello**, au sud de Capoue, est acheté par Charles de Bourbon au comte d'Acerra. Il l'aménage pour y passer des séjours pour la chasse et y installe un élevage de chevaux. Plus tard, son fils, Ferdinand IV, confie à l'architecte Francesco Collecini, collaborateur de Vanvitelli sur le chantier du palais royal de Caserte, le projet d'une demeure pour la famille royale et d'une ferme. Il s'agit du même projet qu'à San Leucio, où les souverains partagent l'espace avec les ouvriers. Autour du pavillon central, il y a différentes cours, avec des magasins, des étables et des locaux où l'on travaille et où l'on transforme les produits agricoles et ceux issus de l'élevage. Le projet architectural est ici au service de la production, et implique aussi la campagne alentour, liée à ce site par tout un système de voies et de chemins. De plus, on réalise à Carditello d'importants travaux pour la canalisation des eaux afin de mieux irriguer les cultures.

Les réformateurs des Lumières (cf. « La philosophie des Lumières à Naples », chap. VII) **donnent beaucoup d'importance à la question de l'agriculture dans les terres du Midi.** Avant d'étudier les problèmes qu'ils soulèvent dans la gestion et l'exploitation des campagnes, il est peut-être opportun de signaler, dans ce domaine aussi, les quelques points forts du Sud. **L'un de ces réformateurs, Domenico Grimaldi**, par ailleurs issu d'une grande famille de propriétaires, diffuse parmi les exploitants

LA VIE ÉCONOMIQUE

calabrais les nouvelles techniques sur la manufacture de l'huile. Il les a apprises au cours de ses voyages en Méditerranée, notamment en Ligurie. Il ne s'agit pas simplement d'innovations dans le traitement et la culture de l'olive, mais surtout de l'introduction de nouvelles machines de fabrication de l'huile. Grimaldi commercialise dans tout le Sud ces pressoirs et il est à l'origine des plus importants d'entre eux, comme celui que le roi fait construire en 1781 dans le palais royal de Caserte. Grâce à lui, la production d'huile en Calabre connaît un franc succès jusqu'à représenter à elle seule la moitié de la récolte nationale. Une autre production calabraise est appréciée jusque dans les pages de l'*Encyclopædia Britannica* : dans la 16ᵉ édition de cette somme du savoir de l'époque, on peut lire à propos de la réglisse que « the quality best appreciated in Great Britain is made in Calabria ».

C'est aussi pour proposer des réformes dans le secteur de l'agriculture que Giuseppe Maria Galanti entreprend son voyage dans les campagnes méridionales. Il décrit, d'abord, les différentes cultures du royaume. En Campanie, on cultive du blé, du chanvre et du lin, du maïs et des légumes. Il y a des pâturages pour l'élevage des bêtes. On y pratique également l'arboriculture, et l'on trouve des mûriers, des orangers, des citronniers, etc. Dans les Pouilles, on cultive surtout le blé et on pratique l'élevage des moutons et des chevaux. Le riz est produit dans certaines régions de la Calabre et du Principato citeriore et dans les marais des Abruzzes. Dans les campagnes de Bari et de Lecce, on trouve surtout du coton. À Lecce, on cultive aussi le meilleur tabac du royaume. On produit dans toutes les régions méridionales du vin et de l'huile. Les vins les plus prisés sont ceux du Vésuve, le célèbre « lagrima », et ceux des champs Phlégréens et de Capri.

L'huile du royaume est exportée partout en Europe. Après les oliviers, les arbres les plus précieux pour l'économie méridionale sont les mûriers. Les

Marchand de vin primeur, gravure anonyme, début XIXᵉ siècle

LA VIE ÉCONOMIQUE

pâturages les plus vastes se trouvent dans les Abruzzes. Parmi les produits alimentaires issus de l'élevage des animaux, le fromage de bufflonne d'Acerra dans la Terra di Lavoro et des campagnes d'Eboli est déjà célèbre au XVIIIe siècle. Primordiale, surtout pour les villes très peuplées, est la pêche. Dans les fleuves, on trouve des truites et des anguilles. Dans la mer Tyrrhénienne, on pêche des anchois (que l'on sale ensuite), du thon et de l'espadon.

Retour d'une partie de pêche à Naples, d'après Pierre-Jacques Volaire

LES RETARDS DE L'ÉCONOMIE NAPOLITAINE

En 1739, dans un texte intitulé *Del commercio del Regno di Napoli (Sur le commerce du Royaume de Naples)*, Paolo Mattia Doria décèle déjà l'une des causes endémiques des difficultés économiques que le royaume de Naples connaît. **Selon ce philosophe et historien, Naples ne peut pas continuer à être le seul centre du royaume, en concentrant toutes les activités, politiques, économiques et administratives. Si la capitale risque l'écrasement sous le poids de toutes ces fonctions, le reste du royaume, en ne présentant aucune production spécifique et originale, finit par devenir un désert.** Doria écrit qu'à Naples, les médecins sont plus nombreux

LA VIE ÉCONOMIQUE

que les malades, les avocats sont plus nombreux que les procès. Même dans les arts et métiers existe une disproportion entre la demande et l'offre. La capitale peut devenir une ville moderne si l'on déplace quelques activités économiques vers les provinces et si l'on décentralise les administrations de l'État, notamment les tribunaux. **La contribution de Doria est importante parce qu'elle vise à placer la ville de Naples dans le contexte plus large du royaume.** En d'autres termes, pour Doria, les problèmes économiques sont toujours liés aux questions territoriales. Afin d'augmenter les activités productives, il est donc indispensable de résoudre les différences entre la capitale et le royaume. Or, Doria pointe un autre problème qui restera le fléau de l'économie méridionale pendant longtemps. Les capitaux ne sont pas dirigés vers des initiatives économiques, ils ne circulent pas et restent dormants dans les mains des mêmes personnes. Cette situation se répète dans toutes les économies de l'Ancien Régime. Mais, dans le royaume de Naples, on assiste à un autre phénomène qui est, en revanche, singulier. La situation d'impasse créée par les « grands » détermine dans d'autres pays – songeons par exemple à la France du XVIIIe siècle, mais aussi à l'Angleterre ou à la Hollande du siècle précédent – une lutte acharnée des classes bourgeoises émergentes pour faire avancer leurs propres intérêts. L'enjeu de ce combat sera évidemment le dépassement de ces blocages. À Naples, on a souvent l'impression que ce genre de revendication ne se produit pas. Non pas simplement, comme on le dit encore assez souvent, parce Naples manque d'éléments capitalistes. On a cherché à y instaurer une économie de type moderne, par la construction d'usines, de manufactures et même grâce à des initiatives d'ordre politique. Des secteurs bourgeois sont bien présents dans l'économie napolitaine. Pourtant, ils ne manifestent pas une virulence particulière à l'égard de l'autorité traditionnelle. On peut expliquer cela de deux manières. D'une part, les réalisations industrielles demeurent « étatiques ». Œuvres du bon vouloir des souverains, elles ne sont pas le fait d'une véritable bourgeoisie et peinent à engendrer la formation d'une nouvelle classe dirigeante. D'autre part, les domaines où apparaît réellement cette classe bourgeoise – le bâtiment, le commerce, les *arrendamenti* (les baux que l'État confie aux particuliers pour le prélèvement de certains impôts) ou l'agriculture, comme on l'a vu avec Domenico Grimaldi – demeurent très paisibles par rapport à l'ordre existant. **C'est que ces différentes formes de bourgeoisie trouvent un accord tacite avec les classes dominantes traditionnelles, au point de s'allier**

LA VIE ÉCONOMIQUE

pour constituer un nouveau bloc de pouvoir. Elles vont investir, par exemple, leurs capitaux dans les campagnes sans en modifier la structure sociale, laissant en place les anciennes formes de pouvoir. À la fin du siècle suivant, lors d'un bouleversement qui semble détruire définitivement la situation politique, économique et sociale du régime bourbonien, c'est-à-dire avec la fin du mouvement politique, le Risorgimento, qui portera à l'unification italienne, on assiste à un phénomène analogue. Dans le roman de Tomasi de Lampedusa, *Le Guépard,* le jeune protagoniste, Tancrède, descendant d'une noble famille sicilienne, adhère, contre toute attente, aux idéaux et à la lutte de la bourgeoisie italienne pour l'unification. La noblesse méridionale a signé de nouveau un pacte avec la bourgeoisie. Pourquoi ? Cette alliance est du même type que celle que signeront les nobles du XVIIIe siècle avec les couches bourgeoises naissantes. Les nobles, c'est-à-dire les groupes de pouvoir traditionnels, phagocytent toujours leurs concurrents dans le Sud de l'Italie. Et quand ils n'y parviennent pas, ils pactisent avec eux, puisque, comme le fait Tancrède, il faut « tout changer afin que rien ne change ». Le Sud de l'Italie semble condamné éternellement à cet immobilisme.

LA MONNAIE

Monnaie	Poids	Composition	Valeur
Ducato	22 g	Argent pur et cuivre	10 *carlini*, 100 *grana*, 1200 *cavalli*
Piastra	25,61 g	Argent	12 *carlini*, 120 *grana*
Pubblica	8,85 / 9,50 g	Cuivre	18 *cavalli*
Oncia napoletana	4,4 g	Or	6 *ducati*

LA VIE ÉCONOMIQUE

Piastre représentant à l'avers les bustes accolés de Ferdinand IV et de Marie-Caroline, 1791

APPROVISIONNEMENT DE LA VILLE DE NAPLES (source : Jannucci)

Panification publique	400 000
Macaronis	160 000
Biscuits (*taralli*)	50 000
Farines pour le marché	300 000
Farines pour d'autres points de vente	300 000
Fleur de farine	300 000
Cour, armée de terre et marine	120 000
Édifices religieux et particuliers	1 200 000
Total	2 830 000

(Les données sont fournies en *tomoli* : un *tomolo* correspond à 50,5 litres.)

Viande bovine	25 000
Veaux de Sorrente	3 000
Viande de porc	45 000
Viande d'agneaux, de brebis, de moutons	85 000
Œufs (par jour) (sans compter les œufs pondus en ville)	60 000
Huile (en *staja* : chaque *staja* correspond à 9,383 kg)	600 000

LA VIE ÉCONOMIQUE

LES PRODUCTIONS AGRICOLES EN CAMPANIE PAR ZONE (source : Villani)

Terra di Lavoro (entre Naples et Caserte)	Arbres (fruits), blé, maïs, chanvre, lin
Salerne	Vignes, riz
Eboli	Blé, orge, avoine
Cilento, Vallo di Diano	Figues, oliviers
Plaine du fleuve Sarno	Agriculture très riche et variée, notamment dans les alentours de Torre Annunziata

Au-delà de ces zones, l'agriculture, selon les termes de Nicola Onorati, auteur d'un livre intitulé *Delle cose rustiche* (première édition : 1791), devient « barbare », c'est-à-dire marginale, car il s'agit de régions fortement dépeuplées. C'est dans ces zones que se développe l'élevage.

UTILISATION DU SOL DANS LES PROVINCES DE LA CAMPANIE EN 1830 (pourcentages) (source : Villani)

	Naples	Principato ultra	Terra di Lavoro	Principato citra
Terrains non cultivés	7,75	50,74	32,10	30,47
Terrains cultivés, avec arbres et/ou arbustes	43,00	17,34	18,05	9,64
Vignobles	20,20	3,80	2,15	4,38
Potagers, jardins, vergers	4,50	0,32	0,96	1,22
Oliveraies	1,32	0,43	3,12	6,38
Châtaigneraies	0,12	4,12	1,71	2,53
Pâturages	6,04	15,58	20,13	26,69
Taillis	5,38	0,63	1,40	1,86
Bois	10,39	11,13	16,37	13,98

LA VIE ÉCONOMIQUE

LES PRIX À NAPLES EN 1785 (source : Romano)
Les prix sont exprimés en *grana*. Un *tomolo* est égal à 50,5 litres.

Le blé et quelques légumineux	
un *tomolo* de blé	181
un *tomolo* de haricots	210
un *tomolo* de pois chiches	260
un *tomolo* de fèves	210
un *tomolo* de lentilles	245
La viande et les œufs	
Chapon	35
Dinde	125
Rouleau de veau	30
Une centaine d'œufs	100
Les fromages	
Casocavallo del Regno	30
Casocavallo di Sicilia	25
Ricotte salées	25
Provole d'Eboli	24
Fromage de Hollande	37
Fromage de Morea	14
Les sucreries et les confiseries (en 1786)	
Copeta (pâte au sésame mélangée avec des pommes et du sucre. Si elle est aux amandes, on parle de *torrone*, si elle est aux noisettes, on parle de la *copeta* proprement dite)	11,5
Mustacciuoli (pâte en forme de cœur, faite avec de la farine, du sucre et des amandes)	15,5

LA VIE ÉCONOMIQUE

LES SALAIRES EN 1785 (source : Romano)
Il s'agit de la paie journalière. Les salaires sont exprimés en *grana*.

Salaire des travailleurs agricoles, employés pour les vendanges	
Caporali (surveillent les agriculteurs)	25
Récolteurs	20
Femmes et enfants (transportent le raisin dans les brouettes)	10
Parmentari (pressent le raisin)	25
Surveillants des *parmentari*	27,5
Élagueurs pour les vignes	17,5
Insertatori (greffent sur les vignes un ou des fragments prélevés sur d'autres vignes)	50
Ceux qui s'occupent de travailler le terrain pour des nouvelles plantations	17,5
Ceux qui s'occupent des fossés pour drainer les eaux	20

Salaire des ouvriers du bâtiment	
Mastro fabbricatore (maçon)	30
Manipolo (apprenti)	20
Mastrodascia (charpentier)	30

Salaire de ceux qui s'occupent du jardin du couvent de Saint-Dominique à Naples	
Laboureur	20
Élagueur	20
Ceux qui travaillent la terre	20

V
LE TEMPS

Pour avoir une idée de la façon dont les Italiens vivent leur temps au XVIIIe siècle, on peut se référer aux indications précieuses de l'astronome Joseph Jérôme Lefrançois de Lalande dans son *Voyage d'un François en Italie fait dans les années 1765 et 1766.* Nous sommes bien entendu à une époque où la mesure du temps constitue encore un problème, et où la diffusion de la montre n'a pas encore uniformisé le temps. Lalande nous dit que les Italiens comptent vingt-quatre heures de suite depuis un soir jusqu'à l'autre ; la vingt-quatrième heure, qu'on appelle souvent l'*Ave Maria,* sonne une demi-heure après le coucher du soleil. Autrement dit, les journées des Italiens commencent avec le début de l'obscurité, lorsqu'ils ne peuvent plus travailler. Par conséquent, midi ne sonne pas toujours pour eux à la même heure, alors que les Français connaissent l'heure lorsque le soleil est au méridien.

L'indication de Lalande est utile à double titre : elle nous montre les différences de calcul du temps qui existent encore à cette époque entre des pays voisins et nous révèle un aspect particulier de la journée des Italiens. Hélas, elle ne nous permet pas de comprendre l'organisation concrète du temps des hommes au XVIIIe siècle. Pour cela, il convient sans doute de se référer à la vie religieuse. Naples ville-monastère est dominée par la puissance de l'Église. Conformément aux préceptes contreréformistes, ce pouvoir investit toutes les sphères de la vie quotidienne. **Pour comprendre l'appréhension temporelle des Napolitains à cette époque, on peut donc se référer aux multiples « conseils pratiques » d'ordre religieux qui indiquent la conduite à adopter.** Le processus dit de sécularisation a sans aucun doute déjà commencé. C'est pour cette raison que l'Église napolitaine, voyant son pouvoir sur les consciences s'estomper, impose avec encore plus de force des pratiques religieuses à tout moment de la journée, y compris lors des tâches profanes. Et même si les conseils de l'Église ne sont pas

LE TEMPS

suivis à la lettre, ils nous indiquent la façon dont un bon chrétien devrait organiser son temps selon ce « tribunal de la conscience » qu'est devenue l'Église baroque, pour reprendre une expression de l'historien Adriano Prosperi. **Il existe également des moments de rupture dans cette ligne morne qu'est la vie quotidienne. Ce sont les fêtes que cette même religion ordonne pour canaliser le sentiment religieux. Dans ce chapitre, nous présenterons les différents moments de la vie des Napolitains, puis les principales fêtes religieuses de l'époque et les quelques traditions artisanales qui les accompagnent, comme la fabrication des crèches durant la période de Noël.**

L'ORGANISATION DE LA VIE

En 1767, Alfonso Maria Liguori publie un texte intitulé *Regolamento di vita di un cristiano* (Règles de vie d'un chrétien), qui présente ce que doivent être les différents moments de la vie d'un chrétien : 1) prières et oraisons du matin, dès le lever ; 2) pendant la journée de travail, il faut trouver une demi-heure pour une oraison mentale ; 3) chaque jour, il faut écouter la messe ; 4) dans la journée, il est nécessaire de réserver une demi-heure ou au moins un quart d'heure à la leçon spirituelle, notamment à partir de la vie des saints ; 5) une visite au Saint-Sacrement accompagnée de prières est obligatoire ainsi qu'une visite aux images dévotes représentant la Vierge en ville ; 6) le soir, en rentrant chez soi, on doit faire son examen de conscience et accomplir ses actes de bon chrétien ; 7) chaque semaine, il faut se confesser et recevoir l'hostie.

Chacune de ces pratiques journalières est accompagnée de conseils concrets, notamment les exercices spirituels à effectuer sur le modèle inauguré par Ignace de Loyola, et repris à Naples par d'autres religieux, comme Gennaro Maria Sarnelli dans son *Chrétien sanctifié*. On recommande même l'éloignement de la vie quotidienne pendant une semaine, une fois par an, ou au moins la participation à quelques congrégations de séculiers. Parmi toutes les pratiques, Alfonso Maria Liguori réserve une place particulière au culte de la Vierge, à laquelle il faut chaque jour dédier des hommages particuliers : trois *Ave Maria*, le matin et le soir ; la lecture journalière de quelques passages sur sa vie ; la révérence devant les images de la Vierge que l'on rencontre dans la rue ; d'autres *Ave Maria* à chaque son des cloches ; et enfin le jeûne la veille des fêtes consacrées à la Vierge.

LE TEMPS

Liguori ne cache pas l'influence des préceptes élaborés à Trente, lors du concile inaugurant la contre-réforme. **Comme le rappelle Adriano Prosperi, c'est à cette époque que l'Église organise un vaste dispositif de contrôle sur la société qui devait influencer la vie même des gens.** Nous nous sommes fondés sur les registres des paroisses pour présenter le nombre d'habitants de Naples (cf. « Topographie et population », chap. II). Galanti déplore déjà cette pratique. Il affirme que l'on confie tout l'état civil au clergé. « La naissance et la mort deviennent la propriété des religieux ». En effet, le but de ces registres n'est pas innocent : ils n'indiquent pas seulement le recensement du nombre d'habitants, mais exercent aussi un contrôle sur les pratiques religieuses. Ainsi, on peut savoir si les personnes sont passées à travers les **rites de passage** que la contre-réforme juge désormais indispensables, de la naissance jusqu'à la mort. Ce sont les différentes cérémonies religieuses, du baptême à la confirmation et au mariage, en passant par d'autres rituels plus réguliers, comme la confession et les sacrements, qui rythment la vie de tous les Napolitains. Le **mariage**, un des fondements de la vie en société, dépend moins des lois civiles que des lois ecclésiastiques ; il est considéré comme un sacrement. **L'Église, en contrôlant les rites de passage, conditionne toute la vie des Napolitains.**

Le problème que ce genre de religiosité pose à Naples est son caractère purement extérieur. La religion est peu assimilée en tant que sentiment de piété authentique (cf. « La religion comme une "fête" », chap. VI). La multiplication de conseils pratiques est sans doute moins l'indice d'un triomphe de l'Église que d'une crainte devant la propagation d'une nouvelle rationalité ou des croyances antiques. Il faut cadrer strictement les divers moments de la journée pour continuer d'offrir un modèle de vie chrétienne dans un monde de plus en plus complexe.

LES PRINCIPALES FÊTES RELIGIEUSES

La fête religieuse la plus importante à Naples est consacrée au saint patron de la ville, saint Janvier (San Gennaro). Janvier, évêque de Bénévent, est un martyre de l'Église, victime des persécutions sous Dioclétien. Timothée, proconsul de la Campanie, lui fit couper la tête, après avoir vainement tenté de le tuer par différents moyens, comme le feu, puis les animaux du cirque. Le sang de Janvier fut recueilli par une vieille et sainte femme dans deux fioles le 19 septembre 305.

LE TEMPS

Le témoignage d'Alexandre Dumas, dans *Le Corricolo,* date de 1835 mais peut également éclairer le siècle qui nous occupe : « C'est ce même sang qui, depuis quinze siècles, se met en ébullition toutes les fois qu'on le rapproche de la tête du saint, et c'est dans cette ébullition prodigieuse et inexplicable que consiste le miracle de saint Janvier ». Le miracle de saint Janvier consiste, en effet, en la liquéfaction de son sang, le même jour de septembre chaque année, et le premier samedi de mai. La veille du miracle, la population de Naples se rend à l'archevêché pour prendre sa place dans la procession. Celle-ci va de la chapelle du Trésor, domicile habituel de saint Janvier, à la cathédrale Sainte-Claire, métropole des rois de Naples, dans laquelle le saint doit accomplir son miracle. Il faut à la procession quatorze ou quinze heures pour accomplir un trajet d'environ un kilomètre. Suivons le témoignage direct d'Alexandre Dumas : « La procession se compose non seulement de la ville tout entière, mais encore des populations environnantes, divisées par castes et confréries. La noblesse doit marcher la première, puis viennent les corporations. Malheureusement, grâce au caractère parfaitement indépendant de la nation napolitaine, personne ne garde ses rangs [...]. Puis venaient, précédés de la croix et de la bannière, mêlés au peuple, dont le flot les enveloppait sans cesse en les isolant les uns des autres, des moines de tous les ordres et de toutes couleurs ». Toute cette foule arrive sur l'autel où se trouve la statue du patron puis ressort par les portes latérales. L'archevêque arrive en dernier, et dépose les fioles avec le sang dans le tabernacle. La première journée est terminée. Le lendemain, le cortège a rendez-vous à l'église où l'on commence à montrer les fioles contenant le sang condensé. Les Napolitains se hâtent pour les embrasser et constater la coagulation. Enfin, quand le sang se liquéfie – si le miracle a lieu ! – le prêtre élève la fiole et crie : « Gloire à saint

Saint Janvier (San Gennaro), dans une gravure sur cuivre anonyme (Beltrano, Naples, 1633)

LE TEMPS

Janvier, le miracle est accompli ! » Après la jubilation des fidèles dans l'église, la fête continue. Le soir, la ville s'illumine et on danse dans les rues. En effet, la fête de saint Janvier investit tous les espaces de la ville. Dans chaque *Sedile* de Naples (cf. « L'exercice du pouvoir et de la justice », chap. III), on installe des « autels » consacrés au saint. En réalité, une véritable production artistique accompagne les fêtes avec la réalisation de machines ou d'appareils festifs, comme par exemple les « amphithéâtres » que l'on érige autour d'un élément central (un obélisque) pour accueillir le moment culminant de la fête. D'ailleurs, les nombreux obélisques que l'on trouve dans les places du centre historique de Naples sont des références évidentes à ces fêtes (cf. « Églises et protection sociale », chap. VI).

Une autre fête religieuse importante est consacrée le 8 septembre à la Vierge de Piedigrotta, un quartier de Naples situé dans la partie occidentale de la ville, juste avant la galerie qui conduit vers les champs Phlégréens. On raconte qu'à cet endroit, le 8 septembre, la Vierge s'est montrée à trois personnes en leur ordonnant la construction de l'église. C'est au XVIIIe siècle que la fête s'impose parmi les plus importantes à Naples, en raison du culte que le roi Charles voue à cette Vierge. Il se rend à l'église avec toute la famille royale deux heures avant le coucher du soleil, alors que toute l'armée est disposée sur la route de Chiaia afin d'honorer de sa présence cette fonction religieuse. Le peuple de Naples participe en masse à cette fête et se réunit sur la plage pour y prendre part.

L. De Luise, Procession de l'image de la Vierge, *1854*

LE TEMPS

À Noël, à part la tradition de la construction des crèches (cf. « Les "crèches napolitaines" », chap. v), **les Napolitains pratiquent la neuvaine, soit devant ces crèches dans les églises, soit devant les images de la Vierge dans les rues.** Les prières, qui durent neuf jours avant Noël, sont souvent accompagnées de musique, jouée par des musiciens venus des montagnes du royaume avec leurs instruments populaires, comme la « zampogne » ou des cornemuses. De grands compositeurs ont créé pour les neuvaines, comme **Giovanni Paisiello** (cf. « Les artistes », chap. VIII), ce qui témoigne de l'importance de cette tradition à Naples.

Pendant le XVIIIe siècle, le carnaval connaît une nouvelle jeunesse. Il y a une réelle effervescence dans la création des chars qui défilent à Naples, notamment sur la via Toledo, artère principale construite par les Espagnols pour relier le palais royal au cœur de la ville. Sur les chars, on installe souvent de véritables mâts de cocagne, pris d'assaut pas les *lazzari*. Le marquis de Sade est à Naples lors du carnaval de 1776 : « L'ouverture s'en fit par une cocagne, spectacle le plus barbare qu'il soit peut-être possible d'imaginer au monde. Sur un grand échafaud que l'on orne d'une décoration rustique se pose une prodigieuse quantité de vivres disposés de manière à composer eux-mêmes une partie de la décoration ». Le peuple se jette sur cet appareil avant même le début de la fête, au point que Sade affirme qu'il s'agit moins d'une fête que d'une école de pillage, car de véritables crimes, voire des meurtres, se produisent lors de cet assaut sans que la police intervienne.

Un autre aspect important de cette fête est le déguisement, auquel participent même les souverains. La transformation vestimentaire concerne toutes les classes sociales : le peuple, les bourgeois et les nobles. Les invités arrivent aux fêtes dans les palais déguisés en bergers, chasseurs, pêcheurs, parés de costumes orientaux ou de vêtements faisant référence au monde classique. Le roi Charles se déguise lors des différents carnavals en Indien, en Nègre, en Grec ou en Hongrois. Ferdinand IV et sa femme Caroline, en 1778, se déguisent en souverains en route vers la Mecque, précédés et suivis par une troupe de personnages du monde oriental.

Sade décrit aussi les festivités pascales. Lors de la Semaine sainte, ce sont le luxe et l'ostentation

LE TEMPS

qui s'imposent : « Rien n'égale la beauté de ces chars dorés dans lesquels se font porter les femmes de la cour ; les valets de pied, les porteurs vêtus des livrées de gala, les pages, les gentilshommes richement habillés et escortant les chaises donnent à tout ce cortège un air de magnificence véritablement imposant ». Remarquons au passage le contraste entre ces images et la fête proprement religieuse qui devrait être un temps d'humilité et de pénitence. Les femmes portent des diamants et sont vêtues de velours noir. On fait à pied le tour des églises, qui sont ornées et parées, pour montrer le luxe de ses habits. À vrai dire, aux yeux du marquis, même les religieux les plus fervents offrent dans cette période un spectacle plus

Mât de cocagne. Détail d'une scène peinte sur majolique (cloître de Santa Chiara, c. 1740). Photo JFB.

LE TEMPS

Carnaval de 1778, char mettant en scène le voyage du Grand Seigneur vers la Mecque, gravure de Raffaello Morghen

païen que moderne, au sens d'une religiosité réfléchie et intériorisée. La ville est, en effet, parcourue par des flagellants se déchirant les épaules. D'autres, représentant le Christ, courent comme des forcenés, la croix sur l'épaule.

Une autre fête religieuse importante est la Fête-Dieu, ou Fête du Saint-Sacrement, *Corpus Domini, Corpus Christi,* **célébrée le jeudi qui suit la Trinité, soixante jours après Pâques.** Cette fête a lieu dans l'église de Sainte-Claire, consacrée au Saint-Sacrement. Le jour de la fête, avant de s'y rendre, tout le monde, y compris le roi, assiste à une célébration dans le *Sedile* de la Sellaria (cf. « L'exercice du pouvoir et de la justice », chap. III) dans le quartier du Pennino, où l'on érige une machine, un appareil festif, au centre de la place.

LES « CRÈCHES NAPOLITAINES »

En attendant la nuit de Noël, les Napolitains construisent des crèches. **Au XVIIIe siècle, ce n'est pas simplement une mode qui s'impose, mais une véritable frénésie qui s'empare de la ville. Tout le monde s'adonne à la construction des scènes reproduisant la naissance du Seigneur.** Pauvres, ouvriers, riches, réalisent des crèches, stimulés par la prédication du père Rocco (cf. « Le clergé », chap. VI). L'exemple vient d'en haut puisque le roi Charles en personne se met à pétrir et à cuire des briques, à couper du liège. Il utilise ces matériaux pour construire des villages entiers, avec des maisonnettes, des auberges, des fermes. Sa femme, la reine, raccommode de riches étoffes pour les transformer en vêtements pour les anges, les paysans. Le roi demande conseil aux architectes et aux peintres de la cour pour la mise en scène et la disposition générale de sa crèche. Il dépense beaucoup d'argent pour acheter les plus beaux santons chez les meilleurs spécialistes de Naples. En effet, c'est à cette époque que **les santons (*pastori*, c'est-à-dire « bergers » en italien) cessent d'être des figures en bois grandeur nature pour devenir des petites figurines en argile ou en bois**. Il faut donc de vrais artisans, ou mieux, de véritables artistes, pour les réaliser. Domenico Vaccaro, architecte, sculpteur, peintre, fabrique aussi des santons pour les crèches (cf. « Les artistes », chap. VIII), ce qui témoigne de leur importance artistique au XVIIIe siècle. Le fils de Charles, Ferdinand IV, en construit dès sa jeunesse. Lorsqu'il est à Palerme, chassé de Naples par les Français, il réalise une immense crèche de quarante mètres de long et quinze de large.

L'importance des crèches à cette période ne tient pas seulement à leur indéniable valeur artistique ou à leur fondement religieux. **Elles nous offrent également un profil authentique de la vie napolitaine au XVIIIe siècle, de la façon même dont les gens organisent leur vie et leur temps.** En effet, les crèches présentent quatre grands épisodes : la Sainte Famille (ou Nativité proprement dite), l'Annonce aux bergers, le cortège des Mages et l'auberge. Le dernier sujet offre un bon aperçu de la vie napolitaine de l'époque. Comme l'écrit Alessandra Griffo dans son livre consacré aux crèches napolitaines, la scène de l'auberge amplifie, dans un sens baroque, la brève mention évangélique selon laquelle Marie et Joseph ont été contraints de chercher un abri de fortune « parce qu'il n'y avait pas de place pour eux à l'auberge ». Pour parvenir à cette dramatisation toute profane de l'épisode, les artistes se réfèrent à la vie réelle des Napolitains de l'époque.

Ainsi, « c'est toute l'âme parthénopéenne qui s'impose comme protagoniste dans cette section de la crèche, observée dans ses manifestations les plus vulgaires ». Les fabricants de crèches réalisent une reconstitution animée de l'humanité napolitaine. Dans la scène de l'auberge, on trouve à la fois des

Une crèche en corail (musée San Martino, Naples)

mafieux, des travailleurs, des paysans, des marchands et de nobles seigneurs, des colporteurs et des comédiens, et aussi des musiciens. La cour de l'auberge présente toutes les attractions bizarres que l'on pouvait effectivement trouver sur la place du château, en face du Maschio Angioino : des charlatans, des saltimbanques, des jongleurs, des musiciens ambulants et des lutteurs. À côté de cette place, vers les quais du port, il y a « Rinaldo », celui qui raconte les poèmes chevaleresques. Évidemment, nous retrouvons dans les crèches des **Polichinelles**, le masque de la *commedia dell'arte* napolitain par excellence, qui circule partout sur ces places et dans les rues de Naples, avec sa faim atavique et son goût pour les paradoxes de la philosophie.

À l'entrée des auberges, on voit des salamis, des saucisses et des jambons, de la viande et d'autres victuailles. Ces aliments sont destinés aux riches seigneurs qui s'attablent et sont servis soigneusement par des aubergistes obséquieux. Leurs tables sont entourées de musiciens ambulants. À côté des auberges se tient le proverbial *macaroni* napolitain, en train d'engloutir son plat de spaghettis. Cette section de la crèche présente les costumes populaires de l'époque, notamment ceux des paysans. En février 1783, les dessinateurs D'Anna et Berotti sont chargés d'une importante enquête ethnographique visant à rassembler une collection officielle d'images des costumes populaires du Sud de l'Italie. Quand cette enquête est achevée, en 1797, ces tenues sont visibles dans les crèches. On y représente également un large éventail des arts et métiers de l'époque, notamment ceux liés à l'alimentation, tels les bouchers, les épiciers ou les fruitiers. En marge de toute cette agitation, les crèches dévoilent le mode de vie des *lazzari*, qui souvent dorment « heureux » sous les bancs ou sous un arbre.

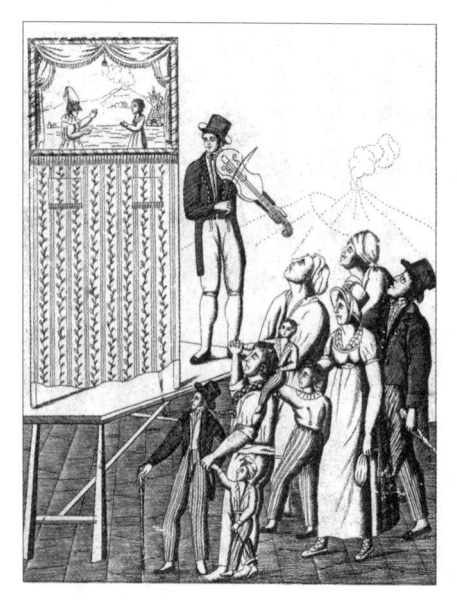

Un spectacle de marionnettes dans la rue avec comme protagoniste Polichinelle, gravure anonyme française, début du XIXe siècle

VI

LA RELIGION

Au cours du XVIIIe siècle, le nouveau pouvoir bourbonien et les classes émergentes, notamment la bourgeoisie intellectuelle, essayent de contrer la puissance traditionnelle de l'Église. Le modèle de la nouvelle monarchie est l'absolutisme du pouvoir royal français. On ne tolère guère d'autres formes d'autorités rivales. Dans cette perspective, les Bourbons entament, dès l'intronisation de Charles, pourtant profondément catholique, une lutte contre l'Église, inspirée des principes du **juridictionnalisme**. Il s'agit de l'affirmation de l'autorité de l'État sur la vie, l'organisation de l'Église, et la législation religieuse. Or à cette époque, Naples donne encore l'image d'une ville-monastère avec près de cent couvents et un nombre incalculable de propriétés entre les mains de l'Église. Dans les projets de modernisation de la ville et du royaume, on finit inévitablement par se heurter aux intérêts ecclésiastiques.

Nous indiquerons dans ce chapitre les dates-clés qui symbolisent ce conflit.

La famille royale qui, pendant tout le XVIIIe siècle, avait essayé de lutter contre les abus de l'Église, entame le nouveau siècle en fondant son autorité sur le pouvoir spirituel. La restauration bourbonienne, après la République parthénopéenne de 1799, se configure comme un retour aux valeurs anciennes et la continuation des privilèges de l'Église. Il faudra s'interroger sur les raisons de ce revirement. Il convient de remarquer que la religion résiste et sort même gagnante de ce siècle rationnel et politique. Elle constitue réellement une forme de pouvoir, voire son meilleur instrument, et y parvient parce qu'elle a toujours conservé une grande vitalité. Elle n'a, en effet, jamais cessé d'influer sur les mentalités des Napolitains.

Dans ce chapitre, nous aborderons différents sujets : l'affrontement entre le nouveau gouvernement et l'Église et

LA RELIGION

la « résistance » de l'Église face à la politique des Bourbons, notamment aux positions de Tanucci. Pour cela, nous étudierons comment la religion se manifeste dans les comportements quotidiens. Nous présenterons enfin les églises et les édifices d'assistance et de protection sociale qui ont été construits au XVIIIe siècle.

L'AFFRONTEMENT ÉTAT-ÉGLISE

LES DIFFÉRENTES ÉTAPES DE L'AFFRONTEMENT ÉTAT-ÉGLISE

1741 : Concordat entre l'Église et l'État de Charles de Bourbon.
1746 : Suppression du tribunal du Saint-Office.
1767 : Expulsion de la Compagnie de Jésus de toutes les terres du royaume.
1789 : Abolition de la haquenée, symbole de la sujétion féodale du royaume envers le Saint-Siège.
1799 : La Révolution parthénopéenne représente l'événement le plus dramatique dans ce conflit.

Dans les années 1730, selon Pietro Colletta, 16 500 religieux vivent à Naples. Ils bénéficient de nombreuses protections qui enveniment les rapports entre l'État et l'Église. En effet, selon le témoignage publié anonymement sous le vice-royaume autrichien par Pietro Contegna, « **les religieux pouvaient faire tout ce qui leur semblait bon, ils portaient dans leurs propres tribunaux les procès, ils enlevaient les biens aux laïcs sous prétexte que ces derniers les avaient volés aux églises, et ils procédaient à leurs acquisitions sans tenir compte de la juridiction civile, voire par le biais de la violence, quand elle se révélait nécessaire** ». Le roi Charles de Bourbon prend vite conscience de ces problèmes. Le nouveau pouvoir essaie d'y remédier en s'attaquant aux trois immunités dont le clergé bénéficie, l'immunité locale, l'immunité personnelle et l'immunité royale. L'immunité personnelle consent aux délinquants d'échapper à la loi en se réfugiant dans les églises, les couvents ou les chapelles. À partir du concile de Trente, l'Église considère que le droit d'asile est de nature divine. Ces zones d'immunité, comme le note Franco Venturi, s'élargissent au point de transformer chaque lieu sacré en une forteresse où la juridiction civile n'a pas le droit d'accès. En ce qui concerne

LA RELIGION

l'immunité personnelle, elle rend les religieux *exleges* et les soustrait totalement à la juridiction civile. Ainsi, les ecclésiastiques ne sont pas soumis aux lois interdisant l'exportation du vin, de l'huile, et d'autres aliments. L'immunité personnelle se superpose aux lois de l'État dans tous les domaines, dans tous les aspects de la vie. Les religieux font partie d'une caste qui se régit de manière tout à fait autonome. La dernière autonomie permet aux propriétés ecclésiastiques d'échapper au fisc. Le **Concordat**, signé en 1741 avec Rome, établit des compromis importants pour sortir de cette situation honteuse. On institue un tribunal mixte afin d'examiner les cas les plus graves de délinquants ayant trouvé protection au sein de l'institution ecclésiastique et on impose le principe selon lequel un religieux, coupable d'assassinat, doit être soumis à un tribunal laïque. À propos des finances, on stipule que les propriétés ecclésiastiques acquises par l'Église avant 1741 sont soumises à la moitié de ce que paient les laïcs, à la totalité en cas d'acquisition après le Concordat. **Comme le soutient à juste raison Raffaele Ajello, le Concordat représente la réforme la plus importante et stable du gouvernement napolitain pendant la première période de la monarchie bourbonienne.** Il ne s'agit pas à proprement parler d'un triomphe des positions « régalistes », qu'exprime Pietro Giannone, mais d'importantes avancées.

En 1740, le gouvernement publie un édit permettant **le retour des Juifs dans le royaume**. Il leur garantit des conditions de vie beaucoup plus favorables que dans les autres pays catholiques. Les Juifs jouissent de la liberté de mouvements, ne sont pas astreints à porter un signe distinctif, ni à résider dans des quartiers particuliers et peuvent bâtir leurs synagogues. Évidemment, cet édit répond aussi à des exigences d'ordre économique : on ouvre les portes du royaume aux étrangers afin d'impulser une nouvelle dynamique à l'économie, notamment pour le développement commercial de la nation. Le clergé napolitain organise aussitôt des manifestations populaires contre cet édit. Ainsi, dès 1741, on oblige les Juifs à vivre dans un quartier spécial. L'année suivante, on leur impose le port d'un signe distinctif. Ensuite commencent les actes de violence. La guerre de succession autrichienne aggrave les tensions et la peste qui éclate à Messine est la goutte qui fait déborder le vase. Comme l'écrit le *Mercure historique et politique* en septembre 1743 : « La cabale monastique, inquisitoriale etc. a tiré du fléau de la peste un argument contre l'établissement des Juifs dans le Royaume et ils ont pressé Sa Maj. avec tant d'insistance de révoquer l'édit qui leur permettoit cet établissement qu'ils ont obtenu tout ce

LA RELIGION

qu'ils souhaitoient... Il n'y a point de napolitain qui ne s'écrie, en remuant son chapelet : ô l'heureuse peste qui nous a délivrés d'une plus grande peste ! » En réalité, l'édit ne sera révoqué qu'en 1746, mais en 1743, l'opération a déjà totalement échoué. Le clergé a gagné. Quelques années seulement après le Concordat, l'Église réalise une vigoureuse démonstration de force envers le pouvoir. Bernardo Tanucci en est bien conscient. Il affirme que « le peuple nous considère désormais comme les esclaves des prêtres, comme étant soumis au gouvernement du cardinal Spinelli, archevêque de Naples, lequel, très courageux et ambitieux, est vu comme le promoteur du Saint-Office ». Voilà donc l'autre question qui fait surface. Comme l'a montré l'édit sur les Juifs, les deux pouvoirs ont continué de s'affronter après la signature du Concordat. L'Église pense même pouvoir profiter de la situation, qui a tourné en sa faveur, pour s'imposer sur d'autres terrains. **L'Inquisition n'a jamais eu droit de résidence à Naples. Des révoltes successives au XVIe siècle, en 1510 et en 1547, ont imposé la suppression de ce tribunal dans la ville de Naples.** Or, en 1746, l'Église, forte de son succès précédent, tente de l'introduire à Naples. Trois ecclésiastiques sont condamnés par la curie de l'archevêque de Naples selon le rite du Saint-Office. Ils présentent un recours, qui atterrit à la Real Camera di Santa Chiara (la Chambre royale de Santa Chiara), dans les mains de l'un des partisans du juridictionnalisme napolitain, Nicola Fraggianni. C'est l'occasion pour le pouvoir laïc d'imposer un frein aux nouvelles prétentions de l'Église. En effet, dans l'avis que Fraggianni rédige, la Chambre royale de Santa Chiara affirme que de tels cas ne doivent plus jamais se reproduire dans le royaume de Naples. **Pour la troisième fois, les Napolitains expulsent le tribunal du Saint-Office de leur ville**.

C'est toutefois après le départ du roi Charles vers l'Espagne que le pouvoir entame résolument une politique anti-ecclésiastique. La nuit du 20 au 21 novembre 1767, **388 jésuites sont chassés du royaume et 212 sont sécularisés**. Le moment le plus enthousiasmant de cette expulsion a lieu lorsque les tenants du régalisme parthénopéen prennent possession des biens de la Compagnie pour créer de nouvelles écoles, notamment quand ils s'emparent de la Casa del Salvatore, destinée à devenir une nouvelle institution pour l'éducation supérieure. Genovesi est chargé d'écrire son projet de réforme. Il affirme qu'il faut y instituer des enseignements « de choses », et non plus « de mots » : l'histoire universelle, la trigonométrie, la géographie, la géométrie, le dessin, l'architecture, les arts mécaniques. Il propose l'articulation de l'enseignement des

LA RELIGION

mathématiques selon trois cours (physique expérimentale et astronomie, géométrie et dialectique, sphère et trigonométrie), la division des cours de latin en deux niveaux et celle de l'enseignement de l'abécédaire, de l'apprentissage de la lecture et de l'écriture. Enfin, il suggère de donner la direction de l'école au professeur titulaire du cours sur les *Offices* de Cicéron, car, selon Genovesi, ce livre est l'école la plus utile de toutes. La réforme est appliquée, et le nouveau collège aura une grande importance, ne serait-ce que parce que les enseignants sont souvent issus de l'école de Genovesi. On essaie aussi de redistribuer aux paysans les terres appartenant aux jésuites. En Sicile, par exemple, on attribue 21 000 hectares de terre à 3 000 paysans pauvres. Le but, selon l'enseignement de Genovesi, est d'opposer le travail des paysans à l'absentéisme et à l'oisiveté des religieux.

En 1789, on atteint le point le plus élevé de l'affrontement entre l'État et l'Église. **On abolit la haquenée.** Pendant des siècles, les souverains de Naples ont dû rendre hommage au pape en signe de soumission envers la souveraineté féodale qu'il exerce symboliquement sur le royaume des Deux-Siciles. L'ambassadeur du roi de Naples (ou de son vicaire), chaque année, le jour de la fête de saint Pierre et saint Paul, le 28 et le 29 juin, donne au pape un tribut et une belle jument blanche – la haquenée – sur laquelle on pose une coupe en argent. Évidemment, même si cette cérémonie était devenue purement symbolique, **les Bourbons, dans leur volonté d'instaurer un régime de type absolutiste, ne peuvent plus donner cette image de feudataires du Saint-Siège.** Au cours des dernières années du gouvernement de Tanucci, le sujet devient brûlant. Dès 1780, Ferdinand IV écrit à son père en Espagne pour lui dire qu'il veut libérer la Couronne de cette cérémonie d'autant plus humiliante que les souverains de Naples sont les derniers en Europe à la pratiquer. Quelques jours avant le 29 juin 1788, une dépêche royale annonce la suspension de la haquenée. Quand l'année suivante, à la même date, le royaume de Naples réitère cette position, il est clair que la cérémonie de sujétion féodale à l'Église a disparu.

L'expérience révolutionnaire de 1799 se présente comme une lutte farouche contre la féodalité, et donc contre l'Église. Et pourtant les révolutionnaires, à commencer par les troupes françaises guidées par Championnet, font de leur mieux pour ne pas se présenter comme des antireligieux.

Eleonora Fonseca Pimentel, l'une des dirigeantes les plus importantes de la République parthénopéenne, imagine des missions dans les campagnes menées par des religieux afin d'expliquer la

LA RELIGION

révolution aux paysans. Le gouvernement républicain crée même une commission de prêtres afin de rédiger un *Catéchisme de morale pour tout le peuple*. Fonseca Pimentel accorde une grande importance au miracle que saint Janvier réalise en mai 1799. Dix minutes seulement après que l'ampoule a été montrée, le sang du saint se liquéfie : « **Saint Janvier est devenu jacobin !** » s'écrie le peuple. En réalité, le saint protecteur de Naples avait déjà pris son parti. Le 22 janvier, son sang s'est déjà liquéfié de manière inattendue, en pleine guerre de rue entre les Français et les Napolitains. Le 24 du même mois, l'archevêque de Naples rend la notice publique et exhorte le peuple au calme. Et le 27, le général Championnet peut assister triomphalement au *Te Deum* dans la cathédrale de Naples. Selon Benedetto Croce, ces deux événements sont le fruit d'une machination car les généraux français et les patriotes napolitains les ont imposés à l'archevêque sous la menace des armes. Croce cite *Les Misérables* de Victor Hugo pour étayer son propos : « Championnet, qui brutalisait les miracles, était sorti du pavé de Paris : il avait, tout petit, inondé les portiques de Saint-Jean-de-Beauvais et de Saint-Étienne-du-Mont : il avait assez tutoyé la châsse de sainte Geneviève pour donner des ordres à la fiole de saint Janvier ». Le miracle du mois de mai est ainsi clairement « suggéré ». Le général Macdonald, qui prend la place de Championnet, note dans ses *Souvenirs* : « Je fis faire en notre faveur le miracle de saint Janvier, auquel j'assistai : j'en donnerai une autre fois la description ». Comment a-t-il pu le « faire faire » ? Où trouvons-nous cette « description » ? Ce sont les *Mémoires* d'un autre général français, Thiébault, qui nous fournissent ces réponses : « Alors le président du gouvernement napolitain, la figure altérée, me demanda de lui faire place ; s'approcha du cardinal, dont je le séparais, lui présenta sous mes yeux un des pistolets cachés par son gilet, et d'une voix étouffée, lui cria dans l'oreille : "Si le miracle ne se fait pas de suite, vous êtes mort" ». Ces anecdotes sont intéressantes parce qu'elles nous montrent que les révolutionnaires ont conscience de l'importance du sentiment religieux à Naples. **La guerre entre les républicains et l'armée de la Sainte-Foi guidée par le cardinal Ruffo est aussi une guerre autour des symboles de la religion. Si saint Janvier a pris le parti de la République, Ruffo et ses troupes choisissent un autre saint protecteur de la ville de Naples pour leurs drapeaux, saint Antoine.** En effet, pendant quelques mois, de l'avancée de Ruffo vers Naples jusqu'à la normalisation en ville, saint Janvier semble oublié par les Napolitains, jusqu'au point de perdre son rang. Breislak raconte, dans son *Voyage physique et*

LA RELIGION

lithologique dans la Campanie, que dans la rue Catalana, à côté du port, se trouvait un tableau assez étrange : « Les barbouilleurs de la rue Catalane exposèrent un grand tableau, où saint Antoine, armé de verges, donnait le fouet à saint Janvier, fuyant un drapeau tricolore dans une main et dans l'autre un paquet de cordes destinées aux royalistes ». Cette histoire, racontée par Croce, nous révèle l'un des aspects de l'affrontement entre les républicains et les royalistes. Mais bientôt, saint Janvier occupera de nouveau son rôle traditionnel dans le cœur des Napolitains. Au-delà de cette plaisanterie, il faut comprendre pourquoi, malgré leurs efforts, les Jacobins de Naples ne parviennent pas à s'attirer les faveurs de l'Église. Comme l'écrit Vincenzo Cuoco, ils sont « extrémistes », en arrivent à commettre des exactions contre les religieux. Une alliance avec le clergé devient impossible. En revanche, **Ferdinand IV, pour sauver son trône, propose à l'Église un nouveau pacte. Grâce à l'intelligence politique du cardinal Ruffo, cette alliance de pouvoir entre le Trône et l'Autel trouve aussi une large assise sociale auprès des paysans issus des vastes campagnes du Midi et des *lazzari* des villes.** Les Jacobins sont dans l'incapacité de proposer un même pacte aux structures ecclésiastiques et, de plus, ils sont privés de toute légitimation sociale, ne comprenant pas l'intense religiosité du peuple de Naples.

LA RELIGION COMME UNE « FÊTE »

L'Église subit des coups durs de la part du pouvoir tout au long du XVIIIe siècle. Il convient également de souligner que la majorité de la population n'est pas influencée par le contrôle pastoral, et n'exerce pas une pratique religieuse sérieuse. Même l'expulsion des jésuites, contrairement à ce que pensait Tanucci, ne provoque aucune contestation en ville, signe que l'ordre religieux le plus puissant a peu de prise sur les consciences des Napolitains. Et pourtant, le pouvoir de l'Église tient. Il faut dire que les nombreuses tentatives de la part du pouvoir royal de contrecarrer sa puissance n'ont jamais ébranlé son empire économique, notamment ses propriétés. Mais quelque chose de plus profond, de plus intime, explique la capacité de résistance dont l'Église fait preuve. Si la religion ne rime pas avec spiritualité, et que le peuple napolitain n'y adhère qu'extérieurement, il arrive qu'elle devienne, comme le dit Galanti, une **superstition**. Pour s'adapter à la mentalité des Napolitains, l'Église organise des fêtes.

LA RELIGION

Les églises se transforment pour l'occasion en théâtres, décorées d'étoffes et résonnant de musique (les sièges sont dirigés vers l'orchestre et non vers les autels !). La puissance de ce genre de religiosité est visible jusque dans les rues. Comme les Napolitains sont très dévots à la Vierge, à chaque coin de rue ils érigent de petites statues en son honneur qu'ils illuminent même la nuit. Vincenzo Cuoco reviendra sur cette question avec plus de précision. Il affirme : « **Le peuple napolitain aime sa religion ; mais la religion du peuple n'était qu'une fête, et pourvu que la fête lui fût laissée, il ne se souciait de rien d'autre** ». Or, ce que le peuple reproche aux révolutionnaires de 1799 est justement la destruction de la religion même, c'est-à-dire de cette fête qui correspondait à son cœur et à sa sensibilité. Cuoco continue ainsi : « Le fond de la religion est un, mais il revêt dans les différents pays des formes différentes, selon le caractère différent des peuples. Elle ressemble beaucoup à la langue de chacun d'entre eux. En France, par exemple, elle est plus didactique qu'en Italie ; en Italie, elle est plus poétique, c'est-à-dire plus liturgique qu'en France. En France, la religion intéresse davantage l'esprit que le cœur et les sens ; à Naples, davantage le cœur et les sens que l'esprit. Quelle autre nation d'Europe peut se vanter de ne pas avoir produit une secte hérétique, et de s'être toujours révoltée chaque fois qu'on lui parlait de Saint-Office et d'Inquisition ? La nation qui a érigé un tribunal national indépendant du roi contre cette institution barbare que toutes les autres nations d'Europe ont au moins pendant un temps reconnue et tolérée, doit être la plus humaine de toutes. À Naples, il était facile de faire des réformes concernant les richesses du clergé aussi bien séculier que régulier. Une grande partie de la nation était en litige avec lui pour le dépouiller de ses revenus, et le respect pour la religion et ses ministres ne l'arrêtait pas. Pourquoi donc, quand ces réformes voulurent être tentées par la république, furent-elles haïes ? Parce que nos républicains, suivant des idées trop exagérées, voulurent faire deux pas quand ils en devaient faire qu'un [...] : ils voulaient en même temps dépouiller les prêtres et détruire les dieux. » Cette longue citation de Vincenzo Cuoco, tirée de son essai sur la révolution napolitaine, nous permet de comprendre la religion à Naples. **En effet, nous pourrions nous demander pourquoi un peuple ayant expulsé à maintes reprises le Saint-Office, un peuple souvent en procès contre les ecclésiastiques pour protéger ses biens, finit par défendre le pouvoir religieux en écrasant l'expérience républicaine qui essaie de s'y opposer.** La réponse de Cuoco se joue sur deux niveaux. D'abord, il indique que les Napolitains manifestent

LA RELIGION

une forme de religiosité moins intellectuelle que sentimentale. Ils sont liés à la religion par leur cœur et leurs sens, et non par la lecture des textes sacrés et les raisonnements intellectuels. On comprend aisément pourquoi les appareils et les dispositifs de type « baroque » correspondent parfaitement à ce sentiment. En effet, l'esprit du baroque a su faire de la liturgie une fête, ennoblie par la splendeur de la maison de Dieu, dans laquelle tous les arts se liguent pour encadrer de grandes et joyeuses festivités, enrichies en outre par la variété des ornements liturgiques et par la qualité toujours plus raffinée de la musique. La religion doit impressionner son public, imprimer sur lui sa marque. En ce sens, Galanti a parfaitement raison lorsqu'il parle d'une théâtralité de l'Église napolitaine. Le peuple est séduit par ce que l'on peut définir comme un « spectacle ». Il veut y participer, y jouer un rôle. Peu importe celui qui l'administre, l'important est que ce spectacle continue (cf. « Les principales fêtes religieuses », chap. V). En effet, les Napolitains peuvent détester le clergé, surtout quand il essaie de montrer son visage agressif et intolérant, mais ils veulent sauvegarder cette religion qu'ils se sont construite. Selon Cuoco, les Jacobins napolitains se trompent quand ils prétendent détruire, en suivant l'exemple de la France, le pouvoir des prêtres et la religion même. Cuoco cite l'exemple du ministre de l'Intérieur de la République parthénopéenne, Francesco Conforti, prêtre et théologien qui tente de réformer la religion, et non de l'abattre, en la ramenant à des principes évangéliques. Conforti ne sera pas suivi car les autres républicains choisiront la voie « française ». On peut se demander si les Napolitains étaient prêts à suivre eux aussi le chemin rationnel que Conforti leur proposait. **C'est parce que la religion revêt à Naples cette forme irrationnelle et sentimentale qu'elle peut résister aux attaques régalistes et philosophiques du siècle des Lumières.** Il faut souligner que l'application des principes du concile de Trente, donc de la contre-réforme la plus dure, a laissé des traces durables dans tous les aspects de la vie religieuse napolitaine, dans les dévotions, les croyances, la pratique de la piété. Autrement dit, le processus que le concile de Trente inaugure pour un nouveau contrôle de la société et surtout des consciences, se développe à Naples, et dans tout le Sud de l'Italie, dans un sens particulièrement offensif : **la religion devient superstition, elle se fonde sur une « religiosité matérielle » et développe des formes de dévotion spectaculaires, l'observance des normes et des prescriptions demeurant purement rituelle et extérieure.** D'antiques superstitions en vigueur pendant des siècles trouvent leur place à l'époque du baroque. Comme le soutient

LA RELIGION

Giuseppe Galasso, la contre-réforme est effectivement le moment de la séparation liturgique entre le clergé et les fidèles, entre le canonique et l'extra-canonique, le correct et le déviant, l'élite et la masse. Cela a été un des motifs de fond de l'opposition de l'Église romaine au protestantisme. Ainsi, au défi d'ordre iconoclaste et fidéiste qui touche la doctrine des saints et des miracles, le concile de Trente répond en réaffirmant cette doctrine, et en la complétant par des définitions et des limites normatives qui remplacent une pratique demeurée pendant des siècles indistincte et composite. Le résultat – et ceci est moins paradoxal qu'il ne peut sembler de prime abord – est un renforcement des comportements déplorés. Le magique se distingue mieux du religieux, mais sa crédibilité et sa pratique ne prennent pas fin pour autant. Jusqu'au siècle dernier, dans certaines régions du Sud, et notamment dans les Pouilles, **on enregistre encore le phénomène des *tarantati*** : des personnes qui, après avoir été prétendument mordues par des tarentules (de grosses araignées venimeuses) deviendraient mélancoliques, ressentiraient une grande lassitude, et perdraient l'appétit. Les *tarantati* sont un indice du lien des paysans avec la terre, donc avec des forces divines païennes, et de leur amour pour la danse et les chants, car, quand ces personnes écoutent de la musique, elles se lancent dans des bals et des sauts frénétiques, jusqu'à la transpiration. Prenons-y garde : **cette religiosité n'est pas simplement l'affaire d'un peuple rustre et ignorant, mais de toute une nation. Autour d'elle se cimente un véritable parti interclassiste : nobles, bourgeois, travailleurs et sous-prolétaires, tous ceux qui ne sont pas touchés par le vent des réformes des Lumières.** C'est ce parti qui balayera l'expérience révolutionnaire de 1799 en s'appuyant sur la force de la Couronne qui, dix ans auparavant, était encore de l'autre côté de la barricade, c'est-à-dire avec la nouvelle classe bourgeoise et intellectuelle qui tentait de réformer le pays. Ce qui arrive en 1799, c'est, en effet, une nouvelle alliance entre le Trône et l'Autel. Le souverain et « son » peuple se retrouvent autour d'un pacte consacré par la religion. Sur cette base, la monarchie peut impliquer dans son pouvoir l'Église, les élites aristocratiques et bourgeoises et les masses populaires. Ces dernières demeurent exclues de la participation à la vie civile et politique, mais, comme elles ont montré leur puissance dans les événements dramatiques de 1799, on les insère dans ce nouveau bloc de pouvoir qui gouverne pendant soixante ans le Sud de l'Italie et se recycle dans la nouvelle configuration politique de la Péninsule après 1861.

LA RELIGION

LE CLERGÉ

Selon Galanti, en 1793, il y a dans le royaume de Naples 82 000 membres du clergé. Parmi eux, on compte 110 évêques et 21 archevêques. Les personnalités les plus éminentes du clergé napolitain du XVIIIe siècle révèlent la duplicité de l'Église à cette époque. D'une part, on distingue les véritables intellectuels. Ils composent souvent le haut clergé de l'époque. Ce sont des archevêques, comme **Giuseppe Spinelli**. Pendant cinq ans, de 1741 à 1746, **il réalise d'importantes réformes pour l'Église napolitaine en s'entourant des religieux les plus éclairés de Naples**. En 1741, Spinelli fonde, par exemple, l'Académie de sciences ecclésiastiques pour former le clergé et discuter des problèmes culturels et pastoraux. Ses disciples le décrivent comme un homme saint, ses adversaires comme un simulateur. Spinelli était en réalité, comme le fait remarquer Romeo De Maio, un homme mélancolique et ambitieux, mais aussi très courtois et loyal. Il disposait, en plus, d'une capacité de travail hors norme. Parmi les brillants collaborateurs de Spinelli, il faut mentionner **Alfonso Maria de' Liguori (1696-1787)** (cf. « L'organisation de la vie », chap. V). Évêque de Naples et docteur de l'Église, il est aussi un écrivain distingué, un poète, un musicien. **Après des études juridiques et une brillante carrière d'avocat pendant dix ans, il décide de prendre l'habit. Il se consacre surtout à l'assistance des pauvres, non seulement ceux de la ville, mais également ceux des montagnes et des campagnes du grand royaume de Naples.** En 1730, à Scala, un village près de Salerne, il est persuadé de la mission divine qu'il doit accomplir : la fondation d'une congrégation pour l'évangélisation et le salut des pauvres. La Congregazione del Santissimo Redentore naît le 9 novembre 1732. En tant qu'écrivain, Alfonso Maria de' Liguori publie 111 ouvrages qui connaissent un grand succès. Il est aussi musicien, et le chant de Noël qu'il a composé en 1755 est encore aujourd'hui très célèbre (*Tu scendi dalle stelle*, « Tu descends des étoiles »). Évêque en 1762, il se dédie toujours aux pauvres et à la préparation des séminaristes. Très malade, il demande au pape d'être exonéré de son service. Il meurt en 1787.

À côté de ces brillants membres du clergé, il y a ceux qui véhiculent un type de religiosité simple, plus proche des goûts et des sentiments du petit peuple. Les plus célèbres sont **Padre Rocco (1700-1782) et Fabrizio Ruffo (1744-1827)**. Si saint Alphonse incarne le sentiment d'une religiosité profonde, et aussi très rationnelle, le père Rocco représente plutôt une religiosité de type

LA RELIGION

L'armée de la Sainte-Foi

populaire. C'est Alexandre Dumas qui a assuré dans son *Histoire des Bourbons* la renommée de Gregorio Maria Rocco, père dominicain, connu simplement sous le nom de Padre Rocco à Naples. Très populaire parmi les gens du peuple grâce à ses oraisons enflammées contre les péchés, il devient, selon l'écrivain français, plus puissant que les différents magistrats de la ville, l'archevêque et même le roi de Naples. On raconte qu'il est à l'origine de l'Auberge des pauvres, bâtiment dont il a conseillé au roi la construction. Son rapport avec le peuple napolitain, y compris avec les célèbres *lazzari*, est à l'origine d'une autre invention importante. Comme dans les étroites et sombres ruelles napolitaines sévissent de nombreux malfrats, il donne aux habitants des images sacrées et les invite à les éclairer la nuit à l'aide de bougies. **Naples devient ainsi avant même l'invention de l'électricité une petite ville-lumière. Personnage célèbre, il traverse les rues de Naples, un bâton à la main pour frapper les pécheurs**, s'installe sur les places et dit ses homélies en dialecte. Il entre dans chaque maison, chez les ouvriers, les bourgeois et même les nobles, afin de voir si les familles construisent les crèches pendant les fêtes de Noël. C'est au père Rocco que l'on doit la mode des crèches à Naples.

LA RELIGION

Le cardinal Fabrizio Ruffo est le principal animateur de l'armée chrétienne et royale qui, sous les drapeaux de la Sainte-Foi, ramène les Bourbons sur le trône de Naples après l'expérience de la République parthénopéenne en 1799. Dans l'historiographie d'inspiration laïque, il est traditionnellement considéré comme le chef d'une bande de malfrats, et a été peint comme un homme corrompu. Dernièrement, en revanche, on a vu en lui un esprit lucide, un homme politique fort intelligent qui a compris les sentiments de la plèbe napolitaine et a su les diriger dans la direction qu'il voulait. D'ailleurs, il ne participe pas aux exactions que le régime monarchique commet quand il revient au pouvoir. Ayant négocié la reddition avec les insurgés, il déplore la réaction violente de la monarchie qui tue presque tous les protagonistes de cet épisode révolutionnaire.

ÉGLISES ET PROTECTION SOCIALE

La cathédrale de Naples (le Duomo) se trouve dans le centre historique de la ville. Elle a été bâtie à l'époque angevine, entre la fin du XIIIe siècle et la première moitié du XIVe siècle, sur l'emplacement d'anciennes églises. Dédiée à Notre-Dame de l'Assomption, elle est l'œuvre d'artistes et d'architectes français, maîtres dans le style gothique à l'époque. Elle a été maintes fois détruite au cours des siècles par des catastrophes naturelles et maintes fois reconstruite. Même au XVIIIe siècle, elle a connu d'importantes rénovations, comme les travaux sur la façade par l'architecte Tommaso Senese.

Naples est connue, à cette époque, sous le nom de « **la ville aux cinq cents coupoles** ». Encore aujourd'hui, on peut compter plus de 450 églises à Naples et 138 seulement dans le centre historique.

C'est la raison pour laquelle, tout au long du siècle suivant, on assiste moins à la construction de nouvelles églises, dans une ville où les édifices religieux saturent déjà l'espace citadin, qu'à des travaux de réhabilitation d'anciens édifices de culte. On enregistre également la construction de structures, comme des coupoles ou des obélisques, qui entrent plutôt dans les projets d'embellissement et de réorganisation urbanistiques.

En 1737, Domenico Antonio Vaccaro achève l'obélisque de la place Saint-Dominique.

LA RELIGION

Piazza San Domenico Maggiore, avec l'obélisque terminé par D. Antonio Vaccaro, dans une lithographie d'A. Miglionetti (lithographie Martorana)

Entre 1747 et 1750, on érige l'obélisque de l'Immaculée-Conception sur la place du Jésus. Les jésuites sont à l'origine de ce monument qui doit stimuler la dévotion et la piété. L'architecte est Giuseppe Genoino. Tout en haut, dans sa structure pyramidale, l'obélisque est décoré de sculptures de Matteo Bottigliero et de Francesco Pagano. Au sommet, trône la statue de la Vierge.

Sur cette même place, on construit en 1775 sur le toit de l'église une nouvelle coupole, d'après les dessins de Ferdinando Fuga.

Les obélisques reprennent des constructions déjà réalisées au siècle précédent, notamment par le maître du baroque napolitain, Cosimo Fanzago, comme le magnifique obélisque de Saint-Janvier, situé derrière la cathédrale de Naples. D'ailleurs, l'obélisque de Saint-Dominique a été commencé par ce même Fanzago. Le dernier obélisque, dédié à saint Antoine, est érigé à la fin du siècle, en 1799. Il s'agit donc d'ouvrages proprement « baroques », qui répètent la structure des machines éphémères utilisées au cours des fêtes populaires, religieuses ou laïques (cf. « Les principales fêtes religieuses », chap. V et « Les fêtes civiles », chap. IX). Durant ces années, ces structures, ainsi que les quelques coupoles d'églises que nous présentons dans les lignes suivantes, revêtent une importance particulière dans l'urbanisme de la ville. Comme le pouvoir, religieux ou laïque, ne peut intervenir dans l'espace congestionné du centre historique, il marque sa présence avec ces « fragments »

LA RELIGION

Piazza del Gesù, avec l'obélisque, dessin d'Antonio Senape (c. 1820)

Église del Gesù, gravure à l'eau-forte d'E. Giraud (1767)

LES NAPOLITAINS

de virtuosité insérés dans la ville pour réaliser des places plus belles ou diversifier le paysage. D'une certaine manière, comme l'affirme Romeo De Maio, ils représentent l'alliance entre la religion et la monarchie, qui apparaît comme le pouvoir protecteur de l'Église.

Parmi les restaurations d'églises, on peut mentionner la transformation de l'aire du presbytérium de **l'église de Sant'Anna del Palazzo** (Sainte-Anne du Palais) par Domenico Antonio Vaccaro en 1728. Cet architecte y bâtit également le nouvel autel. En 1750,

LA RELIGION

Niccolò Tagliacozzi Canale restaure l'autel de **l'église de Santa Maria di Costantinopoli** (Sainte-Marie de Constantinople) qu'avait réalisé le grand artiste Cosimo Fanzago entre 1639 et 1644. L'année suivante, en 1751, l'architecte Giuseppe Astarita transforme complètement une église fondée au XVIe siècle, **Sant'Anna a Capuana** (Sainte-Anne à Capuana). Le chevet de l'église est occupé par un escalier majestueux à double rampe culminant sur l'autel majeur. Un autre exemple de restauration est celui de **l'église de l'Annunziata**. Depuis ses origines angevines et jusqu'au XXe siècle, elle est aussi destinée à l'accueil des enfants abandonnés, les fils de la Vierge, comme on les définissait, parce qu'ils lui sont confiés. Détruite par un incendie en 1757, elle est reconstruite par Luigi Vanvitelli en 1760. L'architecte ne conserve de l'ancienne structure du XVIe siècle que la sacristie, le trésor et la chapelle Carafa. En effet, il est plus avantageux de détruire définitivement des parties endommagées que de les reconstruire. Vanvitelli remplace les arches latérales de la nef par un entablement soutenu par des colonnes. Ces dernières sont emboîtées dans les murs et placées sur les angles des piliers qui séparent les chapelles. Il s'agit d'un stratagème pour unifier les trois espaces qui composent l'église : le vestibule, les arcs soutenant la coupole et le presbytérium. La coupole sera achevée par le fils de Vanvitelli, Carlo, en 1780. Elle fait partie de ces constructions

L'église de l'Annunziata

LA RELIGION

cherchant à exprimer la puissance protectrice de la monarchie, et en général du pouvoir, sur la ville.

L'histoire millénaire de Naples favorise ce genre d'interventions. Naples est une ville bâtie sur des strates qui se sont superposées naturellement. Chaque civilisation a laissé sa propre couche sur les anciennes, et les suivantes en ont construit de nouvelles sans effacer complètement les précédentes. Ainsi, le long processus de l'histoire napolitaine est visible à l'œil nu dans les métamorphoses continuelles de la pierre. L'église de San Lorenzo Maggiore (Saint-Laurent Majeur) en est un exemple éloquent. C'est une église paléochrétienne du VIe siècle, totalement modifiée au XIIIe siècle par les moines franciscains selon le goût gothique français, mais dont la façade est néoclassique, signe de la transformation baroque de l'église au XVIIIe siècle. San Lorenzo Maggiore est un véritable tourbillon de cultures et d'arts différents, mais ce n'est pas tout. Dans le cloître, on a conservé des vestiges importants de l'ancien *macellum* romain (le marché couvert). L'église a été bâtie sur des ruines d'époque romaine ! On peut affirmer que San Lorenzo synthétise l'esprit multiforme de l'histoire de Naples, les changements toujours visibles et jamais écrasés par les transformations de ses différentes couches. Même un édifice religieux extérieur à Naples, **la Certosa di Padula (chartreuse de Padula)**, révèle une stratification complexe et fascinante. Elle fut fondée en 1306 sur le site préexistant d'un monastère consacré à saint Laurent. Pendant des siècles, on n'a cessé de modifier sa structure. La façade de l'édifice, bâtie en 1723, présente un style maniériste. À l'intérieur, comme dans toutes les chartreuses, on distingue deux parties : la maison basse, où l'on concentre les activités pratiques du monastère et celles tournées vers l'extérieur, et la maison haute, le lieu de la clôture, où vivent les pères qui se consacrent à la prière et à la contemplation. Un magnifique escalier de forme elliptique à double rampe permet l'accès à la maison haute, où l'on trouve la bibliothèque et un grand cloître de plus de 15 000 mètres carrés orné de 84 colonnes ainsi que les vergers où les moines cultivaient les plantes médicinales, les légumes et les fruits. La bibliothèque revêt une grande importance dans la vie du monastère. Elle est achevée en 1763. Il s'agit d'un espace homogène où le sol en maïolique, les meubles avec les étagères en bois sculpté et les fresques sur le plafond constituent un tout très harmonieux. **L'Abbazia di Mercogliano (abbaye de Mercogliano)**, à côté d'Avellino, s'élève également sur une structure préexistante. Toutefois, ici, le tremblement de terre n'a laissé aucune trace du passé. Aussi l'abbaye,

LA RELIGION

achevée en 1750, devient-elle l'un des témoignages les plus intéressants du rococo napolitain.

Parmi les constructions nouvelles, il faut tout d'abord citer **l'église de la Concezione a Montecalvario**, que Domenico Antonio Vaccaro réalise entre 1718 et 1724. Selon Cesare de Seta, il s'agit d'un véritable manifeste de la poétique baroque, car Vaccaro y prône l'unité des arts : il est l'auteur à la fois de la décoration, de la sculpture et des peintures. La construction est basée sur un plan octogonal, l'axe conduisant à l'autel est allongé, autour de ce plan se trouvent le promenoir et le vestibule. En raison de cette forme octogonale, les chapelles en diagonale sont rhomboïdales et les espaces intermédiaires triangulaires. Les piliers soutenant la coupole sont surmontés d'un fronton voûté. L'espace qui reste entre les piliers est occupé par la structure du chœur. Vaccaro réalise ainsi un rapport particulier entre l'architecture et la décoration. La coupole semble reposer sur les épaules des anges installés sur les tympans des piliers. Des éléments relevant de la sculpture participent de la structure architecturale. Massimo Pisani parle à ce propos de l'irruption du surnaturel dans l'architecture, qui se dématérialise progressivement du bas jusqu'au point le plus élevé, représenté par la coupole. Percée de nombreuses fenêtres, elle produit comme une explosion de lumière surnaturelle.

Domenico Antonio Vaccaro réalise une autre église importante entre 1729 et 1735, celle de **San Michele (Saint-Michel) à Port'Alba**. Autour d'un carré central se trouvent deux rectangles, occupés l'un par le vestibule et l'autre par le chœur, à côté duquel un autre espace rectangulaire forme l'autel. Le plan octogonal, typique des églises napolitaines, permet à la coupole de se placer au-dessus de ce carré. Ici aussi, comme le soutient de Seta, la lumière revêt une fonction fondamentale dans la composition architecturale. Une coupole, d'où la lumière entre, domine l'espace central carré, lui-même éclairé par une autre source de lumière au-dessus de l'autel. Ce même Vaccaro a également organisé et décoré **le cloître du monastère de Sainte-Claire**, l'un des monuments les plus remarquables de Naples. On enregistre une fusion entre la nature et la peinture puisque les sarments de vigne, peints sur les maïoliques couvrant les piliers du cloître, s'entrelacent avec les vrais sarments qui grimpent sous la tonnelle soutenue par ces mêmes piliers. Les dossiers des bancs sont décorés de paysages rustiques. Au carrefour entre les différentes allées du cloître se trouve une fontaine splendide, recouverte de carreaux où l'on a peint des poissons jaunes qui nagent sur un fond de vagues bleues.

LA RELIGION

Une des majoliques qui ornent les murs du cloître de Santa Chiara à Naples

Comme l'affirme Anthony Blunt, le cloître dégage une atmosphère enchantée, il est une manifestation parfaite de l'**esprit rococo**, dans le sens où l'architecture parvient à donner une légèreté aux choses.

Si, en effet, Vaccaro essaie de cacher les structures architecturales au nom de cet idéal de légèreté, l'autre grand protagoniste du « baroque » napolitain, Ferdinando Sanfelice, tente, au contraire, de les exalter jusqu'au paroxysme. Sanfelice construit en 1713 l'église de la **Nunziatella** sur la colline de Pizzofalcone. Cette église devait avoir un plan révolutionnaire, en forme d'étoile, mais le projet est refusé, et l'église est construite autour d'une seule nef voûtée cernée de vastes chapelles et d'arcs. La façade de la Nunziatella est à deux niveaux, elle présente un portail en marbre blanc au premier étage et une grande fenêtre au second. Le portail et la fenêtre sont entourés tous deux d'un couple de piliers. Les ailes latérales sur un seul niveau sont courbées et reliées au niveau supérieur par des voûtes.

À l'intérieur d'une autre église, Santa Maria del Popolo degli Incurabili, on construit en 1750 une pharmacie nommée **Farmacia degli Incurabili**, qui représente un bel exemple de l'union que l'on pratique à l'époque entre l'activité artistique et une destination sociale. On y entre par une magnifique porte en bois, et, avant d'arriver à la pharmacie, on pénètre dans une pièce dominée par une très grande table, où le *speziale* (l'apothicaire) prépare les potions. Cette salle est bordée par un meuble dont les étagères et les vitrines comportent 235 pots décorés et de nombreux bocaux

LA RELIGION

en verre. Dans la pharmacie se trouve un très beau mobilier réalisé par Agostino Fucito, témoignage important du **rococo napolitain**. Le nombre de pots est ici considérable, plus de 400 sont en maïolique.

Entre 1757 et 1774, l'architecte Mario Gioffredo édifie **l'église du Spirito Santo** (Saint-Esprit). Elle présente une seule nef avec des chapelles latérales, auxquelles on accède par des arcs. Devant les piliers qui les rythment, l'architecte a posé des colonnes sur lesquelles repose l'entablement plat. Sur le transept se trouve la coupole comprenant de nombreuses fenêtres.

La construction architecturale la plus impressionnante dans le domaine de la religion est toutefois un édifice d'assistance aux pauvres. C'est l'**Albergo dei poveri** (Auberge des pauvres).

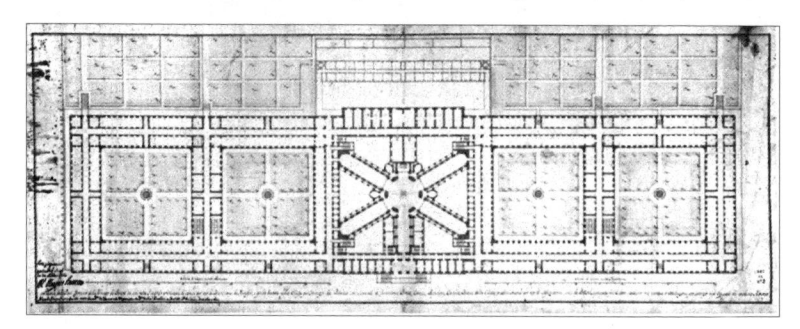

Planimétrie du rez-de-chaussée de l'Auberge des pauvres

Le ministre Montealegre le conçoit comme l'un des pôles du développement économique de la ville : on y fera venir les matières premières des campagnes – soie, laine et chanvre – pour les faire travailler par les reclus puis faire circuler les produits finis dans le royaume. Entre 1750 et 1751, on choisit la localisation de ce nouvel édifice. Après avoir pensé au pont de la Madeleine, à l'entrée est de la ville, on décide de le placer sur la route de Capodichino, qu'empruntent les voyageurs provenant de Rome et de la voie Appienne. Le projet de Ferdinando Fuga comprend cinq corps de bâtiment principaux, d'une dimension de six cents mètres. Au centre se trouve une église, qui devait assumer la fonction « panoptique » du bâtiment. Le rez-de-chaussée est réservé aux différentes activités, le premier et le deuxième étage sont les dortoirs. Les travaux procèdent lentement. En 1763-1764, l'Auberge, encore en construction, doit héberger les gens frappés par la famine et les épidémies. C'est seulement à la fin des années 1760 et dans les années 1770 que

LA RELIGION

commencent les activités économiques et l'accueil des pauvres nécessitant des soins et de l'aide, notamment les handicapés, les aveugles, et un grand nombre de forçats pour les travaux relevant de l'activité textile et de la manufacture. Après la mort de Fuga, en 1782, le projet est confié à Mario Gioffredo et à Carlo Vanvitelli, qui réduisent la taille de l'édifice et conçoivent seulement trois corps de bâtiment.

Ferdinando Fuga a réalisé d'autres projets importants à Naples, toujours au nom de l'assistance et de la protection sociales ou, plus généralement, du bien-être de la ville. Il accomplit dans le domaine de l'architecture les idéaux de rationalisation et de modernisation urbaine propres à l'époque des Lumières. Il construit en 1762 le **premier cimetière public sur la colline de Poggioreale, le *camposanto dei Tredici***, d'après les idées nouvelles qui se répandent en Europe à propos de la santé publique et qui mèneront à l'interdiction de l'inhumation dans les églises et les couvents. Ce cimetière est construit à la périphérie de Naples. Fuga y imagine 366 fosses (à Naples, on l'appelle également le « **cimetière aux 366 fosses** »), dans lesquelles on dépose, sur la base du jour de l'année, les pauvres ou ceux qui sont décédés à l'hôpital des *Incurabili*. L'espace où se trouve le cimetière est carré, bordé sur trois de ses côtés par un mur, et sur le quatrième, où se trouve l'entrée, Fuga fait édifier un espace rectangulaire fermé comportant une chapelle. Dans l'espace carré, Fuga conçoit 19 rangées avec 360 pierres tombales munies d'un chiffre, les six autres se trouvant dans l'espace fermé. Ceux qui meurent le premier jour de l'année sont jetés dans la fosse numérotée 1, et ainsi de suite jusqu'à 365. La fosse numéro 366 est utilisée les années bissextiles et réservée à ceux qui meurent le 29 février. Dernièrement, un écrivain italien, Daniele Del Giudice, a dédié à ce cimetière une nouvelle intitulée *Fugue*.

VII

LA LITTÉRATURE

À Naples aussi, le XVIIIe siècle a surtout été le siècle des philosophes. Au moment historique de la construction d'un nouvel État, liée à l'ascension au pouvoir d'une dynastie importante comme celle des Bourbons, on a moins besoin de littérateurs que de penseurs de la loi, de la cité. La culture doit s'occuper de questions concrètes, utiles. Dans les premières années de leur pouvoir, puis surtout dans les années 1780, les Bourbons donnent une impulsion importante à ce phénomène, en fondant de nombreuses académies pour le développement de la science dans leur royaume. D'ailleurs, l'utilisation des philosophes au service de l'État afin de créer une nouvelle formation institutionnelle fait la différence entre les Lumières napolitaines et françaises. **Si, en France, le mouvement des Lumières exprime surtout la volonté de la part de la bourgeoisie de prendre le pouvoir, à Naples, les philosophes se limitent à proposer des réformes économiques et juridiques, toujours dans le cadre du royaume, et sous la direction « éclairée » du souverain.**

Quand les intellectuels se rendent compte que l'alliance avec la monarchie est inutile, il est trop tard pour réaliser les réformes et ils se tournent alors vers un discours radical. Le développement des idées modernes à Naples est brutalement interrompu par la révolution parthénopéenne. Tous les protagonistes de 1799 montent sur l'échafaud. Il convient de souligner qu'aucun des intellectuels des Lumières napolitaines ne verra ses projets réalisés. Francesco Mario Pagano, Vincenzio Russo et les autres Jacobins deviennent des martyrs ; les autres, notamment Ferdinando Galiani, ne sont que des notables du royaume, incapables de changer la situation. Pourquoi les Lumières napolitaines échouent-elles ? Pourquoi cet essor formidable d'idées, de discussions, d'intelligences ne trouve-t-il aucun débouché dans la réalité historique et politique ? Le

LA LITTÉRATURE

Conseil des finances, la magistrature suprême des finances du royaume (cf. « L'exercice du pouvoir et de la justice », chap. III), accueille pourtant dans les années 1780 un grand nombre de réformateurs, de Filangieri à Giuseppe Palmieri, qui en devient même le directeur. Or, dans les années 1790, l'élan réformateur provenant de la monarchie s'est déjà épuisé pour des raisons de politique internationale (la prise de la Bastille suscite la peur chez les souverains napolitains), mais également pour des raisons historiques purement endogènes. Il faut avoir à l'esprit les conditions économiques et sociales du royaume (cf. « Les retards de l'économie napolitaine », chap. IV). L'échec provient de l'impossibilité totale d'une convergence entre la monarchie et les intellectuels. C'est pourquoi les plus jeunes d'entre eux adhèrent directement aux idéaux révolutionnaires. **Le processus historique de dissolution de la propriété féodale ne provoque pas un changement des rapports sociaux, comme ce sera le cas en France, mais il engendre simplement l'alliance entre la noblesse et la bourgeoisie possédante.** La lutte antiféodale n'implique aucune perspective de changement, elle signifie simplement « libérer » la terre des anciennes restrictions féodales pour en faciliter l'achat et la vente au profit des nouvelles classes riches. Aussi la grande propriété peut-elle survivre et avec elle le système féodal de production, qui conserve les méthodes traditionnelles de travail et aggrave les conditions de vie des paysans. Les intellectuels des Lumières sont bien conscients de ces problèmes. Ils essayent d'y faire face de différentes manières. Il y a ceux qui travaillent dans l'administration de l'État pour la moderniser et donner la force au pouvoir politique de changer la réalité économique du royaume. Ils réalisent des études critiques sur la société méridionale pour indiquer au souverain les réformes nécessaires, comme le fait le duc de Noja sur la topographie de Naples (cf. « Topographie et population », chap. II) ou Giuseppe Maria Galanti sur la géographie et la situation des campagnes (cf. « Le royaume de Naples », chap. II). Dans ce chapitre, nous traiterons d'autres penseurs engagés dans ce parcours, comme Galiani, Grimaldi ou Palmieri. Il y a, d'autre part, ceux qui voient dans la fin des rapports féodaux une remise en cause de l'État et de la monarchie, qu'ils commencent à critiquer. Ils proposent une nouvelle société plus égalitaire : à travers l'étude du passé, ils entendent comprendre et dénoncer la crise du présent. Cette réflexion historiographique veut favoriser la prise de conscience, comme le feront Gaetano Filangieri ou Francesco Mario Pagano, et plus radicalement Vincenzio Russo.

LA LITTÉRATURE

Or, ces différentes tendances de la pensée napolitaine sont toutes vaincues. Lorsque la bourgeoisie d'affaires s'allie avec les barons, elle empêche la constitution d'une hégémonie bourgeoise, c'est-à-dire la création d'une direction morale et intellectuelle pour la bourgeoisie. Lorsque Genovesi abandonne la métaphysique pour se consacrer aux études économiques, on a pu penser à une « rupture épistémologique » de la bourgeoisie avec son passé. L'école qu'il fonde à partir de sa chaire d'économie politique aura sans aucun doute une grande importance dans l'histoire du royaume, mais elle ne parvient pas à renforcer la bourgeoisie méridionale qui, à la fin du siècle, a renoncé à toute ambition politique.

LA PHILOSOPHIE DES LUMIÈRES À NAPLES

La tradition philosophique locale au XVIIIe siècle

Outre les références évidentes aux idées nouvelles qui se développent en Europe, notamment en France et en Angleterre, les Lumières méridionales s'inspirent de deux grands philosophes napolitains ayant vécu entre la fin du XVIIe et le début du XVIIIe siècle. Il s'agit de **Pietro Giannone (1676-1748)** et de **Giambattista Vico (1668-1744)**.

L'importance de **Pietro Giannone** tient surtout à sa lutte pour la laïcité de l'État. Dans son livre, *Istoria civile del regno di Napoli (Histoire civile du royaume de Naples)*, **il compose un plaidoyer contre les usurpations du pouvoir ecclésiastique envers l'État, et prône le principe de l'autonomie de l'État face à l'Église**. C'est un programme que le nouveau régime bourbonien essaiera tant bien que mal de mettre en pratique, surtout dans la première partie de son existence. La publication de ce texte en 1723 attire sur Giannone les foudres de l'Église qui met à l'index le livre et excommunie son auteur. Même ses amis l'abandonnent par crainte de représailles, et ce dernier, désormais isolé, est obligé de s'exiler. Il erre entre l'Autriche, la Suisse et l'Italie du Nord, dans la République de Venise, où il est néanmoins grandement apprécié, et à Turin. Là, l'Église le fait arrêter. Il reste douze ans en prison avant d'y mourir. À Genève, il a rédigé un autre texte polémique capital contre les abus de l'Église, *Il Triregno* : « Comment est-il possible qu'une religion qui était humble et méprisait les ors de ce monde ait pu élever une machine si grande et sublime dont le but n'est rien d'autre que le bonheur sur terre ? ».

LA LITTÉRATURE

Dans son œuvre la plus importante, la *Scienza nuova (La Science Nouvelle)*, rédigée entre 1725 (première édition) et 1744 (troisième et dernière édition), **Giambattista Vico** postule maints principes métaphysiques novateurs, parmi lesquels trois sont particulièrement significatifs.
– « L'ordre des idées doit procéder selon l'ordre des choses. » D'après ce principe, le réel constitue, comme l'avait déjà dit Spinoza, une unité, dans laquelle les idées et les connaissances humaines reflètent l'agencement objectif des phénomènes réels.
– « La nature *(natura)* des choses n'est rien d'autre que leur apparition *(nascimento)* à un moment et dans des circonstances bien déterminées. » Ce qui revient à dire que la nature des choses, c'est leur histoire. Les choses sont arrachées du ciel de la métaphysique et ramenées sur terre, dans le cours de l'Histoire, où elles naissent et se transforment selon des lois constantes.
– Enfin : « Ce monde civil a certainement été fait par les hommes, et par conséquent on peut, parce qu'on le doit, en trouver les principes dans les modifications de notre esprit humain lui-même ». Selon ce principe, il y a un rapport spéculaire entre le développement de la société (et de l'histoire) et le développement psychologique de l'homme. Ainsi, l'enfance, dominée par l'imagination, correspond à l'âge de la poésie. On peut voir dans cette structuration de l'histoire de l'humanité en différents âges la tentative de Vico d'expliquer rationnellement les mythes anciens.

Ces trois principes généraux rendent compte de la conception de l'histoire par Vico : **l'histoire est un processus qui appartient au monde, ou mieux, à l'homme, et elle n'a aucune visée transcendante.** L'historien doit y déceler les lois constantes. Pour Vico, les traditions nationales « courent » sur une thématique historique commune, ce qu'il appelle une « histoire idéale éternelle ». Vico met en lumière les analogies structurelles existant entre les peuples par le biais d'une confrontation étymologique entre leurs langues. C'est pour lui la conséquence logique de la transformation de la « philologie » : les mots ont moins un rapport avec une prétendue science des livres qu'avec leur destin d'histoire, en tant que formes de la conscience des nations. Dans le paragraphe 151 de la dernière édition de sa *Science nouvelle*, Vico affirme que « les parlers vulgaires doivent être les témoins qui ont le plus de poids concernant les coutumes anciennes des peuples ». En échafaudant un « nouvel art critique », Vico entend unifier la « vérité »

LA LITTÉRATURE

apportée par la philosophie avec la « certitude » fournie par la philologie (qu'il interprète, au sens large, comme la science des faits humains : langue, coutumes, histoire, droit). Les philosophes doivent entourer leurs raisonnements d'une certitude que seule l'*autorité* des philologues peut offrir, les philologues doivent fonder leur autorité sur le caractère de vérité des philosophes. La vérité devient ainsi une recherche remise continuellement en discussion. Cet « art critique » portera aussi le nom de « philosophie de l'autorité » : la philosophie assume le statut de « science » des vérités du vivre humain grâce à l'autorité des témoignages philologiques, et par la médiation d'un ordre de mots qui expriment l'expérience d'une époque. **La « vérité » philosophique ne peut donc pas se passer de la « certitude » que lui apporte la philologie comme science contemplant les signes que la civilisation « fait ».** En rétablissant les origines des mots, Vico reconstruit aussi l'histoire de l'humanité. Les « faits des peuples » peuvent être unifiés puisque la reconstruction étymologique témoigne d'une « langue mentale commune », d'un « dictionnaire mental commun ». En effet, les hommes conçoivent et résolvent les choses de la même façon, tout en habitant dans des lieux et des temps différents. Si Vico soutient qu'il existe une langue commune, c'est surtout parce qu'il veut fonder une « science nouvelle » des phénomènes humains : le développement de *toutes* les nations a suivi des lois et des rythmes identiques dans le temps et dans l'espace, comme en témoignent les reconstructions étymologiques. Aussi Vico soutient-il moins l'idée d'une unité fondamentale que celle de la construction historique de la langue.

La découverte de ces lois universelles de l'histoire passe par la reconstruction des traces, des fragments *(rottami)*, du *faire* humain. C'est seulement en étudiant la façon dont il s'est « fait » que l'on retrouve le « vrai ». Le « fond commun » des peuples est surtout « pratique ». La structure commune à toutes les nations, l'histoire idéale éternelle, se fonde avant tout sur la façon dont les hommes agissent. **Vico affirme que les histoires nationales se rejoignent parce qu'une langue commune témoigne des mêmes actes humains originels (sépulture, division des terres, mariages, monnaies, etc.).** C'est sur cette découverte qu'il fonde l'idée d'actes de langue « communs ». Les hommes ne peuvent connaître que ce qu'ils font. Par conséquent, grâce à la langue, construction humaine et non divine, ils découvrent surtout leur histoire, la langue étant le trésor du « fait humain ». Ce sont là quelques-unes des idées développées dans la *Science nouvelle* de Vico.

LA LITTÉRATURE

L'ÉCONOMIE POLITIQUE

Les hommes des Lumières napolitains s'inspirent de la méthode de Vico, dans sa tentative de déceler dans l'histoire de l'humanité des lois communes et de comprendre la logique du devenir de l'histoire « mondiale ». Pour cela, Vico s'est consacré à l'étude de la société humaine à travers l'analyse des structures économiques, juridiques et aussi culturelles des différentes communautés humaines.

En effet, l'un des axes les plus novateurs des Lumières napolitaines est l'étude de l'économie politique. En 1754, on institue une chaire de commerce et de mécanique, qu'aujourd'hui on appellerait économie politique, à l'Université de Naples.

Durant la grande saison des Lumières, cet immeuble hébergeait l'Université de Naples. En 1777, l'Université prend place dans l'ancien Collège des Jésuites expulsés du royaume. Quelques années plus tard, ce palais devient un museum d'antiquités, accueillant la collection Farnèse et les découvertes archéologiques provenant des fouilles de Pompéi, d'Herculanum et de Stabies. Aujourd'hui il héberge le Musée archéologique national.

C'est Bartolomeo Intieri qui prend cette initiative et la finance, en confiant l'enseignement à **Antonio Genovesi (1712-1769)**, jusqu'alors professeur d'éthique. Bartolomeo Intieri administre des propriétés de grandes familles toscanes dans le royaume de Naples. Grâce à cette activité, il devient très riche. Partisan des idées de Giannone, il critique le pouvoir de la religion, mais se rend compte qu'il est nécessaire de créer une administration intelligente et

LA LITTÉRATURE

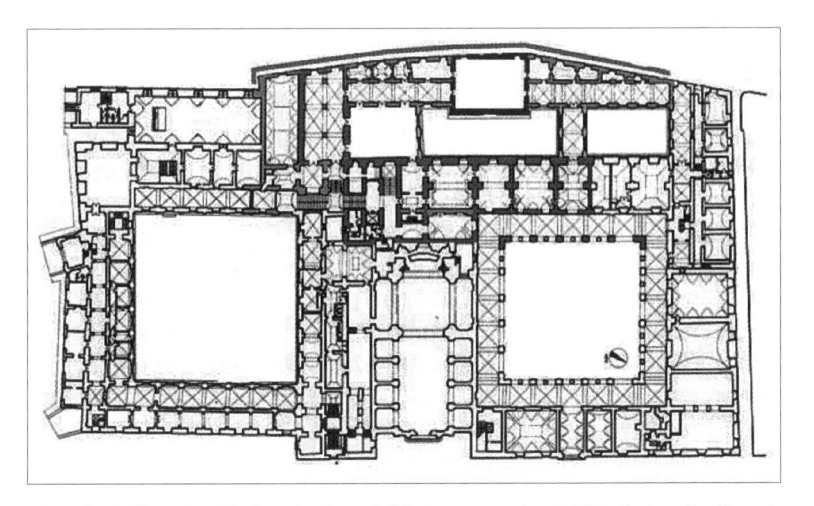

Plan du Collège des Jésuites, la Casa del Salvatore qui en 1777 devient le siège de l'Université de Naples. Encore aujourd'hui, un grand nombre d'instituts et de laboratoires de l'Université napolitaine se trouvent dans cet édifice, sis dans le centre historique de la ville.

compétente pour le contrer. Dans sa maison de vacances, sur les collines de Vico Equense, à Massa Equana, il organise une sorte d'académie afin de discuter de toutes les actualités philosophiques, scientifiques et économiques, notamment françaises (de Montesquieu à l'Encyclopédie et à Rousseau), et anglaises (l'empirisme de John Locke), et d'affronter sur cette base les problèmes contemporains. L'objectif de ces libres discussions et de cette recherche acharnée est de préparer la nouvelle classe dirigeante du royaume afin d'assurer de bons fondements à l'État. C'est pourquoi Intieri décide de prolonger cette expérience et d'investir le centre le plus important pour la formation des jeunes gens, à savoir **l'Université, en y créant la première chaire d'économie en Europe**. C'est non seulement le contenu de cet enseignement qui doit être novateur, mais aussi la langue dans laquelle il est professé. Intieri insiste sur l'utilisation de la langue italienne, à la place du latin, pour pouvoir communiquer la nouvelle science et les dernières découvertes au plus large public possible. Il est nécessaire, en fait, de sortir l'étude des activités productives (agriculture, manufacture, commerce) de l'érudition pour porter les lumières de l'éducation chez les paysans et les artisans. Genovesi, afin de remercier Intieri, lui dédie le *Discorso sopra il vero fine delle scienze e delle lettere* (*Discours sur le véritable but des sciences et des lettres*, 1751). Dans ce texte, Genovesi clarifie sa pensée antimétaphysique, dans le sillon

LA LITTÉRATURE

de Francis Bacon et de Galilée, en postulant le lien entre le savoir et le bien-être social. Sa conviction est que le progrès des sciences conduira l'humanité vers le bonheur. **Ses leçons deviennent au cours des années 1730 un rendez-vous incontournable et une école de vie pour de nombreux Napolitains, parmi lesquels les plus importants hommes des Lumières,** comme Galanti (cf. « Le royaume de Naples », chap. II) ou Filangieri et Pagano. **Genovesi y dénonce tous les abus et les misères qui existent dans le royaume. Pour y faire face, il prône la nécessité d'un vaste programme d'éducation pour toutes les classes sociales et d'initiatives favorisant l'esprit d'entreprise.** Genovesi développe sa conception libérale de l'économie et de la société dans son texte le plus important, les *Lezioni di commercio o sia di economia civile (Leçons de commerce ou d'économie civile)*, éditées trois fois, d'abord en 1765-1767, puis en 1768 et enfin en 1768-1770. Il ne s'agit pas simplement d'un livre d'économie. Pour Genovesi, les questions économiques doivent s'appuyer sur des réflexions plus générales sur l'homme et la société dans le cadre d'une considération de l'histoire, au sein d'un processus qui procède par étapes (le rapport avec la philosophie de Vico est, sur ces points, flagrant). Le résultat de ce genre de recherche est, enfin, la dénonciation de la situation économique et sociale du royaume, bien que Genovesi, comme les autres penseurs des Lumières à Naples, demeure toujours lié au pouvoir (ses *Leçons* sont même dédiées au ministre Tanucci). D'où une contradiction majeure dans son œuvre et son magistère : Genovesi a beau prêcher la liberté individuelle, sur le modèle des conceptions libérales anglaises, il l'insère toujours dans le cadre du despotisme éclairé, selon lequel les intérêts des individus sont subordonnés à l'État.

Parmi les invités de la villa de Bartolomeo Intieri à Massa Equana, figurait aussi **Ferdinando Galiani (1728-1787)**, un autre esprit fort brillant des Lumières napolitaines. Il pense, comme Genovesi, que les phénomènes économiques relèvent de la situation sociale et des lois qui la gouvernent. Il est libéral et conteste le mercantilisme et la physiocratie. Tout jeune, en 1751, il rédige un texte important et novateur, cité par Marx à plusieurs reprises, intitulé *Della moneta (Sur la monnaie)*, dans lequel il interroge la notion de valeur, qu'il conceptualise objectivement en tant que « rapport ». Il s'oppose au mercantilisme selon lequel la richesse d'une nation dérive de la possession de métaux précieux et pose le problème de la monnaie dans le cadre plus général de la circulation des capitaux et du développement de la production, du commerce et de la consommation. **En 1759, il est nommé secrétaire de l'ambassade du royaume de Naples à Paris** et abandonne les discussions avec Intieri et son cercle. Une autre période de sa vie commence, où il est directement en relation avec le milieu des philosophes français. À Paris, il devient un personnage célèbre, un causeur brillant dans les salons de madame Geoffrin et de madame Necker, admiré par les femmes et les hommes des Lumières en raison de sa verve et de son charisme, de sa capacité à se donner « perpétuellement en spectacle », comme le dira à son propos Diderot à Sophie Volland. **La « désinvolture et la gaieté » de Galiani, sa « manière supérieure » de parler, « sans efforts » fascinent Diderot et D'Alembert, d'Holbach et Helvétius, madame d'Épinay et Grimm. Galiani est connu pour sa capacité à raconter des histoires, mais aussi pour son esprit rationnel et réaliste qui lui vaudra le surnom de « Machiavellino » (le petit Machiavel).** En effet, c'est dans le climat culturel de Paris qu'il peut développer ses positions contre les physiocrates, directement en français, dans son ouvrage le plus important, *Dialogues sur le commerce des blés* (publié en 1770, mais rédigé quelques années auparavant). Il s'y livre à une critique passionnée et argumentée de la physiocratie, tellement puissante qu'elle incitera même Diderot à changer de position. Galiani a découvert quelque chose de fondamental : dans les structures économiques et sociales, il existe une différence entre les pays agricoles et les pays industrialisés. Les physiocrates ne prêtent que peu d'attention à ces différences et ils continuent à considérer l'agriculture comme la seule source de richesse. Or, dans certains pays, l'agriculture n'est désormais plus décisive, et il faut plutôt protéger et augmenter, pour le développement économique, les manufactures. **Ce sont ces thèmes qui sont repris par Diderot dans son *Apologie de l'abbé Galiani*.** Dans une lettre à Sophie Volland, rédigée le 22 novembre 1768, Diderot clarifie les raisons de son accord avec Galiani contre les physiocrates : « Enfin, l'abbé Galiani s'est expliqué net. Ou il n'y a rien de démontré en politique, ou il l'est que l'exportation est une folie. Je vous jure, mon amie, que personne jusqu'à présent n'a dit le premier mot de cette question. Je me suis prosterné devant lui pour qu'il publiât ses idées. Voici seulement un de ses principes : Qu'est-ce que vendre du blé ? – C'est échanger du blé contre de l'argent. – Vous ne sçavez ce que vous dites ; c'est échanger du blé contre du blé. À présent, pouvez-vous jamais échanger avec avantage le blé que vous avez contre du blé qu'on vous vendra ? ».

LA LITTÉRATURE

En 1769, Galiani retourne à Naples où il est nommé conseiller au Tribunal du commerce. Il y reste jusqu'à sa mort, qui survient avant la crise révolutionnaire, mais son retour coïncide avec la fin de son « engagement ». Il a peut-être compris, avant les autres penseurs napolitains, que la philosophie avait perdu sa bataille et qu'elle ne pourrait pas avoir dans le royaume de Naples des répercussions réelles sur le cours des événements.

Antonio Genovesi, parmi ses nombreux élèves, choisit l'abbé **Francesco Longano (1729-1796)** pour lui succéder en tant que professeur d'économie politique à l'Université de Naples. Dans le sillage de son maître, ses thèmes de réflexion portent sur l'égalité entre les hommes et la polémique contre l'Église. **Ses ouvrages prônant la liberté et l'activité entrepreneuriales contre les restrictions féodales lui attirent les foudres des réactionnaires napolitains**. Il commence à voyager pour éviter les risques encourus et mettre à l'épreuve sa vision cosmopolite du monde. Il visite le Molise, la Capitanata, les Pouilles, la Terra di Lavoro et écrit des comptes rendus de ces voyages. Il meurt pauvre, comme il l'a été depuis sa naissance. Son œuvre la plus intéressante est probablement *La filosofia dell'uomo (La Philosophie de l'homme)*, publiée entre 1783 et 1786, où il résume les idées de l'école de Genovesi, notamment la nécessité pour la pensée de changer le cours des choses.

Cette exigence « militante » est partagée par tous les élèves de Genovesi. Pour honorer cet enseignement, ils tentent de l'appliquer concrètement, en entrant dans l'administration de l'État et en utilisant la nouvelle science pour l'amélioration de la situation économique des provinces méridionales. C'est le cas de **Giuseppe Palmieri (1721-1793), de Domenico Grimaldi (1735-1805) et de Melchiorre Delfico (1744-1835)**. Le premier poursuit jusqu'à l'âge de 40 ans une carrière militaire, qu'il décide d'abandonner pour s'occuper de ses propriétés dans les Pouilles. Dans la solitude, il s'y consacre à une intense activité de recherche. Après un premier livre remarqué sur l'art de la guerre, il commence à rédiger des textes d'économie, comme ses *Riflessioni sulla pubblica felicità relativamente al regno di Napoli* (*Réflexions sur le bonheur public à propos du royaume de Naples*, 1787), où **il prône une réforme économique dans laquelle les propriétaires de terres deviendraient des entrepreneurs habiles et courageux, prêts à investir leurs ressources dans les nouvelles techniques**. Palmieri s'investit dans la machine de l'État, d'abord en tant qu'administrateur de la douane de la province d'Otranto, puis à Naples dans le Conseil des finances, dont il devient le directeur, l'équivalent de ce qu'on appellerait aujourd'hui un ministre des

LA LITTÉRATURE

Finances. Grimaldi et Delfico suivent le même parcours ; ils étudient l'économie et essayent d'appliquer leurs théories libérales à la situation du Sud de l'Italie. Ils entrent aussi dans la bureaucratie, **mais leur destin sera beaucoup plus tragique, car ils sont impliqués, en raison de leur « passion pour le réel », fruit de l'enseignement de Genovesi, dans les événements révolutionnaires de la fin du siècle**. Grimaldi, né dans une riche famille possédant des terres à Seminara, en Calabre, écrit un programme général pour réformer l'économie méridionale, *Piano di riforma per la pubblica economia delle provincie del regno di Napoli (Plan de réforme pour l'économie publique des provinces du royaume de Naples,* 1780*)*. Pendant cette décennie, il est nommé à Naples au Conseil des finances. Mais, quand le climat politique change, après la Révolution française, il doit publier anonymement en 1792 son dernier projet de réforme. À la fin du siècle, Grimaldi est arrêté. Vieux et malade, avant de mourir, il doit supporter la mort de son fils lors de la République parthénopéenne.

Delfico est originaire de Teramo. Il est parmi les hommes des Lumières l'un des plus acharnés à modifier la machine bureaucratique du royaume. En 1783, John Acton lui confie une charge dans le tribunal de sa ville natale. Delfico profite de ce séjour pour écrire d'importants ouvrages sur la situation économique et sociale des provinces du royaume, dont un mémoire sur la culture du riz dans la province de Teramo. Il démontre dans ces textes sa compétence sur les questions techniques liées à l'économie du territoire, mais il révèle aussi sa capacité de lier les problèmes concrets à une dimension spéculative plus vaste. En 1787, il rédige pour le Conseil suprême des finances un essai sur l'urgence d'abolir la juridiction féodale. Il devient le plus haut magistrat de sa ville, Teramo. Mais il est arrêté en 1798, soupçonné d'activité antimonarchique. Quand les troupes françaises arrivent à Teramo, il est, en effet, nommé chef de la municipalité. On l'appelle de Naples pour lui offrir une place dans le Gouvernement provisoire de la République parthénopéenne. Il ne s'y rend pas, parce qu'il est pris par ses occupations à Teramo. Après la défaite de l'expérience révolutionnaire, il se réfugie dans la république de Saint-Marin. **L'itinéraire de Melchiorre Delfico est représentatif du chemin des intellectuels de sa génération. Après avoir cru aux possibilités de réformes au sein même de la machine étatique bourbonienne, ils se lancent, bon gré mal gré, dans l'expérience révolutionnaire, afin de voir leurs réformes aboutir.** Quand la tentative révolutionnaire échoue elle aussi, il est évident que la philosophie a épuisé toutes ses possibilités de réussite.

LA LITTÉRATURE

LA RÉFLEXION SUR LE DROIT

Un autre courant de la philosophie des Lumières napolitaines se consacre à l'étude du droit. **Gaetano Filangieri (1753-1788) en est la figure majeure.**

Son ouvrage le plus important est *La Scienza della legislazione (La Science de la législation)*. Selon le projet de Filangieri, l'œuvre devait comporter sept volumes : le premier porte sur les principes de la législation, le deuxième sur les lois politiques et économiques, le troisième sur le droit criminel, le quatrième sur l'éducation, le cinquième sur la religion (il est publié, posthume et inachevé, en 1791), le sixième et le septième, sur la propriété et sur la famille (ils n'ont pas été écrits à cause de la mort prématurée de Filangieri).

Gaetano Filangieri, gravure de R. Morghen.

L'œuvre produit un écho retentissant, partout dans le monde, jusqu'aux nouvelles formations politiques outre-Atlantique : Benjamin Franklin a ce livre sur sa table de travail lorsqu'il rédige la législation américaine et entame une correspondance avec le jeune philosophe napolitain. Le titre résume les aspirations des Lumières à la réforme de la société sur des bases rationnelles. Contre l'obscurité du droit féodal, Filangieri soutient l'exigence de principes pouvant donner ordre et homogénéité à toute la législation : la loi ne peut être fondée sur la tradition, sur les coutumes anciennes, sur l'autorité, mais doit s'appuyer sur la raison et sur son universalité. Comme tous les grands penseurs du XVIIIe siècle, Filangieri puise dans la tradition platonicienne, il pense qu'il existe un plan des idées, un plan des normes juridiques indépendant des temps et des lieux, dicté seulement par la raison. C'est à ce plan qu'il faut se référer pour créer de nouveaux rapports entre les hommes, une nouvelle législation qui ne concernerait pas uniquement la juridiction, mais qui serait une prémisse pour le rétablissement moral et, enfin, pour le bonheur de la nation. Le bien-être des peuples dépend du progrès de la vie morale, laquelle relève à son tour de la législation. Comme la raison est universelle, les principes de la législation sont valables pour tous les peuples du monde. Dans l'introduction, Filangieri

LA LITTÉRATURE

critique les violences que les Européens ont commises dans les Indes et en Amérique.

Chaque homme manifeste une tendance fondamentale à se conserver : pour réaliser la conservation de tous, il faut la tranquillité. Celle-ci s'enracine dans la certitude du droit, qui doit être géométrique et rationnel. La position de Filangieri se fonde sur le jusnaturalisme contre le positivisme juridique : le droit s'appuie sur des principes rationnels et non sur ce qui est « positus », posé, c'est-à-dire sur ce que l'histoire nous lègue. Cette position entre parfaitement dans le cadre conceptuel des Lumières, mais s'inspire aussi des thèses de Vico sur l'origine et les développements communs des peuples. Une conviction majeure en découle : on peut planifier rationnellement les rapports entre les hommes. **C'est le sens profond de la *Science de la législation* : les rapports humains sont organisés par la loi, formée d'après une science qui met un terme aux abus et à l'arbitraire du droit féodal. Si l'on peut régler les rapports juridiques sur la base d'une science, on peut les planifier.**

En 1780, Filangieri publie les deux premiers volumes de son ouvrage. En 1784, ils sont mis à l'index. Filangieri se voit contraint d'abandonner Naples et se réfugie à Cava de' Tirreni, dans la province de Salerne. Sa maison devient un lieu de rencontre pour tous les hommes cultivés d'Europe. Lors de son voyage en Italie, Goethe rend visite à Filangieri, qui lui parle de Giambattista Vico. Mais Filangieri meurt bientôt à Vico Equense sans avoir publié la totalité de son ouvrage. Même après sa mort, il est persécuté. Les Bourbons comprennent la dangerosité de ses thèses et le Conseil d'État condamne la *Science de la législation.* Il faut dire que, pour une fois, les souverains napolitains ne se sont pas trompés. L'œuvre de Filangieri s'identifie aux nouvelles idées révolutionnaires, elle en est même à Naples le pilier. Lorsque le souffle révolutionnaire gagne la ville, la nouvelle loi imposant l'abolition de la féodalité est clairement liée à l'enseignement de son ouvrage. Après la fin de l'expérience républicaine, la veuve de Filangieri, avec ses deux enfants, est obligée de quitter Naples pour la France. **Elle est reçue à Paris par Napoléon Bonaparte qui expose un exemplaire de la *Science de la législation* sur son bureau.**

LA LITTÉRATURE

LA PENSÉE SUR L'HISTOIRE ET LA POLITIQUE

L'œuvre de Filangieri est une réflexion sur le droit, entendu comme l'ensemble des institutions permettant la vie de l'homme en société. C'est la raison pour laquelle ses amis et ses disciples continuent son travail en se concentrant sur l'étude de l'histoire (dans le sillon également de Giannone et de Vico) et des questions de philosophie politique. **Ces intérêts scientifiques témoignent surtout de leur volonté de radicaliser la pensée des Lumières pour l'utiliser non plus au service de la machine bureaucratique, mais en vue d'un changement radical de la situation politique, économique et sociale.** Les penseurs liés à ce courant sont en première ligne lors de l'expérience révolutionnaire de 1799. **Francesco Mario Pagano (1748-1799) est avocat.** Alors qu'il se consacre à sa carrière, il prépare aussi son texte de philosophie politique le plus important, les *Saggi politici (Essais politiques).* La première édition est imprimée entre 1783 et 1785. Ces *Essais* s'inscrivent comme la continuation de la *Science nouvelle* de Vico. Ils présentent le dessein organique d'une philosophie de l'histoire. Dans le premier essai, Pagano trace le cycle cosmique de l'humanité, et décrit le grand scénario où toute l'histoire humaine s'est développée. Dans le deuxième essai, il parle de l'état sauvage, qui correspond à l'état de nature de Rousseau. Dans le troisième, Pagano traite des sociétés barbares puis, dans l'essai suivant, de leurs progrès. Dans le cinquième, il évoque les sociétés civilisées. Dans le sixième, il aborde la question des arts et du goût au moment où les sociétés atteignent le stade le plus élevé de leur civilisation. Le dernier essai, dans le sillon des cycles historiques de Vico (les « *corsi e ricorsi* » de l'histoire), présente

Mario Pagano, dessin

LA LITTÉRATURE

la possibilité du déclin, voire de l'écroulement, de ces sociétés, en instaurant une deuxième forme de « barbarie ». À l'époque de la première édition, **Pagano croit encore en la possibilité de réformer l'État grâce au despotisme éclairé. Lors de la deuxième édition, en 1795, il abandonne cette position et devient un partisan du jacobinisme**, surtout après la condamnation à mort de Emmanuele De Deo, de Vincenzo Vitaliani et de Vincenzo Galiani (cf. « L'époque des révolutions », chap. I). Suite aux événements en France, une dérive autoritaire marque cette période. Les Bourbons emprisonnent Pagano en 1796. Il reste plus de deux ans derrière les barreaux des geôles napolitaines, et, lorsqu'il est enfin libéré, il s'exile à Rome, où il participe à l'expérience de la République romaine, puis à Milan. Il retourne à Naples quand éclate la révolution. Aussitôt, il en devient l'un des protagonistes principaux. **Il rédige la nouvelle Constitution de la République parthénopéenne, imprimée le 1er avril 1799 mais restée à l'état de projet.** Au cours du mois de juin, l'expérience républicaine est écrasée. Pagano se bat les armes à la main contre le retour des Bourbons. Capturé, il est à nouveau emprisonné. Il est condamné à mort, après un procès expéditif, avec Domenico Cirillo, Ignazio Ciaia, Giorgio Pigliacelli.

Un autre penseur de la politique, Vincenzio Russo (1770-1799), meurt durant l'expérience de la République parthénopéenne. **Dans ses *Pensées politiques*, il expose son projet de renouveau de la société par un régime de type républicain et socialiste.** L'auteur présente les raisons de l'action révolutionnaire à laquelle il incite l'opinion publique à participer. Le « plan d'ordre social » imaginé par Russo prévoit l'instauration d'une démocratie « directe » qui garantirait l'égalité par la suppression de la propriété féodale. Dans cette société, il n'y aurait plus de droit de succession, plus de grandes villes, peu de commerces, mais une communauté fondée sur les principes de la morale républicaine et sur l'agriculture. **Russo porte à ses limites la réflexion de la pensée réformatrice napolitaine**, et tente de lui donner une véritable puissance politique. Comme Pagano, il paiera de sa vie ses convictions. Il est pendu sur la place du marché le 19 novembre 1799. Avec Russo, le tournant des intellectuels napolitains vers un discours révolutionnaire est évident. Alors que les hommes des Lumières de la génération précédente parlent des réformes de la société bourgeoise, Russo prône une république populaire d'égaux.

LES NAPOLITAINS

LA LITTÉRATURE

LES SCIENCES

Dès son arrivée au pouvoir, Charles de Bourbon tente de moderniser le pays en donnant un nouvel essor aux sciences et aux techniques. Il fonde l'Académie royale de la marine en 1735, l'Académie militaire d'artillerie (1744), l'Académie du corps des ingénieurs (1754). En effet, comme le démontre en 1753 Antonio Genovesi dans son *Discours sur le véritable but des lettres et des sciences*, la science n'est plus considérée comme une recherche pure, mais doit toujours être pratique et réelle, associée aux différentes techniques, qu'elles soient militaires ou pour l'exploration et la connaissance du réel, comme celle qui s'occupe des antiquités découvertes à Pompéi et à Herculanum à partir de 1755.

Le fils de Charles, Ferdinand IV, continue l'œuvre de son père. En 1778, il fonde l'Académie royale de sciences et belles-lettres. Sous son règne, on commence à créer d'autres institutions scientifiques de première importance, comme l'Observatoire astronomique et le Jardin des plantes.

Au cours de ce siècle, hautement rationnel et scientifique, **Raimondo di Sangro (1710-1771), prince de Sansevero**, mérite une mention particulière. Il n'est pas à proprement parler un homme de science, du moins selon notre définition moderne du terme. Néanmoins, tout au long de sa vie, **il n'a pas eu de cesse d'expérimenter, de rechercher des choses nouvelles, en associant des calculs techniques précis à une imagination féconde et très inventive. Ce philosophe-artiste, maçon, grand maître de la Loge de Naples, étonne déjà à son époque.** Il est l'ami de tous les hommes des Lumières napolitains, notamment de Genovesi qui le considère comme un philosophe parfait, même si le professeur d'économie craint sa « forte imagination ». Raimondo di Sangro est également très proche du roi, au moins jusqu'aux polémiques qu'un de ses opuscules (la *Lettre apologétique*) a suscitées. Le prince de Sansevero y aborde différentes questions, dans le sillage des *Lettres d'une Péruvienne* de Françoise de Graffigny, mais surtout il y professe son déisme et des thèses radicales inspirées de Pietro Giannone. Ce ne sont pourtant pas ses écrits qui constituent le chef-d'œuvre de Raimondo di Sangro. Pendant toute son existence, il s'est consacré à la restauration et à l'embellissement de la chapelle de sa famille, dans laquelle il a constitué une sorte de laboratoire scientifique, ou plutôt alchimique. La « **chapelle Sansevero** » est aujourd'hui

LA LITTÉRATURE

sans aucun doute l'une des œuvres les plus importantes du baroque napolitain (cf. « La sculpture », chap. VIII). **Au-dessous de cette église, en passant par la sacristie, le prince fait construire une espèce de caveau, un petit temple, un *tempietto* souterrain, qui devait probablement abriter les corps de ses descendants. Ici se trouvent des manifestations étonnantes de son génie, notamment un couple de squelettes dont on ne voit pas seulement les os, mais surtout les viscères, les reins et même quelques veines.** On s'est longuement interrogé sur la façon dont le prince Raimondo et le médecin avec lequel il a collaboré, Giuseppe Salerno, ont pu pétrifier l'appareil digestif et le système circulatoire. À l'origine, à côté de ces squelettes – un homme et une femme – il y avait même un fœtus, laissant croire que ces **machines anatomiques** (comme il les appelait) étaient le fruit de l'esprit diabolique du prince, qui aurait fossilisé ces corps à l'aide de quelque trouvaille magique. En réalité, on a de fortes raisons de penser que, si les squelettes sont authentiques, tout le reste a été construit artificiellement. Le prince n'était pas un nécromancien, mais un homme curieux qui essayait de mener des expérimentations hardies.

LA LITTÉRATURE

L'ÉRUDITION

La littérature semble avoir tenu une place négligeable dans ce siècle tout politique. Ou mieux, elle se place, à cette époque, sur un plan différent, celui de la recherche érudite, ou plus simplement de l'histoire littéraire. Le représentant le plus connu de cette tendance est **Pietro Napoli Signorelli** (1731-1815). Il rédige deux véritables encyclopédies sur la culture méridionale, notamment sur l'histoire de la littérature, la *Storia critica dei teatri antichi e moderni* (*Histoire critique des théâtres antiques et modernes*) en 1776 et les *Vicende della coltura nelle Due Sicilie* (*Histoires de la culture des Deux-Siciles*) en 1810-1811. **Francescantonio Soria** (1736-1809) est l'auteur des *Memorie storico-critiche degli storici napoletani* (*Mémoires historiques et critiques des historiens napolitains*) en 1781-1782. Elles présentent 250 biographies en deux volumes. Ces ouvrages ont le mérite d'offrir un panorama de la culture méridionale ; ils répondent également à une volonté de faire connaître un vaste répertoire. C'est à cette aune qu'il

LA LITTÉRATURE

faut également interpréter **l'institution d'un grand nombre d'académies** à cette époque. En communiquant entre eux, en cherchant de nouvelles bibliothèques, en établissant des répertoires bibliographiques, les intellectuels érudits essayent de comprendre l'histoire de leur pays. En effet, l'érudition permet de créer une forme d'identité nationale, sentiment important dans un pays qui a connu de longs siècles de domination étrangère. La création et le travail de l'**Accademia ercolanense** (1755), qui avait pour mission de faire connaître l'état d'avancement des fouilles archéologiques et leurs interprétations, répondent aussi à cette exigence. Comme le fait remarquer Sirri, il est question d'un véritable patriotisme culturel.

On peut néanmoins observer que ce genre d'étude ne dépasse pas le cercle des spécialistes. Ainsi, les travaux de l'Accademia ercolanense ne circulent pas dans les librairies, seul le roi les offre à qui bon lui semble.

Le catalogue des découvertes des fouilles d'Herculanum témoigne de l'intérêt pour l'érudition au XVIIIe siècle

LE THÉÂTRE

Dans différents écrits, notamment dans son *Discours sur le but véritable des lettres et des sciences* (1751), Genovesi polémique contre l'érudition et prône une littérature « utile », c'est-à-dire engagée dans le renouveau de la société, ouverte au plus large nombre. Un autre grand esprit des Lumières, Ferdinando Galiani, critique l'érudition du point de vue linguistique. Il affirme, dans son ouvrage intitulé *Del dialetto napoletano* (*Sur le dialecte napolitain*, 1779), qu'il faut utiliser la langue italienne « commune », et non pas le toscan : revenir en arrière vers Pétrarque est inutile. Pour

LA LITTÉRATURE

Galiani, qui reprend là les thèmes de Vico, la langue est un fait historique.

Lorsque la philosophie et la pensée politiques s'interrogent sur leur langage pour se faire comprendre du plus grand nombre, elles se réconcilient avec des questions stylistiques et littéraires.

Dans le **théâtre**, la littérature napolitaine assume cette **exigence d'« utilité »**. Des réformateurs importants sont aussi des dramaturges. Mario Pagano écrit *Gli esuli tebani* (*Les Exilés thébains*, 1782), qu'il dédie à Gaetano Filangieri, *Agamemnon* (1787), sur le prince grec, *Corradino* (1789), sur l'histoire d'un prince condamné à mort sur la place du marché à Naples le 29 octobre 1268 (par une coïncidence curieuse et tragique, Pagano monte sur l'échafaud sur la même place, le même jour, mais en 1799). Selon Pagano, les œuvres théâtrales doivent à la fois délecter et instruire le public. Il parle d'une philosophie qui doit « se montrer déguisée sur scène » pour attirer l'attention et continuer à enseigner.

Ce n'est pas un hasard si les partisans de la révolution (cf. « La République parthénopéenne », chap. I) attribuent une valeur pédagogique aux activités théâtrales. Il est question de la nécessité de faire participer le peuple à la responsabilité civile de la démocratie. Fonseca Pimentel propose même des adaptations démocratiques des théâtres de marionnettes, dont le sujet ne devait plus être les gestes des paladins, mais les drames et les chansons patriotiques, interprétées souvent en dialecte napolitain pour atteindre les couches sociales les moins aisées.

Il faut préciser que ces exercices avec le dialecte ne demandent pas beaucoup d'efforts. Tous les auteurs napolitains de l'époque sont bilingues. **Le dialecte napolitain est souvent utilisé en littérature, au moins depuis l'époque baroque** (le célèbre *Conte des contes* de Giambattista Basile, publié entre 1634 et 1636, qui fait connaître en Europe les fables de *Cendrillon* ou de *La Belle au bois dormant*, est écrit en napolitain) **et au théâtre, surtout depuis la *commedia dell'arte*.** Il s'agit d'un genre populaire de théâtre comique, né au XVIe siècle, qui se compose de « masques » représentant des caractères fixes et s'exprimant, dans un jeu d'improvisation, sur la base d'un simple canevas, en dialecte : le masque représentant le « type » régional napolitain est « Pulcinella », Polichinelle. Le dialecte napolitain explose au XVIIIe siècle grâce au théâtre musical avec l'opéra bouffe (cf. « La musique », chap. VIII). **Mais l'opéra ne constitue pas la seule activité théâtrale à Naples pendant ce siècle,** qui connaît une vaste production de « farces » en dialecte napolitain.

LA LITTÉRATURE

Un des auteurs les plus intéressants est Giovanni d'Antonio, dit « il Partenopeo », qui met en scène des masques issus de la *commedia dell'arte*, tels Polichinelle ou sa femme Zeza, et évoque des thèmes récurrents comme la faim ou la pauvreté du petit peuple.

LES JOURNAUX

Le XVIIIe siècle est celui de la naissance et de l'affirmation de la presse. Milan, l'autre grande capitale des Lumières en Italie, connaît l'expérience du *Caffè*, journal animé par les frères Verri et Cesare Beccaria, le philosophe qui prône dans *Des délits et des peines* (1764) l'abolition de la peine de mort. L'objectif affiché des philosophes des Lumières (à Naples, à Milan, ou bien à Paris) est de véhiculer des idées nouvelles et de les diffuser auprès d'un large public : le journal devient alors un instrument privilégié. Il se différencie du livre car il n'a pas la prétention de donner des leçons, il n'est pas éloigné de ceux qui n'ont pas l'habitude de lire et entend plutôt instaurer avec eux un dialogue, comme dans une conversation au « café », selon les philosophes milanais. Il constitue un moyen rapide pour prôner des choses « utiles » et non pas des « théories ».

À Naples aussi, on enregistre la publication d'un grand nombre de journaux qui, sans connaître la radicalité et l'importance du *Caffè*, témoignent toutefois d'un vif débat intellectuel, de la diffusion et du rayonnement des idées nouvelles, comme par exemple le *Giornale Enciclopedico di Napoli* (le *Journal encyclopédique de Naples*), qui paraît à partir du mois de janvier 1785. Mais c'est surtout durant la courte expérience révolutionnaire de 1799 qu'un journal revêtira un rôle important dans la société napolitaine. Il s'agit du **Monitore napoletano**, animé principalement par **Eleonora Fonseca Pimentel**. Dans son article du premier numéro, le 2 février 1799, on lit tout l'espoir que la nouvelle République suscite : « Nous sommes enfin libres, et même pour nous est arrivé le jour où nous pouvons prononcer les noms sacrés : liberté et égalité ». En effet, **avec l'éclatement des révolutions, l'utilité des journaux devient encore plus évidente**. Ils ne se limitent plus à la bataille des idées, mais sont l'outil indispensable pour l'organisation et la propagande des révolutionnaires. Sur le modèle français, les Jacobins napolitains créent un journal pour rendre compte des débats, des projets et des événements politiques de la jeune République parthénopéenne. Ils empruntent même le titre d'un journal à la France, où existe le *Moniteur universel*. Mais les révolutionnaires, et notamment Eleonora Fonseca Pimentel, se rendent compte de la spécificité napolitaine, où de larges strates de la population ne parlent pas l'italien. **Le *Monitore napoletano* doit être écrit en dialecte napolitain.** Comme l'affirme Fonseca Pimentel, les réformateurs et les révolutionnaires ne parlent pas la même langue que le peuple. Pour commencer à diffuser les idées nouvelles, il est nécessaire de se faire lire par ceux qui ne lisent pas. À partir du deuxième numéro de son journal, Fonseca Pimentel demande des articles, ou plutôt des « allocutions civiles », en dialecte. Dans le numéro suivant, elle parvient à publier une plaidoirie en napolitain adressée au peuple et intitulée : « Li 15 de lo mese che chiove all'amico dell'ommo e de lo patriota » (« Le 15 Pluviôse aux amis de l'homme et du patriote »). Elle propose également une gazette en dialecte avec les notices les plus importantes, les lois et les décrets du gouvernement. Celle-ci est lue dans les églises le dimanche et dans les lieux fréquentés par les *lazzari*. Fonseca Pimentel n'hésite pas à faire l'éloge de Giacom'Antonio Gualzetti qui, dans un journal, traduit en dialecte napolitain tous les principes, toutes les lois de la démocratie, les droits de l'homme et du citoyen.

Eleonora Fonseca Pimentel

Ces tentatives, parfois ingénues, ont néanmoins contribué à la création d'une nouvelle littérature et d'une nouvelle langue : dans leur confrontation avec un peuple très difficile qu'ils veulent comprendre et aiguillonner, les révolutionnaires mettent en œuvre un processus de renouveau de la langue littéraire, qu'ils assouplissent, rendent moins pédante, plus proche de la langue que l'on parle tous les jours. **Autrement dit, le travail des journaux, les débats qu'ils suscitent, la bataille des idées qu'ils invoquent, créent sur le plan littéraire une forme de langue rapide et commune.**

VIII
LES ARTS

À la moitié du XVIIIe siècle, une nouvelle tendance, de nouveaux goûts en matière d'art s'imposent à Naples. Les arts y fleurissent sur le socle d'une longue tradition qui trouve dans le « baroque » son expression la plus admirable. Des artistes autochtones, comme Francesco Solimena, Domenico Antonio Vaccaro ou Ferdinando Sanfelice, s'inscrivent encore dans cette lignée du « baroque » proprement napolitain. À la fin du siècle, ce courant semble néanmoins dépassé. Le nouveau roi, Charles de Bourbon, qui ne s'intéresse qu'à l'architecture et n'est pas friand de cette tradition indigène, confie les grands chantiers qu'il initie à des artistes venus de Rome, comme Mario Gioffredo, Luigi Vanvitelli ou Ferdinando Fuga. En effet, **l'enjeu des projets menés par la nouvelle monarchie est la rationalisation de la ville et la célébration de son pouvoir. Le baroque n'est plus jugé à même de réaliser ces idéaux.** En outre, les idées philosophiques dominantes à l'époque imposent de tourner la page : les Lumières s'opposent à la tradition napolitaine liée à la pensée de Giambattista Vico, et l'esprit de géométrie et la clarté prônés par les nouvelles idéologies ne se satisfont pas des obscurités baroques. Dans les paragraphes de ce chapitre, consacrés respectivement à la peinture, à l'architecture, à la sculpture et à la musique, accompagnés d'une rubrique finale sur les artistes les plus intéressants du XVIIIe siècle, nous essayerons de mettre en lumière cette tension entre la tradition baroque et le néoclassicisme. Une remarque préliminaire s'impose. Il convient de lire cette tension non pas comme une contradiction liée à l'époque historique qui nous intéresse, mais comme une structure portante de toute l'histoire de Naples. Ville baroque par excellence (cf. « Une ville poreuse et baroque : le sous-sol », chap. II), elle est toujours confrontée aux différentes tentatives de la rationaliser, de la normaliser, bref d'infléchir le flux baroque de ses formes artistiques et de ses formes de vie.

LES ARTS

En musique, le pouvoir se heurte également à une riche tradition locale, qui se manifeste par l'explosion de l'opéra bouffe.

LE BAROQUE

Si l'on suit les indications de Wölfflin, le baroque est le devenir, et non la plénitude de l'être ; il n'implique pas la satisfaction des formes, mais leur instabilité continuelle. C'est pourquoi le baroque est la tentative, sans cesse renouvelée, comme le soutient le philosophe Gilles Deleuze, de saisir le mouvement en train de se faire : sur le vif. Le *Christ voilé* dans la chapelle Sansevero en est un exemple parfait (cf. « Les sciences », chap. VII et « La sculpture », chap. VIII). Ce n'est pas un hasard si le discours sur la mort, comme mouvement qui accompagne la vie, est l'un des thèmes récurrents du baroque napolitain (cf. « Une ville poreuse et baroque : le sous-sol », chap. II). Comme le monde n'a pas de centre, tout devient fragment, affirmation momentanée, position tout à fait fragile, un simple « mode » de l'être, pour reprendre un concept philosophique de Spinoza. En raison de ce lien avec l'image du monde, le baroque se caractérise par des lignes, ou plutôt des courbes, définies par la discontinuité et les ruptures, l'expansion dans la multiplicité et la déformation grotesque. Les monarchies absolues ont besoin de solennité et craignent cette poursuite incessante qui reflète les tourments de l'âme des sujets. Elles ont peur de cette dispersion centrifuge, ont besoin d'un centre : le Roi-Soleil est ainsi le point central qui doit harmoniser les contraires. Aussi Charles de Bourbon combat-il la tradition du baroque à Naples pour imposer dans les arts napolitains les nouveaux goûts néoclassiques. Un autre événement majeur impose ce changement. **Les fouilles archéologiques de Pompéi, d'Herculanum et de Stabies**, avec les voyages de nombreux artistes, comme Giovanni Battista Piranesi, entérinent le succès du « goût grec », en réalité pompéien ou herculanéen, qui s'impose dans les arts, les coutumes et la mode à partir de la deuxième moitié du XVIIIe siècle.

Charles de Brosses publie un rapport sur l'état d'avancement des fouilles d'Herculanum en 1750 qui rencontre un vaste succès. De nombreux artistes voient dans l'exemple ancien la possibilité de s'opposer avec autorité au goût « rocaille », et plus généralement à la tradition « baroque ».

LES ARTS

Découverte du temple d'Isis à Pompei, in *Sir William Hamilton,* Campi Phlegraei

LA PEINTURE

La peinture a été à Naples, tout au long du XVIIe siècle, un tourbillon d'expériences extraordinaires, depuis le séjour du Caravage en ville et l'arrivée de José de Ribera d'Espagne jusqu'aux travaux de Mattia Preti, d'Aniello Falcone, de Massimo Stanzione ou de Salvator Rosa. Cette saison admirable, le baroque, s'incarne, à la fin du siècle, dans deux grandes figures de peintres qui permettront aussi la transition de l'art napolitain vers le nouveau siècle. Il s'agit de **Luca Giordano** et de **Francesco Solimena**. Le premier, en l'espace de trois ans, de 1702 à sa mort en 1705, laisse des témoignages importants de sa peinture, dans la voûte du trésor de Saint-Martin, l'église des Gerolamini, celle de l'Egiziaca a Forcella et aux Santi Apostoli. Dans ces œuvres, il repousse par la puissance de son imagination les limites imposées par le réel et les règles même de la raison. Solimena est, en revanche, moins visionnaire, plus attentif à la tangibilité des formes, loin des métaphores hardies du baroque au nom d'un rationalisme tempéré, comme on peut le voir dans sa décoration du chœur et du transept de Santa Maria Donnalbina (1700). Selon Nicola Spinosa, une conception différente de l'art inspire les deux peintres : **si, pour Giordano, l'art doit toujours**

LES ARTS

être le fruit de la liberté de conscience la plus vaste – il expérimentera toutes les formes possibles jusqu'à la fin de ses jours, abandonnant les couleurs claires qui l'avaient rendu célèbre pour se tourner vers l'obscurité à la fin de sa vie – en revanche, Francesco Solimena cherche toujours à innover par rapport aux solutions que les autres peintres adoptent, allant jusqu'à critiquer son propre travail antérieur. Aussi adopte-t-il toutes les « manières » du siècle, du baroque au classicisme, pour revenir d'une manière spectaculaire au baroque à la fin de sa vie.

LE CLASSICISME

Le nouveau siècle s'ouvre sous le signe de deux auteurs qui ont été « baroques » et qui cherchent, à présent, de nouvelles pistes. Remarquons au passage que la dernière « manière » de Giordano n'a pas de disciples à Naples alors que Solimena constitue une véritable école qui domine, de façons différentes, tout le siècle. C'est surtout de cette dernière que nous nous occuperons dans cette rubrique.

Quelles sont les raisons pour lesquelles Solimena change de « manière » et rompt avec la vitalité baroque en faveur d'un idéal de clarté et de beauté profonde ? Il est fort probable que les cercles cartésiens de la ville ont influencé ce choix. **Il existe à Naples des courants philosophiques qui, dans le sillage de Descartes, luttent contre le baroque dans le champ de la morale, de la politique, de l'économie et de la société, pour imposer un rationalisme modéré, les célèbres « idées claires et distinctes ».** Le classicisme de Solimena répond au retour des courants littéraires et poétiques vers la tradition de l'humanisme italien. Le but est de mieux répondre aux exigences de nouveaux commanditaires, pour lesquels les œuvres doivent surtout « célébrer » et « représenter ». Jusqu'aux années 1730, Solimena reste fidèle à cette tendance classique, dont les fresques de la sacristie de San Domenico Maggiore (1709) et *Héliodore chassé du Temple* (1725) à l'église du Gesù nuovo peuvent être considérés comme des manifestes.

Paolo De Matteis s'empare du classicisme développé par Francesco Solimena pour s'opposer à son ancien maître Luca Giordano. Son style est toutefois sensiblement différent de celui de Solimena, et aboutira à ce que l'on appelle le « rococo », ou mieux, l'association entre l'« Arcadie » (le classicisme) et le « rococo ». En 1711, il connaît le philosophe platonicien Anthony Ashley Cooper, troisième comte de Shaftesbury (connu aujourd'hui simplement comme Shaftesbury), qui séjourne alors à Naples et lui demande un tableau, *Héraclès à la croisée des chemins*, pour illustrer ses théories artistiques fondées sur l'harmonie et la concordance entre la Beauté et la Vertu. Le philosophe donne au peintre des instructions que l'on peut lire dans son ouvrage *An Essay on Painting, being a*

Paolo de Matteis, Allégorie de la prospérité et des arts dans la cité de Naples
(fondation Maurizio et Isabella Alisio, Naples, DR)

LES ARTS

Notion of the Historical Draught or Tablature of the Judgement of Hercules (1713). **Il y prône la règle de la cohérence, selon laquelle l'art de la peinture doit se maintenir dans le cadre du naturel.** De Matteis est déjà sensible à ce discours puisque son style classique (arcadien) favorise le retour au naturel contre le conceptisme baroque. En outre, un long séjour à Paris au début du siècle lui a permis de s'exercer dans une peinture de type historique, voire apologétique. La peinture d'histoire doit répondre à ces mêmes critères, à savoir la cohérence et le naturel. Pour soutenir l'arrivée des Autrichiens à Naples, De Matteis compose une *Allégorie de la paix d'Utrecht et de Rastatt*. Cette toile a été malheureusement détruite. Il en reste seulement la partie centrale avec l'autoportrait du peintre.

Le troisième grand protagoniste de la peinture napolitaine des premières années du XVIIIe siècle est **Giacomo Del Po**. Sa proposition est un peu différente de la solution de Solimena, dominée par le clair-obscur, et de celle de De Matteis, plus froide. Avec des couleurs chaudes, brillantes, et de nombreux effets de lumière, il réalise des compositions assez vastes et mouvantes inspirées de la leçon de Luca Giordano, surtout dans les palais napolitains et les églises, comme San Gregorio Armeno ou San Pietro Martire à Naples.

Francesco De Mura est le peintre napolitain le plus connu à partir des années 1740 puisqu'il parvient à saisir les aspirations et les goûts de la bonne société de Naples. En effet, il suit la manière classique de son maître, mais pas sa dernière évolution baroque ; or c'est ce classicisme qui interprète le mieux la sensibilité et les exigences des nouveaux commanditaires napolitains. De Mura, comme l'affirme Nicola Spinosa, trouve dans les symboles cultivés et raffinés de la fable pastorale et dans l'élégance de l'Arcadie les instruments les plus adaptés pour intercepter les goûts de la nouvelle cour qui se réunit autour des rois. Ses figures se déplacent avec élégance dans un monde qui exclut toute passion humaine et où même le drame se résout selon des modalités apaisées. Dans les nombreuses fresques réalisées par De Mura dans les églises de Naples (par exemple à la Nunziatella et dans le Carmine Maggiore), les dames et les chevaliers de la cour peuvent trouver des images qui leur correspondent. Ce type de peinture, à caractère narratif et visant à célébrer les « vertus » et les mérites de la nouvelle société créée par la monarchie, représente le point final de la tendance de la peinture napolitaine au XVIIIe siècle, qui s'est ouverte par le classicisme de Solimena. Ce style s'oppose à l'autre tendance, orientée vers le libre exercice de l'imagination, inaugurée par Luca Giordano et continuée, en partie, par Giacomo Del Po. Évidemment, la cour préfère le premier courant, tout comme les nobles napolitains dont les peintres décorent les palais.

LE RETOUR AU BAROQUE

Les premières décennies du siècle ne représentent pas seulement le triomphe du classicisme, avec les solutions de Solimena, de De Matteis ou de Del Po. **Domenico Antonio Vaccaro** symbolise la résistance à ces tendances normatives, comme on peut le voir dans les églises qu'il a lui-même construites en tant qu'architecte, notamment dans les retables de l'église de la Concezione a Montecalvario.

Mais la « résistance » baroque trouve, dans les années 1730, un partisan inattendu et prestigieux : **Francesco Solimena**. Ce dernier renoue avec la fureur de ce style au moment où Charles de Bourbon entre à Naples. L'arrivée de la dynastie bourbonienne au pouvoir ne détermine aucune nouveauté dans les arts napolitains. L'activité artistique de Charles de Bourbon concerne uniquement l'architecture et l'urbanistisme et n'intervient guère dans la peinture. Il est d'ailleurs symptomatique qu'à l'époque où la monarchie inaugure une tendance « classiciste » en architecture, Solimena, qui dans les premières décennies du siècle en adoptait le style, se tourne à nouveau vers des formes baroques. Cela confirme l'indifférence du pouvoir envers les courants artistiques en peinture. Selon Nicola Spinosa, le revirement du vieux Solimena dérive d'une critique rigoureuse que ce peintre, toujours insatisfait de la tradition passée, même s'il en est à l'origine, mène contre le raidissement des formes artistiques. **Ce retour vers le baroque exprime aussi la volonté de rompre avec les canons de la peinture contemporaine répondant aux fonctions apologétiques que la nouvelle cour veut imposer.** On peut mentionner la toile que Solimena réalise en 1734 et qui reprend le passage virgilien consacré aux amours de Didon et Énée, conservée aujourd'hui au musée San Martino de Naples. Dans ses dernières compositions, Solimena se libère de toute préoccupation académique et crée une peinture présentant une association, parfois violente, entre des « taches » chromatiques fort lumineuses sur des fonds qui, conformément à la leçon de la longue tradition napolitaine remontant au Caravage, demeurent assez sombres.

LES ARTS

LE PORTRAIT

Giuseppe Bonito réalise des scènes de vie quotidienne, comme le travail d'une couturière, les fêtes carnavalesques dans les quartiers populaires ou encore l'activité dans un atelier de peintre. Ces travaux répondent à des exigences de commanditaires moins intéressés par une thématique « officielle » et plus attentifs à des aspects de la vie réelle. Toutefois, Spinosa nous fait comprendre que la peinture de Bonito, représentant des intérieurs de maisons ou des scènes populaires, ne vise jamais à la dénonciation, mais se limite à décrire et à illustrer dans le cadre des conventions et des normes imposées par la tradition dominante. C'est la raison pour laquelle ses commanditaires confient indifféremment à Bonito la représentation des vertus d'un saint, le portrait du père fondateur de la famille, ou des scènes de vie quotidienne qui répondent à leur curiosité pour un monde, celui des pauvres et de la petite bourgeoisie, qu'ils ne connaissent pas. Bonito, le peintre de ces sujets populaires, est aussi le peintre (presque) officiel de la cour et de l'aristocratie napolitaine de l'époque.

C'est, en revanche, un autre artiste, **Gaspare Traversi**, qui transforme ce goût de Bonito et de ses commanditaires pour la chronique, l'exotique et l'anecdote, en satire sociale irrévérencieuse. D'ailleurs, Traversi ne jouit d'aucun crédit auprès des commanditaires et n'est redécouvert qu'au XXe siècle grâce aux recherches d'un grand historien de l'art italien, Roberto Longhi. Ses scènes de vie, ses tableaux représentant des auberges avec des joueurs, des ivrognes et des entremetteuses ne peuvent trouver place dans les demeures des nobles et des bourgeois enrichis. **Cette peinture, qui dénonce les contradictions de la société méridionale et les mentalités conservatrices des élites dirigeantes de Naples**, ne passe pas à la postérité. Elle est pourtant profondément napolitaine, même dans ses références historiques : Traversi s'inspire du réalisme du XVIIe siècle, notamment du Caravage et des peintres caravagesques, surtout lorsqu'il propose des portraits de gens du peuple, comme celui de la paysanne, du joueur de mandoline ou encore de l'enfant avec une bouteille et un verre de vin, tous conservés à Matera, à la pinacothèque D'Errico. Lorsqu'il s'éloigne des sujets populaires, il est, en revanche, absolument novateur dans la critique de la bonne société de son temps. Dans *La Séance de portrait*, Traversi présente la moralité douteuse et les figures presque grotesques de bourgeois napolitains. Longhi observe que **dans ce tableau, la critique sociale est plus virulente que celle des philosophes réformateurs de**

LES ARTS

Gaspare Traversi, Concert *(musée Diego Aragona Pignatelli Cortes, Naples, DR)*

l'époque (cf. « La philosophie des Lumières à Naples », chap. VII). Même dans les portraits de commande, Traversi ne se prive pas de proposer sa version vivante et brutale de la réalité. On peut le remarquer dans les portraits de frères qu'il réalise. Il s'agit de religieux qui, comme le souligne Spinosa, ne sont privés de rien dans leurs couvents, ni de vin, ni de victuailles, ni peut-être aussi d'autres plaisirs. Alors que les autres peintres réalisent à la même époque, dans le sillage de Mengs, des portraits purement apologétiques, antinaturalistes, Traversi nous offre des portraits en chair et en os qui ne présentent pas seulement la matérialité des personnages, leur vie, mais aussi leur caractère moral, leurs sentiments, voire leurs idées. C'est la raison pour laquelle ils deviennent satiriques et donnent l'image exacte d'un monde impitoyable que les philosophes sous-estiment jusqu'à l'éclatement de la contre-révolution en 1799.

Des peintres étrangers se consacrent plutôt aux portraits de la famille royale, comme l'Allemand **Anton Raphael Mengs**, la Suisse **Angelica Kauffmann** ou la Française **Élisabeth Vigée-Lebrun**.

LES ARTS

Les *vedute*

Les paysages représentent une forme particulière de la peinture napolitaine au XVIIIe siècle. C'est une époque qui entend célébrer la fusion entre l'histoire, la grande histoire, incarnée par une monarchie importante, et la nature. Beaucoup de peintres célèbrent cette rencontre entre les Bourbons et le paysage du golfe de Naples. Ainsi, **Antonio Joli** réalise des tableaux présentant les rois sur le port en train de quitter la ville ou bien à Capodimonte avec la cour. **Il s'agit toujours d'établir un lien entre le pouvoir monarchique et la ville, ou de rendre les rois partie intégrante, voire décisive, du paysage naturel napolitain. L'histoire doit s'harmoniser ou se confondre avec la nature dans un accord parfait signifiant le bonheur.**

Un autre peintre qui s'illustre dans les *vedute* est **Pietro Fabris**. Dans ses paysages, il présente souvent des épisodes de vie paysanne ou populaire, non pas le dur labeur de la terre ou de la mer, mais des fêtes, des danses, des promenades à la campagne. Ces ébauches idylliques déterminent le succès de l'image de Naples et de son golfe, présentés comme un paradis sur Terre où les gens seraient en accord avec les éléments naturels. Un nombre important de peintres étrangers séjournant à Naples ces années-là reprennent ces thématiques. Des artistes néoclassiques ou même préromantiques arrivent à Naples pour la beauté naturelle des lieux et pour les grandes œuvres d'art du passé. Ils y trouvent des formes qui correspondent à leur idéal esthétique. Le peintre officiel des paysages, dont les commanditaires sont les rois et la cour, est un Allemand, **Philipp Hackert**. Il peint de nombreuses scènes de chasse et des vues de la Campanie pour la décoration du palais royal de Caserte.

Veduta du golfe de Naples

LES ARTS

Un Français de Toulon, **Pierre-Jacques Volaire**, arrive à Naples en 1769 et y reste pendant vingt ans. Son thème de prédilection est **l'éruption du Vésuve** et ses œuvres sont disséminées dans de nombreux musées en Europe. Ses tableaux les plus beaux représentent les caractéristiques principales du phénomène volcanique : la grande fontaine de feu qui s'élève vers le ciel, l'explosion de rochers incandescents et la tempête d'éclairs qui éclate en même temps. Volaire ajoute à ces éléments naturels des silhouettes d'hommes effrayés qui se détachent de la surface de la mer.

Les peintres anglais peuvent bénéficier à Naples du soutien de l'ambassadeur, Lord Hamilton, un véritable passionné des arts et des beautés de Naples, notamment du Vésuve (cf. « Le golfe du Cratère », chap. II). Parmi les peintres anglais à Naples, il faut mentionner **Richard Wilson**, qui est surtout attiré par les champs Phlégréens, et **Wright of Derby**, connu lui aussi pour ses représentations des éruptions du Vésuve. **Thomas Jones**, un peintre venu du pays de Galles, aura une importance considérable pour la connaissance de la ville napolitaine au XVIIIe siècle. Il réalise, pour subvenir à ses besoins matériels, des paysages naturels assez conventionnels qui ne lui procurent aucun succès de son vivant. Mais, lorsqu'il est libre, il s'amuse à peindre le paysage urbain de Naples, **non pas les prestigieuses constructions architecturales, œuvres de grands artistes, mais les maisons des gens ordinaires. Il travaille sur du papier commun, fort probablement en se promenant, comme un touriste quelconque, avec son calepin à la main dans les rues et les ruelles de Naples**. Ses huiles ont été redécouvertes dans les années 1950 et ont enfin consacré Jones. Il a noté ses impressions dans un cahier où il a présenté la « méthode » de travail de ces « *perambulations* » : « *I discovered a picturesque road which lay behind the Hospital of San Gennaro ; on each side were immense masses of Tuffa, finely fringed with Shrubs of various hues and Shades, intermixed with large aver gown Alloes and Indian figs, in these Rocks were large grottoes or caverns, from whence Stones for the purpose of building were excavated, and whose apertures decorated with festoons of the different creeping waving to and fro in the air…* ». La méthode s'apparente à celle d'un photographe, et les prises sur le réel de Jones sont extrêmement rigoureuses, exactes, mais toujours animées par le profond sentiment lyrique de l'artiste.

LES ARTS

L'ARCHITECTURE

Les travaux architecturaux que Charles de Bourbon inaugure à Naples répondent à un double défi : développer la ville et célébrer la nouvelle dynastie au pouvoir (cf. « Topographie et population », chap. II). Nous nous proposons donc de présenter l'architecture napolitaine du XVIIIe siècle en suivant cette double perspective, issue d'une distinction purement formelle, utile pour une présentation claire de l'architecture du XVIIIe siècle. Les œuvres visant la célébration des Bourbons et celles qui ont comme objectif la modernisation de Naples sont étroitement liées, les premières étant souvent l'occasion de construire des routes et d'autres travaux urbanistiques. Une autre précision s'impose. Ce genre d'architecture, que l'on pourrait déjà juger fonctionnaliste, s'oppose à la tradition baroque napolitaine. De grands artistes, comme Domenico Antonio Vaccaro ou Ferdinando Sanfelice, sont presque toujours exclus des commandes publiques, à la faveur d'architectes venus d'ailleurs, notamment Fuga et Vanvitelli. Avant de présenter les travaux réalisés sous les Bourbons, il convient d'aborder cette tradition napolitaine.

L'architecture baroque

Jusqu'à la moitié du siècle, la scène artistique est dominée en architecture par **Domenico Antonio Vaccaro** et **Ferdinando Sanfelice**, tous les deux élèves brillants de Francesco Solimena. Vaccaro réalise surtout des églises (cf. « Églises et protection sociale », chap. VI). Parmi ses ouvrages d'architecture civile, il faut mentionner le **palais Tarsia**.

Il y travaille entre 1732 et 1739. Il ne l'achève pas et le palais est par la suite abandonné, mais on possède de nombreux témoignages selon lesquels il devait s'agir de l'un des palais les plus imposants de Naples. Il donne sur une vaste cour, close sur trois côtés par des écuries, sur lesquelles l'architecte pose des terrasses au même niveau que le premier étage du palais. En face de celui-ci se trouve une arcade à travers laquelle on rejoint le jardin, puis, par une série de courbes, le portail principal.

Dans l'édification des palais pour l'aristocratie napolitaine, **Sanfelice concentre son attention sur la cour et son rapport avec l'escalier afin d'obtenir un majestueux effet scénographique.** Il donne à la cour une forme octogonale ou ovale, et place l'escalier

LES ARTS

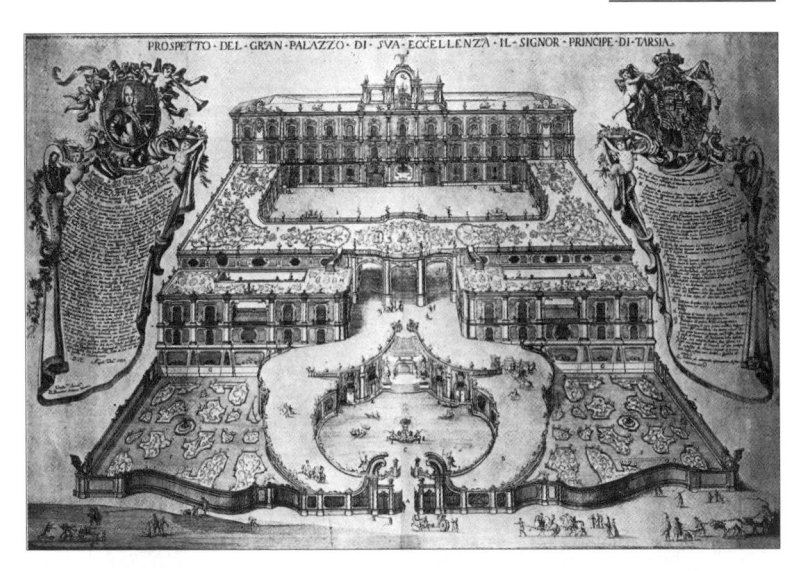

Palais Tarsia, projet de D. Antonio Vaccaro, gravure sur cuivre

en face de l'entrée principale du palais (alors que, dans le palais napolitain, l'escalier est traditionnellement sur l'un des côtés de la cour). Et c'est dans la construction de cet escalier que Sanfelice montre toute son inventivité : il en ouvre le mur postérieur et le mur antérieur pour permettre de voir au-delà de l'objet architectural, vers le jardin situé derrière. Ce système d'escalier ouvert, comme en témoigne le **Palazzo dello Spagnolo**, sert également à désengorger l'espace citadin : il confère un air de légèreté aux structures dans une ville où peu d'espace sépare les palais (cf. « Topographie et population », chap. II).

Issu d'une noble famille napolitaine, appartenant au *Sedile* de la Montagne (cf. « L'exercice du pouvoir et de la justice », chap. III), Sanfelice édifie le palais de sa famille en appliquant ces principes. Mais son escalier le plus spectaculaire est celui du **palais Serra di Cassano** (actuellement siège de l'une des institutions culturelles les plus importantes de Naples, l'Institut italien pour les études philosophiques, dirigé par Gerardo Marotta). Aucun mur ne le sépare de la cour octogonale. Un arc imposant ouvre sur un grand vestibule qui dévoile depuis l'entrée toute la grandeur et la splendeur de l'escalier.

L'étroitesse des ruelles napolitaines explique une autre caractéristique des palais, dont on peut difficilement admirer les façades. C'est donc au **portail d'entrée** de capter toute l'attention des

LES ARTS

Ferdinando Sanfelice, Palazzo dello Spagnolo

Dessin d'un portail par F. Sanfelice. On remarquera le goût théâtral, « baroque », de ce portail en pierres de taille (« piperno » et marbre) enchâssées en appareil et surmonté par un tympan présentant différentes lignes.

visiteurs. Dans ces constructions, Sanfelice montre aussi tout son génie. Pour le portail du **palais Pignatelli di Monteleone**, il mélange plusieurs matériaux (le marbre blanc et le péperin gris) et remplace les feuilles d'acanthe, décor caractéristique des chapiteaux, par des masques humains.

Les nouveaux goûts artistiques

Quand il arrive au pouvoir, en 1734, Charles de Bourbon décide, par la réalisation de grandes œuvres, de célébrer son pouvoir et de développer la ville. Nous parlerons d'abord des travaux visant le premier objectif. Charles décide de créer un **nouveau palais royal sur la colline de Capodimonte** qui domine une partie de Naples.

Dès 1735, il demande à l'architecte Giovanni Antonio Medrano de s'occuper de l'acquisition des terres où le palais surgira. La première pierre est posée en 1738, mais les travaux se poursuivent lentement car le site est très friable. On doit y réaliser des fondations solides, sur lesquelles se tiendra une imposante construction rectangulaire, articulée sur trois cours. Le grand escalier qui devait,

LES ARTS

Le palais royal de Capodimonte, lithographie de F. Fergola

à l'origine, être situé dans la cour centrale, est posé au rez-de-chaussée. Le chantier ralentit à partir des années cinquante, lorsque est entamée la construction d'un autre palais royal à Caserte. En 1759, le roi décide quand même d'aménager dans ces lieux, encore inachevés, la richissime **collection Farnèse**, héritée de sa mère, Élisabeth Farnèse, et emportée avec lui lorsqu'il a quitté Parme. Cette collection est ensuite transportée dans le Palazzo degli Studi, devenu en 1777 un musée (l'actuel musée archéologique national de Naples) grâce à Ferdinand IV, qui y ajoute les restes provenant des fouilles de Pompéi, d'Herculanum et de Stabies, auparavant conservés dans le palais royal de Portici.

À l'extérieur du palais de Capodimonte, on confie en 1741 les travaux de réalisation du **bois royal** à Ferdinando Sanfelice. En effet, l'aspect le plus important de ce nouveau palais est son rapport avec la nature environnante. On place la structure en dehors de la ville, dans une localité presque inhabitée où l'on peut modifier le paysage naturel et créer un axe de projection excentrique de la ville, qui dévoile le palais immergé dans le vert du bois.

Dans les mêmes années, le pouvoir réalise d'autres demeures royales aux alentours de la capitale. Ces *Siti reali* (**sites royaux**) ont deux vocations : imprimer la nouvelle présence bourbonienne sur le territoire, et devenir des centres d'activités agricoles plus modernes (cf. « L'agriculture et l'élevage », chap. IV) et des réserves de chasse. La chasse est l'un des attributs principaux de la souveraineté et une authentique passion pour tous les membres de la famille royale. De nombreuses zones, en dehors de Naples, deviennent des domaines de chasse : à l'ouest, l'île de Procida, le bois des

LES ARTS

Astroni, Agnano, Licola et le lac Patria ; au nord, Venafro, Cardito, Carditello, Torre Guevara, le bois de Capodimonte ; sous le Vésuve, Portici et Castellammare. Ce phénomène concerne l'architecture puisque le roi fait construire de véritables demeures royales dans certains de ces territoires, notamment les trois derniers cités. Le **palais royal de Portici** présente deux ailes unies par un corps de bâtiment enjambant la route et formant une vaste cour. Là, on accède aux deux entrées du palais et aux deux parcs, l'un ouvert sur le Vésuve, l'autre sur la mer. Tous les palais construits autour pour héberger les familles nobles présentent cette structure avec une double ouverture, l'une vers le Vésuve, l'autre vers la mer. Ce sont les « **villas vésuviennes** ». Ainsi, les nobles construisent autour de Portici et jusqu'à Ercolano et Torre del Greco des palais somptueux pour être aux côtés de leur roi, en déplacement pour la chasse, et également pour offrir à leurs hôtes ce spectacle du Vésuve et des nouvelles découvertes archéologiques. En effet, aucun noble, dans aucune autre ville européenne, ne peut offrir à ses amis un spectacle aussi beau que cette furie volcanique de la nature, associé au plaisir et à l'émotion d'une ville entière comme Herculanum, revenue à la surface avec tous les instants de vie qui ont accompagné ses derniers jours. C'est justement ce mélange de richesse de l'histoire, de vigueur de la nature et de beauté des paysages qui ont fait construire autour de Portici cent vingt-deux villas par les meilleurs artistes de l'époque (Vanvitelli, Fuga, Gioffredo, Vaccaro et Sanfelice, entre autres). La route qui longe ces édifices a d'ailleurs été nommée le **Miglio d'oro (Mille d'or)**, à partir de la périphérie orientale de Naples (San Giovanni a Teduccio et Barra) jusqu'à Torre del Greco en passant par San Giorgio a Cremano, Portici et Herculanum. Parmi ces villas, on peut mentionner la **Villa Campolieto**, commencée par Mario Gioffredo en 1755 et achevée par Luigi Vanvitelli et son fils Carlo.

La **Villa Ruggiero** est construite par le baron Enrico Petti, puis achetée par Ruggiero (d'où son nom) en 1863. En arrivant au palais par la route, on monte par un escalier, situé à gauche, pour découvrir une grande salle décorée de modèles issus de la peinture romaine. On accède à la terrasse « rococo » où, dans les différents tympans, se trouvent des stucs finement travaillés, et où au centre, selon l'usage courant dans ces villas, trône une statue de saint Janvier qui, la main levée, arrête la lave du volcan (selon la légende populaire, la terrible éruption de 1631 se serait apaisée lorsque les fidèles auraient conduit la statue du saint vers la porte Capuana, qui conduit vers le Vésuve. Depuis lors, le saint protège la

LES ARTS

ville des catastrophes naturelles). C'est que la terrasse offre une vue imprenable sur les pentes du Vésuve.

Une autre villa, construite au XVIIIe siècle par Giuseppe Simioli à Torre del Greco, mérite d'être mentionnée. Elle a hébergé, au cours du siècle suivant, le plus grand poète italien de l'époque, et l'un des plus importants en absolu, **Giacomo Leopardi**. Il était l'hôte de son ami Antonio Ranieri. La villa, ou plutôt le paysage qu'elle offrait, a inspiré en 1836 le plus beau chant jamais écrit en l'honneur du Vésuve : *Le Genêt*. Aussi la villa porte-t-elle aujourd'hui le nom de **Villa des Genêts**.

Mais **c'est surtout à Caserte que Charles manifeste sa volonté de magnifier son pouvoir. Il décide d'y créer une immense demeure royale, loin de Naples, sur le modèle de Versailles en France.** En 1750, il demande à Luigi Vanvitelli de réaliser son **nouveau palais royal**.

Le projet est centré autour d'un axe longitudinal, la route de Naples, menant à l'allée centrale du parc, donc au centre du château, le traversant et arrivant jusqu'à un arrière-plan construit comme un théâtre qui met en scène un jet d'eau. Ainsi, l'escalier principal n'est pas placé au centre, mais sur un côté pour ne pas interrompre la perspective. Le côté plus large, qui surgit face à la route provenant de Naples, mesure 253 mètres de longueur

Le palais royal de Caserte. Ce dessin de l'architecte Luigi Vanvitelli montre le projet original (Dichiarazione dei disegni del Reale Palazzo di Caserta, 1756).

LES ARTS

et 41 mètres de hauteur, sur cinq étages. Il y a 1 217 chambres dans le palais. Ces vastes dimensions ne constituent pas la seule nouveauté architecturale. L'idée originale de Vanvitelli consiste surtout à insérer le palais dans un vaste projet urbanistique : devant la façade principale devait se tenir une large place, autour de laquelle se bâtirait la ville nouvelle. Ce projet n'aboutira pas complètement.

Comme le souligne Cesare de Seta, avec le palais royal de Caserte, **Charles de Bourbon veut s'affirmer comme le dernier protagoniste des ambitions de la monarchie absolue.** Vanvitelli comprend parfaitement cette intention. L'idée du grand axe central qui traverse le bâtiment de l'entrée jusqu'au parc répond à cette exigence de solennité. Elle reprend, d'ailleurs, la conception de la grande rue couverte traversant le palais de Dioclétien à Split, mais la nouveauté de Vanvitelli, comme on l'a précisé, est d'insérer ce projet dans un vaste plan urbanistique. L'axe central conduit directement à Naples, un autre mène à la nouvelle ville conçue par l'architecte tandis qu'un troisième va vers la campagne.

Le pouvoir royal s'occupe également de la modernisation de Naples et du royaume. Dans les premières années de son règne, Charles se consacre à l'**aménagement du port** de Naples afin d'améliorer les échanges commerciaux de la ville, comme nous l'avons vu dans le chapitre consacré à l'économie. Le projet final, daté de 1740, est l'œuvre de l'ingénieur Giovanni Buompiede. D'une part, il agrandit le quai construit par les Angevins afin de protéger le port du sirocco (un vent du Sahara assez fréquent à Naples) et d'y héberger des navires plus importants. Ce quai, comme nous le rappelle Galanti, constitue l'un des lieux préférés des Napolitains pour leurs promenades (cf. « Les sorties en ville », chap. IX). Le nouveau pouvoir fait également paver et élargir la grande artère liant le pont de la Madeleine, c'est-à-dire l'entrée en ville des gens provenant du sud, à la place du marché. D'autre part, il ferme l'ancien port, dit du Mandracchio, qui hébergeait encore de petites embarcations, par un pont sur lequel Domenico Vaccaro construit l'édifice de l'Immacolatella, dans un style baroque typiquement napolitain (ce sera le siège de la *Deputazione di Salute*, cf. « L'exercice du pouvoir et de la justice », chap. III).

Enfin, on effectue des travaux dans la darse et l'arsenal.

Il est évident que les nouvelles constructions voulues par le pouvoir répondent à une fonction économique. À partir de 1743, on imagine l'édification d'un gigantesque bâtiment pour enfermer les pauvres de Naples et les mettre au travail. Ce sera l'**Albergo dei**

LES ARTS

La Deputazione di Salute *et l'entrée dans le port de Naples, dessin d'Antonio Senape (c. 1820)*

Les Greniers, architecture de Ferdinando Fuga, aquarelle, auteur anonyme, XIXe siècle

poveri (Auberge des pauvres) (cf. « Églises et protection sociale », chap. VI). Ferdinando Fuga construit en 1779 dans la périphérie orientale, au-delà du pont de la Madeleine, un autre immense édifice avec une fonction sociale. Il s'agit des **Greniers**, dont **le plan est toujours rigoureusement rectangulaire. Ils servent de greniers publics, d'arsenaux et d'ateliers pour la fabrication de cordes**.

Parmi les travaux urbanistiques de cette période, il faut mentionner la réalisation par Luigi Vanvitelli du **Foro Carolino**, une place, en forme d'hémicycle, construite devant les anciens murs de la ville, sur le Largo Mercatello (l'actuelle place Dante). Le projet est

LES ARTS

important car, d'un côté, il témoigne de la volonté d'englober les anciennes fortifications de la ville dans le développement urbanistique, et d'un autre, parce qu'il vise à célébrer le départ de Charles de Bourbon vers l'Espagne. Le fils de Luigi, Carlo, aménage à partir de 1778 les **jardins publics** de Chiaia (cf. « Les sorties en ville », chap. IX). Sur le modèle des jardins français, il crée cinq allées ornées d'arbres, de fontaines et de grillages recouverts de vignes. Il place deux pavillons symétriques à l'entrée du parc, et un double escalier donnant sur la mer.

LA SCULPTURE

Dans la première partie du XVIIIe siècle, l'œuvre de Domenico Antonio Vaccaro, poursuivant celle de son père, Lorenzo, perpétue la grande saison baroque du XVIIe siècle initiée par Cosimo Fanzago. D'ailleurs, Domenico Antonio Vaccaro reprend des travaux entamés par Fanzago, comme l'obélisque de la place San Domenico. Nous connaissons déjà Domenico Antonio en tant qu'architecte et peintre, mais ce génie multiforme est également un grand sculpteur. Parmi ses réalisations, mentionnons au moins les *Quatre Évangélistes*, réalisés dans la chapelle Saint-Janvier de l'église de la Certosa di san Martino (chartreuse Saint-Martin) ou bien le *Christ mort*, un bas-relief sur l'autel de l'église de San Giacomo (Saint-Jacques), qui sera l'un des modèles de Giuseppe Sanmartino dans la chapelle Sansevero. Dans l'église de Saint-Paul se trouve l'un de ses chefs-d'œuvre, un cycle de bas-reliefs en marbre consacré à l'histoire de la **vie de saint Gaétan**.

L'œuvre de Domenico Antonio Vaccaro sera prolongée à Naples par deux de ses élèves qui réalisent l'une des sculptures primordiales de cette période. Il s'agit de **l'obélisque de l'Immaculée-Conception** sur la place del Gesù (cf. « Églises et protection sociale », chap. VI). Les sculptures de **Matteo Bottigliero** et **Francesco Pagano** révèlent un goût baroque typiquement napolitain, avec les machines et les appareils construits pour les fêtes civiles et religieuses. En raison de l'enseignement de leur maître, les *Histoires de la vie de la Vierge* qu'ils ont créées sur cet obélisque sont loin de l'académisme débutant : **les plis du marbre, les jeux de lumière et d'ombre qui en dérivent donnent l'idée du mouvement et s'inspirent de la vie quotidienne des Napolitains vivant autour de cette place.** Lorsque ces deux sculpteurs doivent représenter les saints sur l'obélisque, leurs chemins prennent toutefois des directions différentes. Bottigliero s'inspire d'un héroïsme dramatique et monumental, comme on peut le voir dans les statues dédiées aux saints Francesco Borgia et Francesco Regis, alors que les statues de saint Ignace et de saint François-Xavier réalisées par Francesco Pagano sont plus sobres.

Les autres grandes sculptures de cette période se trouvent dans la **chapelle Sansevero** (cf. « Les sciences », chap. VII). Elle naît sous la forme d'une petite église de la famille des de Sangro à la fin du XVIe siècle mais c'est au XVIIIe siècle, grâce à l'œuvre du prince Raimondo, qu'elle atteint la splendeur que nous lui attribuons encore aujourd'hui. La petite église est rectangulaire, munie d'une seule nef, et présente quatre grands arcs abritant les différentes chapelles. Raimondo y fait travailler **Antonio Corradini**, l'un des sculpteurs les plus célèbres de son temps. Il réalise, dans la chapelle dédiée à la duchesse Cecilia Gaetani, la mère de Raimondo, une magnifique statue allégorique intitulée *La Pudeur* ou *La Chasteté* : c'est une femme recouverte tout au long de son corps par un voile tellement subtil et transparent qu'il laisse parfaitement voir les traits de son visage et ses formes sensuelles. Elle tient dans ses mains une guirlande de roses, symbole de la fugacité de l'existence humaine. Un autre sculpteur, **Francesco Queirolo**, rend hommage au père du prince Raimondo, Antonio de Sangro, en reprenant ce thème de la finitude humaine. En effet, Antonio, après avoir perdu très tôt sa femme (Cecilia Gaetani), abandonne les joies et les plaisirs de cette Terre pour se consacrer au sacerdoce. C'est la raison pour laquelle la statue est appelée *La Désillusion* ou *La Libération de l'erreur*. L'artiste met en scène un homme pris dans un filet (aussi le peuple de Naples nomme-t-il cette statue *Le Pêcheur*) qui essaie de se libérer en découvrant sa tête ; un jeune homme à ses côtés, symbolisant l'intellect humain, d'une main l'aide et de l'autre lui indique ce bas monde qui jadis l'avait trompé. D'autres artistes, comme Francesco Celebrano, qui réalise le superbe autel de l'église, ou Fortunato Onelli, auteur du *Zèle de la religion*, créent d'importants ouvrages, qui sont autant de mausolées dédiés aux prédécesseurs du prince et à leurs épouses, afin de réaliser une généalogie entière et bien suivie de la maison de Sangro depuis la fondation de cette église. L'œuvre la plus célèbre de la chapelle se trouve au centre de l'édifice, c'est le *Christ voilé* ou le *Christ au suaire,* œuvre de **Giuseppe Sanmartino**. **On se demande encore aujourd'hui comment l'artiste a pu réaliser un portrait du Christ aussi précis alors qu'il le recouvre d'un voile en marbre.** Sur un petit lit en porphyre se trouve un matelas en marbre

LES ARTS

où gît le corps du Christ, sa tête, penchée vers la droite, est entre deux oreillers. Le suaire en marbre laisse parfaitement voir le visage et le corps du Christ, ses muscles, les trous laissés par les clous ; à ses pieds, sur la partie gauche du lit, Sanmartino pose les instruments qui ont servi au supplice, la couronne d'épines, la tenaille et les clous. Même l'esprit déjà « classique » d'un M. de Lalande, qui n'avait pas jugé tout à fait positivement les deux sculptures mentionnées précédemment, en raison de leur caractère trop artificiel, rend ses armes face à ce chef-d'œuvre du baroque : « un ouvrage aussi extraordinaire que les précédents, mais qui fait une des plus belles productions de l'art ; [...] la figure a toute la noblesse que pouvait exiger le sujet ». **La statue, achevée en 1753, est effectivement la plus haute réalisation du baroque napolitain.** Elle synthétise le caractère profond de ce courant artistique. Comme l'affirme Fagiolo dell'Arco, la mort n'est pas interprétée comme la fin des choses, mais comme une métamorphose. **Ainsi la matière elle-même se transforme : le marbre du suaire devient cire dans ses plis et replis sur le corps du Christ.** Il rappelle le rideau berninien tendu entre la vie et la mort. Le *Christ mort*, ainsi que tout le dispositif de la chapelle, n'est pas seulement une réflexion sur la mort, c'est un tombeau plein de vie : le Christ figure la mort, mais aussi la résurrection, la putréfaction mais aussi la vie éternelle. En d'autres termes, la mort même est vue comme un devenir (une métamorphose), et non pas comme la fin des choses. Le baroque exprime le mouvement perpétuel, dont la mort n'est que l'une des facettes (cf. « Une ville poreuse et baroque : le sous-sol », chap. II).

Le chant du cygne de la sculpture napolitaine se trouve dans les magnifiques jardins du palais royal de Caserte, où des statues, représentant des fables bocagères, sont situées entre le vert et les eaux. S'ils répondent rigoureusement au dessein et aux dessins de Vanvitelli, ces nymphes et ces *putti* ne sont souvent que fonctionnels, entièrement dévolus à la construction scénographique. En dehors du parc du palais, leur référence au passé perdrait probablement toute sa vitalité, leur élan en serait arrêté. À part des ouvrages remarquables, comme le groupe représentant l'histoire de Diane et Actéon ou celui de Diane et les nymphes, la plupart des sculptures du parc n'offrent qu'une plate imitation du monde classique. Assurément, en sculpture, la tradition indigène baroque est inégalée.

LES ARTS

LA MUSIQUE

Déjà au XVIe siècle **existent à Naples un grand nombre de conservatoires** – des institutions où l'on étudie la musique – gérés par des religieux, comme par exemple celui de la Pietà dei Turchini. Mais, à partir du siècle suivant, le centre musical devient la chapelle royale, dirigée pendant quelques années par Alessandro Scarlatti. Au début du XVIIIe siècle, le **théâtre San Bartolomeo** est le centre de l'opéra napolitain. Il se trouve à côté de la rue Toledo et du palais royal. Or le petit bâtiment, avec l'avènement de la nouvelle monarchie, ne satisfait plus les exigences et le goût de la société de l'époque et la soif de grandeur des nouveaux rois. C'est pourquoi Charles de Bourbon fait construire le **Real Teatro di San Carlo**.

La structure, dont le projet est l'œuvre de Giovanni Antonio Medrano, est construite en huit mois seulement par Angelo Carasale à côté du palais royal. Elle est inaugurée le 4 novembre 1737 à l'occasion de la fête du roi avec l'*Achille in Sciro (Achille à Skyros)*, composé par Domenico Sarro sur un livret de Pietro Metastasio. Le président de Brosses est présent lors de l'inauguration. Il raconte : « Le roi y vint ; il causa pendant une moitié de l'opéra et dormit pendant l'autre », et il finit avec une belle citation de Molière : « Cet homme assurément n'aime pas la musique ». Son témoignage permet également de comprendre comment un homme de l'époque voit ce bâtiment : « En vérité, nous devrions être honteux de n'avoir pas dans toute la France une salle de spectacle, si ce n'est celle des Tuileries, peu commode et dont on ne se sert jamais. La salle de l'Opéra, bonne pour un particulier qui l'a fait bâtir dans sa maison pour jouer sa tragédie *Mirame*, est ridicule pour une ville et un peuple comme celui de Paris. Soyez bien certain que le théâtre proprement dit de la salle de Naples est plus grand que toute la salle de l'Opéra de Paris, et large à proportion ; et voilà ce qu'il faut pour déployer des décorations ».

L'intérêt du San Carlo ne tient pas seulement à son architecture. Le président de Brosses affirme que « Naples est la capitale du monde musicien ». En effet, à partir de son inauguration, **le théâtre connaît un extraordinaire succès, il est célèbre partout dans le monde pour son architecture et la beauté de ses décorations**. Selon l'*Encyclopédie,* San Carlo constitue le modèle du théâtre moderne. Sa situation, juste derrière le palais royal, confirme que la cour est désormais le centre de toutes les activités culturelles, mondaines et artistiques de la ville.

LES ARTS

Si le théâtre San Carlo représente l'orgueil de la ville, ses productions, qui doivent avant toute chose respecter les goûts du roi et de la cour, ne sont pas particulièrement novatrices. Le théâtre a beau être l'un des centres les plus importants de la musique européenne, il demeure lié au passé, et se limite à offrir des **mélodrames** à ses spectateurs. Le grand librettiste du San Carlo est **Pietro Metastasio**. On y joue exclusivement de l'*opera seria,* **qui présente des thèmes nobles et « sérieux », des histoires exemplaires de héros.** Les intermèdes (qui deviendront ensuite un genre à part, avec l'*opera buffa*) sont définitivement remplacés par les danses, faisant de Naples une des grandes capitales en la matière. En effet, l'activité réformatrice de Metastasio (Métastase en français) consiste, comme l'écrit Michel Noiray, d'une part, à éliminer les scènes comiques de l'opéra, d'autre part à alterner les passages en récitatif et les airs de sortie. On recherche la rationalisation de la forme de l'opéra à laquelle correspond une schématisation des différents états d'âme des personnages : le spectateur assiste à la maîtrise progressive des sentiments des protagonistes. Il est question d'élever la qualité littéraire de ce genre

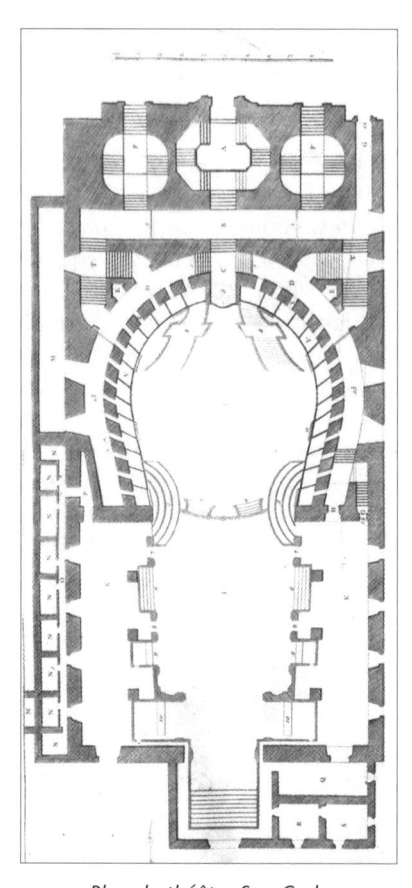

Plan du théâtre San Carlo

Projet pour la nouvelle façade du théâtre San Carlo (1809) par Antonio Niccolini

LES ARTS

Philippe Benoist, Le Théâtre San Carlo *(collection Mancini, Naples, DR)*

en adoptant des idéaux théâtraux classiques déduits de la *Poétique* d'Aristote. On suit la règle des trois unités aristotéliciennes : l'unité de temps impose que l'action se déroule dans un laps de temps circonscrit, vingt-quatre heures, de façon à peu près continue ; l'unité de lieu confine l'action en un seul endroit et ses environs immédiats ; l'unité d'action réduit l'importance des histoires parallèles pour se concentrer sur l'intrigue principale (nous suivons ici les indications de François de Médicis).

Comme le souligne Raffaele Sirri, l'aventure la plus authentique du théâtre napolitain au XVIIIe siècle est toutefois représentée par **l'opéra bouffe (*opera buffa* en italien)** que l'on peut, d'ailleurs, considérer comme une invention proprement napolitaine. Quand on aborde ce genre d'opéra, on désigne en réalité trois choses différentes :
- Des *Intermezzi*, les « intermèdes » des représentations théâtrales « sérieuses », qui, comme on l'a signalé, sont expulsés de l'*opera seria* par l'activité de Metastasio. Pendant le temps d'attente entre les actes, on laissait jouer des personnages comiques.
- Des cantates en langue napolitaine.
- De la *Commedeia pe' mmuseca* (comédie en musique), une pièce entièrement mise en musique en langue napolitaine.

LES ARTS

Étant donné que l'*opera buffa* n'a pas droit de cité au théâtre San Carlo, il fera la fortune d'autres théâtres napolitains, comme le Fiorentini, le Nuovo, le théâtre de la Pace, le Fondo. Ce genre s'est rendu célèbre à cette époque lors de **la mise en scène de *La serva padrona*, d'après un livret de Gennarantonio Federico et une musique de Pergolesi. Le succès en France de cet opéra donne naissance à une éclatante controverse entre les partisans de l'*opera buffa* italien et les tenants de la tragédie lyrique française, passée à l'histoire sous le nom de la « querelle des Bouffons » (1752-1754)**. Alors que l'*opera seria* essaie d'offrir un modèle de vie et de comportement aux classes dominantes, l'*opera buffa* cherche à représenter le réel, les différents aspects du quotidien, et distille une satire sociale. Le sort de leurs auteurs est bien différent : tandis que Metastasio vit, comme un empereur, à Vienne en dirigeant de loin tous les théâtres d'Europe, un auteur d'*opera buffa*, comme Pietro Trinchera, se suicide en prison, où il se trouve probablement à cause des excès de ses pièces. À la différence de l'*opera seria*, l'*opera buffa* ne dispose pas de grandes scénographies, et ne peut compter sur la voix des castrats. L'impossibilité pour l'*opera buffa* d'accéder au San Carlo délimite nettement les espaces entre les deux genres, avec d'importantes différences de mises en scène et une ligne de partage assez visible dans le public. À part quelques nobles qui, presque en cachette, assistent aux spectacles de l'*opera buffa*, la cour ne s'y présente jamais. En revanche, les musiciens de l'époque passent sans problème d'un genre à l'autre. C'est surtout l'emploi du dialecte qui différencie les deux opéras. Comme le fait remarquer Francesco Cotticelli, à partir du XVIIe siècle, Naples connaît une littérature dialectale importante, soit au service d'un patrimoine narratif très ancien, soit par antithèse polémique des manifestations contemporaines de caractère « toscan ». Cette littérature influence le champ théâtral : l'*opera buffa* utilise le dialecte pour les parties chantées et les divers numéros. L'autre grande tradition dramatique qui précède l'*opera buffa* est la *commedia dell'arte*, une forme de théâtre partiellement improvisé, aux personnages typés, de véritables « masques », comme celui, spécifiquement napolitain, de Polichinelle (*Pulcinella* en italien).

LES ARTS

VIES D'ARTISTES

La voix d'ange des castrats (*musici* en italien) constitue la raison déterminante du succès de l'*opera seria*. L'opération a lieu vers l'âge de sept ou huit ans, et, comme l'écrit le président de Brosses, il faut que l'enfant la demande lui-même : la police y a mis cette condition pour la rendre plus tolérable. Comme le rappelle un autre témoin de l'époque, Sara Goudar, les castrats « cessent d'être hommes pour divertir d'autres hommes ». Il est question d'un chant qui ne saurait être celui d'un homme, car il est trop léger et trop aigu, mais il ne peut pas être non plus celui d'une femme, puisqu'il est trop puissant, ni celui d'un enfant, car il est trop virtuose. Leur particularité physique participe du merveilleux que l'opéra veut véhiculer. **Ces êtres brouillent les pistes des genres sexuels et des limites entre l'humain et l'inhumain, car leur voix est unique.** Ils entrent dans un monde légendaire, d'autant qu'ils disparaissent définitivement au XXe siècle.

L'un des plus célèbres d'entre eux est **Carlo Broschi, dit Farinelli (1705-1782)**. Il se forme à Naples au conservatoire de Sant'Onofrio a Capuana et y débute en 1720. Il entame ensuite une extraordinaire carrière internationale qui l'amène à chanter dans les principaux théâtres d'Europe, de Rome à Vienne, de Londres à Madrid, où il devient directeur des théâtres de Madrid et d'Aranjuez. Quand il rentre en Italie en 1759, il se retire à Bologne.

Un autre célèbre castrat de l'époque est **Gaetano Majorano, dit Caffarelli (1710-1783)**. Fils d'un pauvre paysan des Pouilles, il est remarqué par un professeur de musique, Caffaro, qui suggère à son père de le castrer pour rendre sa voix encore plus unique, et en tirer un grand succès économique. Ce même Caffaro (auquel rend hommage le chanteur en se faisant appeler Caffarelli ou Caffarello) l'envoie ensuite à Naples pour étudier chez Porpora qui fait de lui l'un des plus grands chanteurs de son époque, connu dans tous les théâtres d'Europe. Il est célèbre également pour son caractère difficile et hautain. Au numéro 15 du vico Carminiello, on peut encore aujourd'hui voir l'inscription qu'il fit poser sur la porte de sa maison : « Amphyon Thebas – Ego domum. AD MDCCLIV ». Benedetto Croce interprète cette inscription en ces termes : « Amphyon a su tirer derrière lui les murs de Thèbes avec la puissance de son chant doux, de même moi, grâce à

LES ARTS

mon chant, je me suis construit cette maison ». Il était même capable d'en venir aux mains avec ses rivaux ou le public durant les représentations.

Si les castrats se sont intégralement sacrifiés à la musique, car on a transformé leur corps pour un exercice perpétuel de leur art, les chanteuses aussi souffrent de leur appartenance au monde de la musique. Au XVIIIe siècle, elles ne sont plus associées à l'exercice de la prostitution, mais leur métier demeure déshonorant. En dépit de leur succès sur scène, elles restent celles qui « *cantando incantano* » (« enchantent, en chantant »). En effet, un grand nombre de chanteuses sont plus connues pour les liaisons amoureuses qu'elles entretiennent avec des gentilshommes que pour leurs prouesses techniques.

Marianna Benti Bulgarelli (1684-1734), dite La Romanina en raison de son lieu de naissance, se produit à Naples entre 1714 et 1715, et surtout après 1719. Cette année-là, elle est la *prima donna* dans l'opéra *Gli orti esperidi* (musiques de Nicolò Porpora et livret de Metastasio). Mais ce dernier n'a pas signé la pièce et c'est La Romanina qui le convainc de se révéler et de s'adonner intégralement à l'écriture. Elle l'héberge chez elle, où il rencontre tout le monde de la musique napolitaine. En 1724, au théâtre San Bartolomeo, elle chante dans *Didone abbandonata*, que Métastase a écrit pour elle. Elle se produit ensuite dans d'autres théâtres italiens. Quand elle se retire de la scène, elle décide de rejoindre Métastase à Vienne, mais elle meurt durant le trajet.

Celeste Coltellini (1764-1829), fille du librettiste et éditeur Marco Coltellini, commence sa carrière de chanteuse (mezzo-soprano puis soprano) à La Scala de Milan. Elle débute à Naples en 1781 et y demeure jusqu'en 1784 pour devenir la diva de l'*opera buffa*. Elle connaît ensuite un vif succès en Autriche. Quand elle revient à Naples, elle crée le rôle-titre de *Nina, o sia la pazza per amore* qui lui donne la gloire. Elle rencontre alors le banquier suisse Meuricoffre qu'elle épouse en 1792. Devenue madame Meuricoffre, elle quitte les planches et ne chante plus que pour les quelques privilégiés qui fréquentent son salon. Nous sommes désormais à la fin du siècle, et pourtant, une femme devenue respectable par son mariage ne peut plus se produire au théâtre.

LES ARTS

LES ARTISTES

Giuseppe Bonito (1707-1789)

À partir de la moitié du XVIIIe siècle, il est l'un des peintres les plus célèbres de la scène napolitaine. Ses œuvres les plus intéressantes sont les portraits « officiels » des personnages de la famille royale ou de la noblesse napolitaine. Au musée des Offices à Florence, on peut voir son remarquable *Autoportrait*.

Giovanni Carafa, duc de Noja (1715-1768)

On lui doit le premier plan scientifique de la ville de Naples. Cet ouvrage monumental, divisé en 35 feuilles, est le fruit d'un travail de plus de vingt ans. Il est édité et complété en 1775 par Niccolò Carletti, après la mort de son auteur épuisé par la masse de travail fourni et les difficultés rencontrées. Le plan de Naples de Giovanni Carafa, en raison de ses dimensions (4,80 x 2,20 m), de la qualité de la gravure et de la précision des calculs topographiques, représente l'une des grandes entreprises cartographiques du XVIIIe siècle.

Domenico Cimarosa (1749-1801)

Issu d'une famille modeste, il a la possibilité d'étudier au conservatoire Santa Maria di Loreto. Ses opéras, *I tre amanti* (en 1777) et *L'Italiana in Londra* (en 1779) lui confèrent une notoriété internationale. En 1787, il devient maître de chapelle à Saint-Pétersbourg où il reste pendant quatre ans. Après un séjour à Varsovie, il s'installe à la demande de l'empereur Leopold II à Vienne, où il compose son chef-d'œuvre, l'*opera buffa* intitulé *Il Matrimonio segreto (Le Mariage secret)*, sur un livret de Giovanni Bertati. En 1793, il revient à Naples où il est encore nommé maître de chapelle. Ses opéras connaissent un succès retentissant. À la fin du siècle, il adhère à l'expérience républicaine de 1799 en composant un hymne pour la République. Au retour du roi Ferdinand, il est jeté en prison et doit sa vie à l'intervention d'amis influents. Il se réfugie à Venise où il meurt.

Ferdinando Fuga (1699-1782)

Après avoir travaillé à Rome, il se rend à Naples pour réaliser l'Auberge des pauvres. Il y mène d'autres importants projets,

LES ARTS

comme la réalisation de la Villa Favorita à Resina, l'une des plus belles villas vésuviennes du Miglio d'Oro. Son nom est néanmoins surtout associé à des projets d'architecture civile. On se souvient notamment des Greniers qu'il construit à l'entrée orientale de Naples.

Jakob Philipp Hackert (1737-1807)

Après avoir vécu dans les principales villes européennes, il s'installe à Naples au service du roi Ferdinand IV. Ses paysages mettent surtout en scène la force du Vésuve. En qualité de peintre de cour, on lui confie également d'autres projets importants, comme le transfert de la collection Farnèse (la riche collection d'œuvres d'art, notamment d'âge classique, que les Bourbons ont héritée des Farnèse à Parme) de Rome à Naples.

Niccolò Jommelli (1714-1774)

Élève de Durante, de Leo et de Feo au conservatoire de la Pietà dei Turchini, il est l'un des meilleurs musiciens de l'école napolitaine. Il est également très apprécié en dehors du royaume bourbonien : en 1743, il dirige le conservatoire des Incurabili de Venise. Il se rend ensuite à Vienne où il compose cinq opéras admirés par la reine Marie-Thérèse. De là, il va en Allemagne, à Stuttgart, où il vit entre 1753 et 1769. Lorsqu'il revient à Naples, en 1770, il compose l'*Armida* pour le San Carlo.

Thomas Jones (1742-1803)

Gallois, il arrive à Naples en 1778, puis s'y installe entre 1780 et 1783. En 1954, on découvre les pochades qu'il a réalisées lors de son séjour. Il s'agit d'extraordinaires peintures réalistes de la ville de Naples qui ne représentent pas seulement les lieux officiels mais permettent de plonger dans les endroits les plus quotidiens de la ville.

Leonardo Leo (1694-1744)

Il est l'une des colonnes de l'école musicale napolitaine. Il enseigne dans différents conservatoires, la Pietà dei Turchini et Sant'Onofrio a Capuana, et est organiste dans la chapelle royale.

LES ARTS

PIETRO TRAPASSI, dit METASTASIO, en français PIERRE MÉTASTASE (1698-1782)

Il compose son premier mélodrame en 1724, *Didon abandonnée*, qui lui vaut une renommée internationale. Il est le grand librettiste de l'*opera seria* italien. Il domine les scènes européennes depuis son poste de poète impérial à la cour de Vienne qu'il occupe à partir de 1729. Son astre sera obscurci à partir des réformes que **Christoph Willibald von Gluck (1714-1787)** opère sur le drame musical grâce à sa collaboration avec le poète Ranieri de' Calzabigi (*Orfeo ed Euridice*, 1762, est le point initial de cette « réforme »).

GIOVANNI PAISIELLO (1740-1816)

Originaire des Pouilles, il se forme au conservatoire Sant'Onofrio de Naples. Avec Cimarosa, il est le grand compositeur de l'*opera buffa* napolitain. Il est rapidement couronné de succès. En 1776, il est maître de chapelle à Saint-Pétersbourg, où il compose son chef-d'œuvre, *Il barbiere di Siviglia* (d'après *Le Barbier de Séville* de Beaumarchais) qui sera le modèle pour *Les Noces de Figaro* de Mozart et l'opéra éponyme de Gioacchino Rossini. Il retourne à Naples où il compose d'autres grands opéras, comme *Nina* ou *La Molinara*. Les vicissitudes politiques de la fin du siècle l'affectent particulièrement. Après la fin de l'expérience républicaine, à laquelle il avait adhéré, il se réfugie à Paris où il trouve la protection de Napoléon Bonaparte. Il rentre à Naples à l'époque du gouvernement français et y demeure après le retour définitif des Bourbons.

GIOVANNI BATTISTA PERGOLESI, PERGOLÈSE en français (1710-1736)

Génie de la musique très précoce, en 1731, il compose déjà des opéras pour le théâtre San Bartolomeo. Son nom est surtout lié à l'*opera buffa*. En 1732, il compose *Lo frate 'nnamorato* pour le théâtre des Fiorentini et quelque temps après *La serva padrona*, un intermède « bouffon » à l'intérieur de l'*opera seria* intitulé *Il prigioniero superbo*. Dans *La serva padrona*, pour la première fois dans l'histoire de l'opéra, la protagoniste n'est pas une déesse ni une héroïne, mais une vraie jeune femme, Serpina, domestique souriante et rusée, qui parvient à se faire épouser par son patron. Lorsque cet opéra est mis en scène à Paris en 1752, il déclenche une polémique (la « querelle des Bouffons ») dans laquelle les tenants de la musique française ne mettent pas en question seulement l'*opera buffa*, au nom des principes de la tragédie, mais toute la musique italienne. *La serva padrona*, devenue *La Servante maîtresse*, est toutefois largement

LES ARTS

appréciée en France : elle est représentée plus de cent fois à l'Opéra de Paris. Rousseau définit Pergolesi comme « le premier musicien de son temps » ; selon D'Alembert, Pergolesi est en musique ce que Raphaël est en peinture ; Grétry affirme définitivement : « Pergolesi naquit et la vérité fut connue ». Hélas, Pergolesi mourut bien avant toute cette discussion et son succès international. Il n'a pas trente ans quand sa malformation de poitrine le tue. Avant de mourir, il réalise son dernier chef-d'œuvre, le *Stabat Mater,* pour soprano et contralto accompagnés par un quatuor à cordes.

Niccolò Piccinni (1728-1800)

Il naît à Bari, dans les Pouilles, et se rend à Naples pour étudier la musique, sous la direction de Leo et de Durante. Dès qu'il commence à composer des opéras, il devient célèbre, même en dehors de Naples : l'*opera seria Alessandro nelle Indie* est représenté en 1757 au San Carlo et rencontre l'année suivante un vif succès au théâtre Argentina de Rome. En 1760, il devient le compositeur le plus populaire d'Italie, grâce à un opéra qu'il représente à Rome, *La Cecchina (*ou *La Buona figliuola).*

Nicolò Porpora (1686-1768)

Il enseigne le chant au conservatoire Sant'Onofrio où il forme des jeunes hommes qui deviendront de grands interprètes, comme Farinelli et Caffarelli. En tant que compositeur, il poursuit une brillante carrière à Naples, mais aussi à Venise, à Vienne, où il a comme élève Joseph Haydn, à Londres, où il fonde un théâtre, The Opera of the Nobility, et à Dresde.

Ferdinando Sanfelice (1675-1748)

Élève de Francesco Solimena, il est l'un des architectes les plus importants du courant baroque napolitain. Il réalise quelques-uns des plus beaux palais de l'époque, comme celui de sa famille dans le quartier des Vergini ou celui qu'il conçoit pour les Serra di Cassano sur la colline de Pizzofalcone, où il invente le système des escaliers ouverts. Son talent se déploie également dans la réalisation d'appareils éphémères pour les fêtes, civiles ou religieuses.

Giuseppe Sanmartino (1720-1793)

Il représente le point culminant du courant baroque napolitain en sculpture. On lui doit notamment le *Christ voilé* de la chapelle

Sansevero à Naples. Ses sculptures ornent parmi les plus belles églises napolitaines. Il est également l'auteur de remarquables figures (santons) pour les crèches.

Alessandro Scarlatti (1660-1725)

À partir de 1708, il occupe de nouveau à Naples le poste de premier maître de la chapelle royale qu'il conservera jusqu'à sa mort. Pendant plus de dix ans, il fournit des partitions au théâtre San Bartolomeo (par exemple *Scipione nelle Spagne,* avec le livret d'Apostolo Zeno, en 1714). Il compose également des oratorios et des cantates. Sa présence éminente permet à Naples de se hisser dès le début du XVIIIe siècle parmi les tout premiers centres internationaux de théâtre musical. Il a composé plus de cent opéras. Ses créations ont presque toutes été perdues, sauf *Le Triomphe de l'honneur,* qui est néanmoins loin de l'original qu'il avait composé.

Domenico Scarlatti (1685-1757)

Alors que les musiciens de Naples composent surtout des opéras, Domenico Scarlatti, fils d'Alessandro, écrit un grand nombre d'œuvres pour clavecin. On lui attribue 555 sonates.

Gaspare Traversi (actif à Naples entre 1748 et 1776)

Rares sont les informations et les documents sur sa vie. Il est pourtant l'un des protagonistes de la peinture napolitaine au XVIIIe siècle, le plus proche sans doute des idéaux philosophiques des Lumières. En effet, ses tableaux mettent en scène, souvent avec un ton irrévérencieux, les personnages et les milieux de la petite et moyenne bourgeoisie contemporaine.

Pietro Trinchera (1702-1755)

Il est l'un des grands librettistes de l'*opera buffa*. Ses textes présentent des critiques de l'ordre social, notamment des religieux. Il devient ensuite impresario au théâtre dei Fiorentini. Emprisonné à cause des dettes qu'il avait contractées et de sa liberté d'esprit, il se suicide en prison.

Domenico Antonio Vaccaro (1678-1745)

Génie multiforme, il est architecte, peintre et sculpteur, tout comme son père, Lorenzo, qui lui apprend le métier, avant de se

LES ARTS

former à l'école de Solimena. Le maître de son père a été Cosimo Fanzago, l'artiste baroque le plus illustre du XVIIe siècle : nous avons ainsi une généalogie précise de ce courant artistique à Naples.

LUIGI VANVITELLI (1700-1773)

Il est l'un des plus importants architectes italiens du XVIIIe siècle. Fils du peintre hollandais Gaspar Van Wittel, il travaille d'abord à Rome. Comme Fuga, il est appelé à Naples par les Bourbons afin de réaliser des œuvres architecturales visant à redorer l'image de la ville. Il est notamment l'auteur du splendide palais royal de Caserte. Dans son art coexistent tous les éléments de la culture du XVIIIe siècle, du baroque au rationalisme en passant par le goût néoclassique.

LEONARDO VINCI (1690-1730)

Ancien élève du conservatoire Poveri di Nostro Signore Gesù Cristo, il est l'un des premiers compositeurs napolitains à s'imposer en dehors de la capitale du royaume des Bourbons. Il crée en 1722 à Venise *Li Zite 'n galera,* célébré comme le premier chef-d'œuvre de l'*opera buffa,* et en 1730, à Rome, *Artaserse (Artaxerxès),* un *opera seria,* sur un livret de Metastasio. Il triomphe surtout grâce à ses *opere serie* qui mettent en musique les premiers livrets de Métastase (comme *Didon abandonnée,* en 1726, ou *Alexandre aux Indes* en 1729) et le consacrent définitivement comme l'un des premiers grands noms de la musique napolitaine.

LES PRINCIPALES INSTITUTIONS MUSICALES

LES CONSERVATOIRES

Santa Maria della Pietà dei Turchini (1)
Il est créé après Santa Maria di Loreto, et a également au début la fonction d'assistance aux pauvres. Il devient célèbre durant l'âge baroque et surtout lorsque y enseigne Leonardo Leo.

Santa Maria di Loreto (2)
C'est le premier conservatoire fondé à Naples. Il naît en 1537 pour l'assistance aux familles pauvres, et ce n'est qu'au siècle suivant qu'il devient une véritable institution pour l'enseignement

LES ARTS

de la musique. De nombreux grands musiciens y ont enseigné, notamment Francesco Durante, entre 1742 et 1755, qui fonde ce que l'on appelle l'école musicale napolitaine.

Sant'Onofrio a Capuana (3)

Dans ce conservatoire se sont formés quelques-uns des musiciens les plus importants de Naples, comme Giovanni Paisiello, ou des interprètes célèbres, comme Farinelli et Caffarelli, tous deux anciens élèves de Nicolò Porpora.

Poveri di Nostro Signore Gesù Cristo (4)

Ce troisième conservatoire est fondé en 1589. Comme dans les deux précédents, les enfants qui y sont accueillis ne sont dirigés vers l'éducation musicale qu'à partir du siècle suivant. On pense que Pergolesi s'est formé dans ce lieu. Parmi les enseignants les plus célèbres, on doit citer le nom de Francesco Feo, entre 1738 et 1743. À cette date, le conservatoire est supprimé.

San Sebastiano (5)

Le Conservatoire de San Sebastiano, aussi appelé Real Collegio di Musica, est dans un premier temps abrité dans les bâtiments du conservatoire de la Pietà dei Turchini. Pour bénéficier de plus d'espace, il est déplacé en 1808 dans l'église San Sebastiano, d'où son nom. C'est là que Vincenzo Bellini étudia et présenta ses premières œuvres.

San Pietro a Maiella (6)

En 1826, le conservatoire de San Sebastiano intègre enfin les bâtiments de l'ancien couvent des Célestins, une annexe de l'église San Pietro a Maiella. Le conservatoire de Naples s'y trouve encore aujourd'hui.

LES THÉÂTRES

San Bartolomeo (A)

C'est le théâtre « officiel » avant l'avènement des Bourbons. On y produit le mélodrame naissant. C'est ici que, en 1724, on assiste à la première représentation de l'*opera seria,* avec *Didon abandonnée,* sur une musique de Domenico Sarro et un livret de Metastasio. Il est détruit après la construction du San Carlo.

LES ARTS

**LES PRINCIPALES INSTITUTIONS
MUSICALES NAPOLITAINES
(1767-1815)**

☐ **Théâtres royaux**
A. San Bartolomeo
B. San Carlo
C. Fondo

◆ **Théâtres secondaires**
D. Fiorentini
E. Nuovo
F. San Ferdinando
G. San Carlino et Fenice

○ **Conservatoires**
1. Santa Maria della Pietà dei Turchini
2. Santa Maria di Loreto
3. Sant'Onofrio a Capuana
4. Poveri di Nostro Signore Gesù Cristo
5. San Sebastiano
6. San Pietro a Maiella

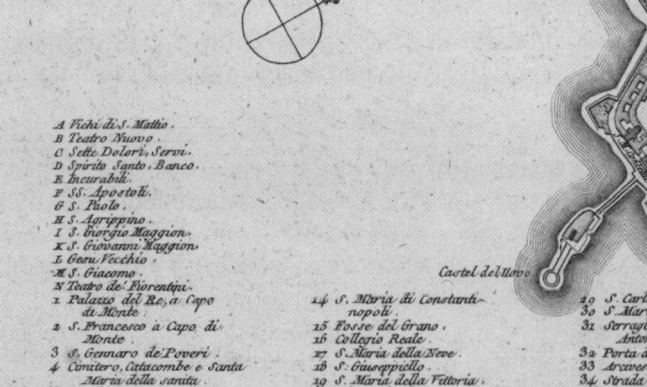

Carte de Naples (vers 1768) avec les principales institutions musicales (d'après une carte élaborée par Mélanie Traversier, Gouverner l'opéra. Une histoire politique de la musique à Naples, 1767-1815, collection de l'École française de Rome, Rome, 2009).

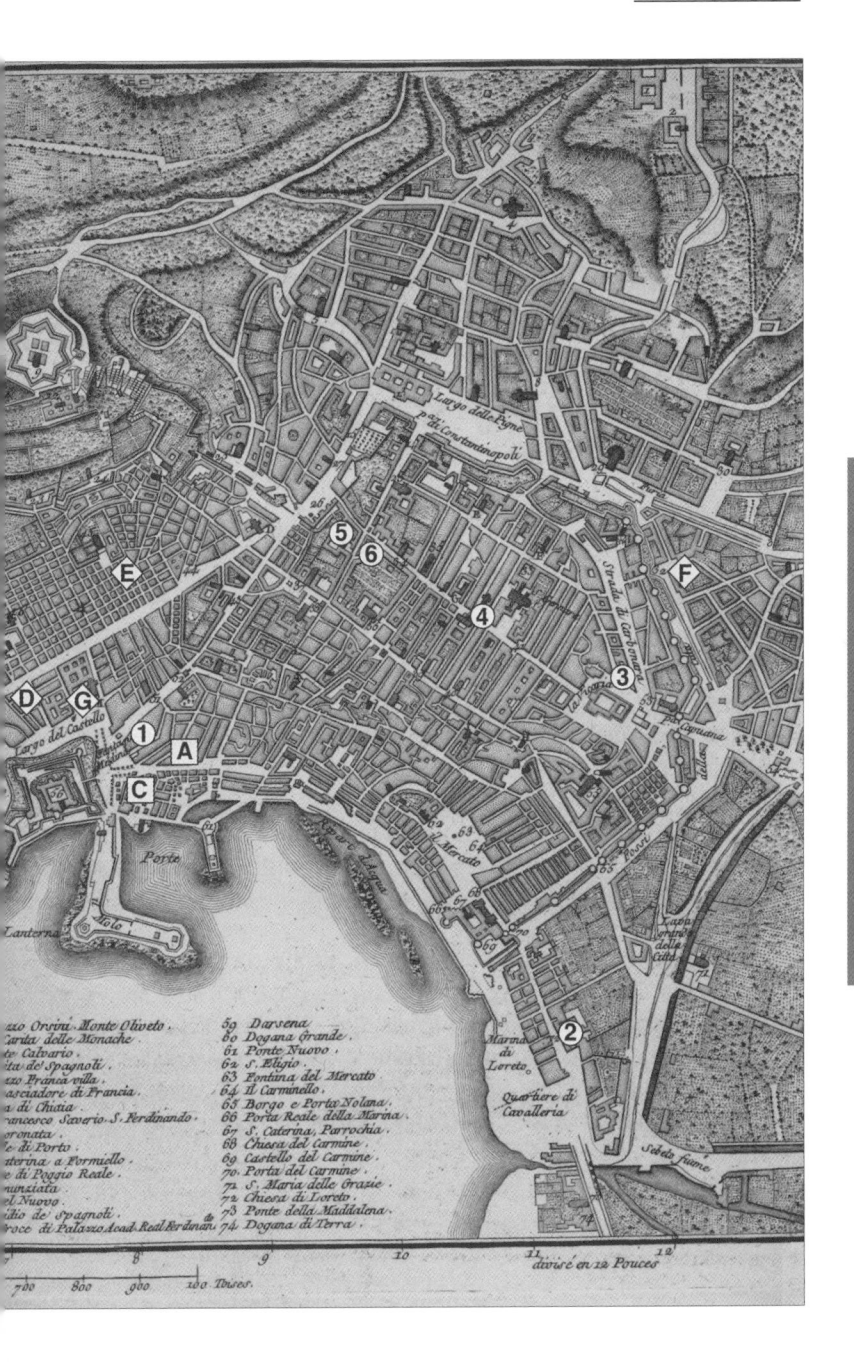

LES ARTS

LES NAPOLITAINS

zzo Orsini Monte Oliveto.
arita delle Monache
to Calvario
ita de' Spagnoli
zzo Franca villa
asciadore di Francia
a di Chiaia
ancesco Saverio S. Ferdinando
oronata
e di Porto
terina a Formiello
e di Poggio Reale
nunziata
el Nuovo
ilio de' Spagnoli
oce di Palazzo Acad. Real Ferdinan.

59. Darsena
60. Dogana Grande
61. Ponte Nuovo
62. S. Eligio
63. Fontana del Mercato
64. Il Carminello
65. Borgo e Porta Nolana
66. Porta Reale della Marina
67. S. Caterina, Parrochia
68. Chiesa del Carmine
69. Castello del Carmine
70. Porta del Carmine
71. S. Maria delle Grazie
72. Chiesa di Loreto
73. Ponte della Maddalena
74. Dogana di Terra

LES ARTS

San Carlo (B) (voir p. 195-197)

Fondo (C)
Avec la confiscation des biens des jésuites, on crée le Fondo di separazione dei lucri. Ce théâtre se nomme ainsi car il est construit entre 1777 et 1778 par le colonel sicilien Francesco Securo, grâce à ces fonds. Il ouvre ses portes au public en 1779 avec l'opéra de Giambattista Lorenzi, *L'infedele fedele*, sur une musique de Domenico Cimarosa. En 1870, il change de nom et est appelé théâtre Mercadante.

Les théâtres « secondaires »

Teatro dei Fiorentini (D)
Il existe depuis le XVIIe siècle, mais devient un théâtre d'opéra au XVIIIe siècle et surtout l'un des lieux les plus célèbres pour les représentations de l'*opera buffa*.

Teatro Nuovo (E)
Œuvre de l'architecte Domenico Antonio Vaccaro, il est construit en 1724 pour offrir un lieu aux représentations de l'*opera buffa*.

San Ferdinando (F)
Il est construit à la fin du XVIIIe siècle dans le quartier du Ponte nuovo et inauguré avec *Il falegname (Le Menuisier)* de Cimarosa.

San Carlino (G)
Il se trouve sur le Largo di Castello. C'est un théâtre populaire.

À ces lieux plus ou moins officiels, il convient d'ajouter tous les autres espaces clos où l'on produit de la culture, comme les salons des palais des aristocrates et surtout les différents théâtres de cour, dans les palais royaux de Caserte, de Naples et de Portici.

IX
LES LOISIRS

Les Napolitains, qui bénéficient d'un climat doux et brillant et jouissent d'une terre très féconde, seraient naturellement avides de fêtes et de spectacles et particulièrement disposés à l'oisiveté et à la mollesse. Le plaisir est leur passion dominante, ils s'y consacrent avec excès. Ils sont gourmands et aiment les joies de la table. Ils s'adonnent quotidiennement à la danse, au chant et à la musique : le peuple utilise assez souvent le tambourin et les castagnettes pour s'amuser. Nous résumons ici les paroles de Giuseppe Maria Galanti – et non celles d'un voyageur étranger friand de folklore et de lieux communs – pour présenter le caractère du peuple napolitain au XVIIIe siècle et introduire à ses loisirs. Nous verrons dans ce chapitre que les Napolitains aiment sortir pour se promener, prendre une glace ou un café. Leurs sorties sont aussi culturelles, ils vont au théâtre pour assister à des spectacles de musique, grâce auxquels Naples acquiert une renommée européenne. Le pouvoir comprend parfaitement le caractère de ses sujets et organise lui-même un grand nombre de fêtes civiles pour manifester sa puissance et organiser le consensus du peuple. En effet, les fêtes ont toujours été un instrument de propagande idéologique, mais sous les Bourbons, elles deviennent, comme le fait remarquer l'historien Franco Mancini qui s'est longuement occupé de la question, une expression institutionnelle du pouvoir. Chaque événement (un mariage, une grossesse, un baptême, un anniversaire ou même des funérailles) devient l'occasion de promouvoir des manifestations durant des semaines, qui donnent au peuple l'illusion de participer au luxe de la cour. Même l'opéra (cf. « La musique », chap. VIII), comme le montre Mélanie Traversier, devient un enjeu politique éminent au XVIIIe siècle.

LES LOISIRS

LES SORTIES EN VILLE

C'est au XVIIIe siècle que les gens prennent l'habitude de sortir pendant leur temps libre pour se promener et se montrer. Les flâneries napolitaines ont souvent pour décor la mer : les Napolitains aiment la longer pour profiter de l'air et du soleil. Les **quais du port** sont aménagés à cette époque pour répondre à ce goût.

Le Castel Nuovo et le môle (dessin d'Antonio Senape, c. 1820) où les Napolitains aimaient se promener. Au fond, on remarque la position stratégique du Castel Sant'Elmo.

La promenade de Chiaia, dessin d'Antonio Senape (c. 1825)

LES LOISIRS

De même, les **jardins de Chiaia**, les Tuileries de Naples, ont été construits par Carlo Vanvitelli sous le royaume de Ferdinand IV. Ils mesurent 2 170 paumes de long et 210 de large. Galanti fait remarquer que c'est le seul lieu de Naples où l'on peut se promener à pied dans la nature. Ces jardins présentent cinq allées (cf. « L'architecture », chap. VIII).

Les trois allées centrales sont destinées à la promenade. Au bout des allées, des bancs en péperin permettent de se reposer. Ces jardins d'une part donnent sur la mer, de l'autre sont fermés par des portails en fer soutenus par des piliers décorés de statues et de fontaines. À l'entrée, des pavillons permettent aux visiteurs de dîner, de prendre un café ou de jouer au billard. Pendant l'été, les jardins sont éclairés la nuit. Galanti nous fait vivre l'atmosphère que l'on devait y respirer à l'époque : il dit qu'**il est impossible de décrire le plaisir que ces jardins procurent les soirs d'été avec une telle illumination, la musique que l'on écoute et la multitude de gens qui s'y promène**. Il évoque aussi les nombreux commerçants qui ouvrent des boutiques pour vendre des « petites choses à la mode ». Selon le témoignage de Saint-Non, c'est à Chiaia que les Napolitains s'adonnent à leurs célèbres danses au rythme du *calascione*, une sorte de guitare en usage parmi le peuple, accompagné d'un tambour.

Calascione Turchesco, gravure XVIIIe siècle

Au milieu du parc, on a installé le *Taureau Farnèse*, que les Bourbons ont porté à Naples avec le reste de la collection de la célèbre famille. L'imposant groupe sculptural en marbre (il mesure plus de quatre mètres de haut) représente une scène mythique où Dircé attachée par sa chevelure aux cornes du taureau est sur le point d'être jetée à la mer du haut d'un rocher. Galanti fait remarquer à juste titre que l'on risque d'abîmer ce monument en le laissant à l'air à côté de la mer. Aujourd'hui, il est conservé au musée archéologique de Naples.

Si le peuple se promène à pied, les nobles adorent aller dans leurs carrosses à côté de la mer, une heure avant le coucher du soleil, ou dans la célèbre rue de Tolède. Les équipages font le luxe

LES LOISIRS

des seigneurs avec des carrosses à quatre ou à six chevaux. La livrée, composée de très beaux hommes, richement vêtus, arbore de longues épées, tandis que celle du maître, en forme de poignard, est portée à la boutonnière par le premier valet de pied. Les dames sont accompagnées, à la promenade, par des *volanti* (des coureurs), si bien que la nuit venue on peut voir de nombreux flambeaux s'agiter devant les carrosses.

Un autre loisir des Napolitains est évidemment la **baignade** : le lieu le plus réputé est le Pausilippe, mais, sur l'autre versant de la côte, dans la partie orientale de la ville, vers le pont de la Madeleine, sont construites en été de petites cabanes pour les bains.

À cette époque, s'affirment également des lieux couverts pour les conversations et les rencontres. **Naples présente un grand nombre de cafés. Les cafés sont pleins de monde toute la journée, on y discute et on regarde les gens passer.** Ils sont la demeure des oisifs : on y parle de tout et de n'importe quoi, on examine les affaires intérieures et la politique étrangère. D'ailleurs, on boit du café tout au long de la journée, sans distinction de classes sociales. Les travailleurs le boivent depuis le matin. Dans les locaux publics, le café a remplacé le vin. Selon les témoignages des voyageurs français, le vin à Naples n'est pas bon, mais ils reconnaissent quand même la qualité du « Lacryma Christi », le vin que l'on produit sur les pentes du Vésuve. À cette époque, commencent également à se développer les **glaciers**. C'est une véritable mode (ainsi qu'un joyeux plaisir) que de manger des glaces durant les flâneries.

Mais on ne se contente pas de goûter les glaces, les sorbets ou du boire de l'eau fraîche quand on se promène. Comme le fait remarquer Jean-Baptiste Nougaret, **on ne peut pas faire dix pas dans Naples sans trouver le moyen de satisfaire son appétit en plein air**. Là se trouvent de grandes chaudières remplies de *macaroni* tout préparés, saupoudrés de fromage, et ornés de petits morceaux de tomates. À côté de la mer, on déguste plutôt des

Marchand de glaces, gravure anonyme française du début du XIXe siècle

LES LOISIRS

fruits de mer, que les marchands de poisson étalent aussitôt qu'ils les sortent de l'eau. On mange sur des petites tables préparées à cet effet ; le pêcheur arrange ses fruits de mer en amphithéâtre, et l'on choisit ce que l'on veut.

Marchands de sorbets et d'une sorte de sucre à barbapapa, gravure d'A. D'Anna

Des femmes s'arrêtent pour boire de l'eau pétillante ou citronnée lors de leur promenade à Chiaia, gravure du XIXe siècle

LES LOISIRS

Beaucoup de spectacles improvisés et ambulants, beaucoup d'amusements et de dissipations accompagnent les promenades des Napolitains, notamment à Largo Castello, la place qui se trouve entre le château angevin et la mer, comme en témoignent les nombreuses scènes que l'on représente dans les crèches napolitaines (cf. « Les "crèches napolitaines" », chap. v).

Vendeur de fruits de mer, aquarelle anonyme (c. 1820)

LES LOISIRS

On peut observer dans cette gravure anonyme française, reproduisant une tarantella, *différents instruments musicaux de la tradition populaire napolitaine, comme la* tammorra *(le tambourin) et le* triccheballacche *(une sorte d'idiophone).*

À côté de ce genre de manifestations, de nombreux prédicateurs religieux font des discours publics (comme le père Rocco, cf. « Le clergé », chap. VI). C'est une autre forme de spectacle : on porte dans les rues une bannière, derrière laquelle est un crucifix ; cette bannière est suivie d'un prêtre en surplis. Il s'approche du môle, l'endroit où l'on se réunit pour les prédications, choisit l'emplacement qui lui paraît convenable et fait un signal. Le porte-bannière s'arrête, et se tient à quelques pas de lui ; le prédicateur monte sur une pierre, ou sur un banc qu'on lui apporte, plante la croix près de lui, et se met à prêcher. Le peuple s'assemble bien vite autour de lui ; tout le monde met le chapeau bas.

LES SORTIES CULTURELLES (MONDAINES ET POLITIQUES)

Au retour des promenades, les Napolitains doivent patienter avant d'assister aux spectacles. D'après Sade, en effet, ils ne débutent à Naples qu'à ce qu'on appelle une heure et demie de nuit, c'est-à-dire environ deux heures après le coucher du soleil. Selon le même auteur, c'est un vide insupportable que les nobles essaient de remplir en se rassemblant et en jouant dans un café. Aussi la soirée finit-elle beaucoup plus tard que partout et, une fois les spectacles terminés, faut-il ou se passer de souper ou revenir très tard manger tristement un morceau, seul chez soi, et se mettre au lit tout de suite après.

Pour la société de l'époque, les sorties au théâtre représentent le loisir le plus apprécié. En effet, il n'est pas seulement le lieu d'une représentation artistique, mais aussi un endroit exquis pour converser et se restaurer. Le théâtre est une sorte de club ou de cercle, que l'on ne rejoint pas nécessairement pour les arts. Dans de nombreux récits de voyageurs étrangers, on exprime des critiques envers cette habitude de parler pendant les représentations à Naples. Samuel Sharp écrit au mois de novembre 1765 : « Certains pensent qu'on pourrait très bien entendre les chanteurs si le public se taisait. **Mais il est tellement à la mode à Naples, comme dans toute l'Italie, de considérer le théâtre comme un lieu de rendez-vous ou de visites que, plutôt que de s'occuper de la musique, tout le monde y jacasse et bavarde.** On peut aisément imaginer comment une foule de plusieurs centaines de personnes parlant à haute voix peut étouffer les voix des chanteurs. J'étais au courant de cette habitude avant de quitter l'Angleterre, mais je n'aurais jamais imaginé qu'elle pouvait arriver à ce point ». Comme le dit Renato Bossa, au théâtre on dîne, on cause, on joue aux échecs soit pour se distraire lors des récitatifs, jugés trop ennuyeux, soit pour se reposer après s'être trop concentrés en jouant, et surtout on y noue des relations. Sharp donne également une explication hautement intéressante de ce phénomène pour comprendre comment les Napolitains organisent leur temps libre : « **Les Napolitains du grand monde se rendent rarement chez les uns ou chez les autres pour des invitations à déjeuner et à dîner : nombreux sont ceux qui se rencontrent uniquement à l'Opéra.** Pour cette raison, ils ne manquent presque jamais de s'y rendre, même si le spectacle a lieu trois soirées d'affilée ou si l'on représente le même opéra pendant dix ou douze semaines sans changer de distribution à l'affiche. Les seigneurs napolitains ont l'habitude de courir d'une loge à l'autre pendant les intermèdes ou même pendant la représentation. Les dames, en revanche, une fois assises ne bougent pas. Pour une dame, la mode est de recevoir les visites dans sa loge, visites qui se prolongent pendant toute la soirée. Un autre soir, la même dame rendra visite à une autre dame, qui reçoit dans sa loge à son tour. **Pendant les entractes la propriétaire de la loge offre des fruits, des glaces et des gâteaux [...]. Non seulement on bavardera à voix haute, mais on jouera aussi aux cartes... ».**

Sortir au théâtre signifie se montrer et voir les autres membres de la haute société. Et c'est aussi l'occasion pour le pouvoir de

Les souverains ont toujours organisé des grandes fêtes dans le palais royal. Dans cette gravure de Vincenzo Re et Giuseppe Vasi, on peut voir l'ornement de la salle du palais royal pour une sérénade, une composition musicale qui se diffuse dans les cours à cette époque, accompagnée d'une petite mise en scène ayant comme sujets des thèmes pastoraux ou mythologiques (Istituto Universitario « Suor Orsola Benincasa », collection Rocco Pagliara, Naples, DR).

manifester sa grandeur. La magnificence du San Carlo exige, en effet, un genre théâtral adapté : l'*opera seria* avec son répertoire mythologique est censé représenter la grandeur et la vertu des souverains (cf. « La musique », chap. VIII). L'architecture, la construction même du San Carlo, sont déjà les sceaux du nouveau pouvoir sur la ville, le premier acte de leur présence, de la nouvelle domination à Naples : le San Carlo est la concrétisation du pouvoir bourbonien. L'art que l'on y représente doit également glorifier le monarque. Le San Carlo est l'espace architectural et scénique où se manifeste et se représente la Couronne. En effet, comme l'a montré d'une manière définitive Mélanie Traversier, au San Carlo se joue « l'histoire d'une identification spéculaire entre la royauté et ce lieu de représentation musicale, fondée sur un double mouvement : la magnificence de la monarchie rejaillit sur le théâtre et le théâtre, élevé au rang de temple royal, se retranche de la ville pour s'intégrer dans l'espace curial replié sur le complexe palatial ». Autrement dit, **lorsqu'on évoque le San Carlo, on ne parle pas seulement de théâtre ou d'architecture, mais surtout de politique, plus précisément de** la façon dont le pouvoir se met en scène pour asseoir son autorité. Le roi trouve dans le théâtre un miroir de sa puissance : c'est lui qui l'a construit et le théâtre porte son nom, et la scène, grâce à l'*opera seria*, ne parle que de lui.

La situation ne change pas avec l'*opera buffa* (cf. « La musique », chap. VIII) qu'on aurait tort de considérer comme un genre destiné exclusivement au peuple et aux bourgeois. Au contraire, le fils de Charles de Bourbon, **le nouveau roi de Naples, le roi « Nasone », Ferdinand IV, change les habitudes imposées par son père. En 1776, il s'échappe du « Théâtre-Roi », le San Carlo, et commence à fréquenter ostensiblement les principaux théâtres secondaires** (*teatri minori* ou *piccoli*) qui programment surtout des *opere buffe*. Charles de Bourbon ne pouvait pas se rendre dans ces théâtres : il n'aimait pas la musique, ne connaissait pas la langue napolitaine, et avait une conception de la majesté trop élevée pour s'abaisser à encourager les goûts du peuple. Il demeure, en somme, attaché au San Carlo, aux *opere serie*, à sa loge royale et à son étiquette. Ferdinand IV, en revanche, aime la musique, il joue même de la *lira organizzata*, une sorte de vielle dotée d'une série de petits tuyaux d'orgue, et parle le napolitain. Tout naturellement, il se passionne pour l'*opera buffa*, il l'écoute et le voit, d'abord, dans les théâtres de cour, puis décide de se rendre en personne dans les théâtres secondaires. Au cours de l'été 1776, Ferdinand IV fait ainsi son entrée solennelle au théâtre Nuovo pour y entendre un *opera buffa* composé par Paisiello. L'abbé Galiani se fait le chroniqueur de cet événement dans une lettre à Mme d'Épinay : « Vous dirai-je que Paisiello nous a donné un opéra bouffon d'une musique tellement supérieure, qu'elle a engagé les souverains à aller à son petit théâtre l'entendre, événement nouveau depuis l'établissement de la monarchie chez nous ? ». Or, Mélanie Traversier nous dévoile le sens de cette nouveauté. Il n'est pas seulement et simplement question des goûts personnels du souverain : « Au-delà de la curiosité réelle de Ferdinand IV pour les comédies réalistes et les farces du quotidien représentées en dialecte napolitain, les sorties royales dans les théâtres secondaires s'intègrent aussi dans un mouvement plus large de captation des espaces et des pratiques de la sociabilité des élites du royaume. D'une part, en fréquentant assidûment le Fiorentini et le Nuovo, le monarque devient le principal point de mire du public des *teatri minori,* qui étaient devenus en 1737 l'espace privilégié de la sociabilité aristocratique et du spectacle de sa suprématie, tandis que le San Carlo célébrait la magnificence royale. D'autre part, au-delà des divertissements proposés dans les théâtres publics, le souverain met sous tutelle les autres usages culturels par lesquels les élites se rassemblaient, notamment les académies théâtrales et musicales et les bals. Ces éléments viennent rappeler symboliquement la subordination de la cour, tout en donnant l'image d'un roi plus proche de ses sujets, car véritablement napolitain ».

Quand les Jacobins napolitains s'emparent du pouvoir en 1799, ils effectuent une tentative analogue pour lier le théâtre au nouveau pouvoir politique qu'ils ont su imposer. Le théâtre San Carlo devient le « Teatro Nazionale », la loge royale est réservée aux nouvelles autorités, doit être surmontée du drapeau tricolore de la République napolitaine et décorée des nouveaux emblèmes de la liberté. Les révolutionnaires pensent, tout comme la monarchie, que la politique doit savoir utiliser la puissance du théâtre pour lier les affects et les imaginations des citoyens au gouvernement. Leur proposition est surtout pédagogique : comme ils doivent transformer la plèbe napolitaine en peuple, le théâtre est avant tout un instrument d'instruction publique. Cette politisation de la scène est de toute évidence un héritage bourbonien, mais avec un sens et une direction différents.

LES FÊTES CIVILES

Sous les Bourbons sont organisées de nombreuses fêtes. Elles ont souvent lieu dans les théâtres, notamment **le San Carlo, qui se transforme alors en une superbe salle de bal**. Il devient une vaste pièce ornée de glaces et de trumeaux, éclairée par un nombre prodigieux de bougies, décorée dans les deux ailes centrales de deux grands corps de musique, et remplie de quatre ou cinq mille masques pour accueillir les bals organisés par la couronne.

Mais le plus souvent, le pouvoir investit toute la ville lors de ses fêtes. La cour et les souverains sortent de leurs espaces réservés et habituels pour se montrer publiquement et rendre visible au peuple leur magnificence. L'organisation des fêtes et la participation aux spectacles, comme on l'a vu dans le chapitre consacré aux théâtres, sont des actes éminemment politiques. Les fêtes occupent même la première place dans le dispositif du gouvernement des Bourbons inspiré de la loi des trois « F » : fêtes, farine et *forca* (potence). Force est de constater que les festivités répondent

LES LOISIRS

d'abord à des exigences politiques, et sont organisées dans un but instrumental, pour manœuvrer les masses populaires en contentant leurs désirs et leurs instincts. Une pléthore de fêtes encombre, en effet, le calendrier à Naples. Il existe des manifestations occasionnelles, souvent liées à la vie de la cour, comme par exemple la célébration du passage en ville de la princesse de Saxe, sœur de la reine, pour laquelle on organise un bal masqué, en avril 1776, auquel assiste le marquis de Sade. Mais à celles-ci il faut ajouter les manifestations cycliques, d'inspiration religieuse, comme le carnaval, la Fête-Dieu, la fête de la Vierge à Piedigrotta (cf. « Les principales fêtes religieuses », chap. V), et les autres fêtes, comme les mariages, les naissances, les baptêmes, les anniversaires, les célébrations politiques.

Tommaso Ruiz, Mât de cocagne réalisé par l'architecte Ferdinando Sanfelice sur le Largo di Palazzo *(la place s'étendant devant le Palais royal)* pour la naissance de l'Infante Royale *(collection privée, DR)*

Le peuple est tellement avide de ce genre de manifestations qu'il en organise d'autres, sans l'appui du pouvoir. Ce sont les *serotine*, des fêtes populaires célébrées presque chaque soir en l'honneur de quelque saint. On y danse, on y boit et surtout on y mange. La nourriture est le véritable élément unificateur des fêtes napolitaines. **La fête pour un Napolitain n'est pas exclusivement un loisir, elle est avant tout l'occasion de bien manger.** D'ailleurs, au XVIIIe siècle, même des fêtes traditionnelles comme les jeux de cirque ou les courses de chevaux n'ont pas grand

LES LOISIRS

succès. Le protagoniste absolu des fêtes napolitaines est **l'arbre de cocagne**, surtout pendant le carnaval (cf. « Les principales fêtes religieuses », chap. V). **Cet arbre n'est pas interprété selon l'usage traditionnel. Il ne s'agit pas simplement d'un poteau savonné dont le sommet offre un prix aux gagnants. Il est plutôt une représentation réelle du bonheur sur Terre, avec ses fleuves de vin et ses montagnes de fromage et de saucisses.** Tous les dimanches de carnaval, on élève un temple ou un amphithéâtre, quelquefois une pyramide en bois décorée et garnie, du haut en bas, de pains, de volailles, de poissons, et d'autres denrées que l'on abandonne au peuple à l'instant du signal que donne le canon du Château-Neuf.

Parfois, on bâtit aussi à Santa Lucia ou à Mergellina des cocagnes aquatiques sur des grandes barques ou des pilotis. Les *lazzaroni* les plus adroits grimpent aussitôt jusqu'au sommet de l'édifice ou nagent rapidement pour conquérir ces « châteaux », et en quelques minutes, il ne reste plus rien. Selon le témoignage du marquis de Sade, une quantité prodigieuse de vivres est suspendue : des oies, des poules, des dindons qui, accrochés encore vivants sur deux ou trois clous, amusent le peuple par leurs mouvements convulsifs. Sur la cocagne, on trouve aussi de la merluche, des quartiers de bœuf, des moutons. Ces fêtes sont données par le roi, mais c'est le public qui les paye car les bouchers, qui fournissent les vivres au cours de cette période, augmentent les prix de leurs denrées.

Le carnaval n'est pas la seule occasion d'ériger des cocagnes. On les installe également pour fêter tous les grands événements, par exemple les différents accouchements de la reine. Pour l'arrivée sur le trône de Naples de Charles de Bourbon, on crée sur la place du palais royal, le Largo di Palazzo (l'actuelle Piazza Plebiscito), une cocagne. Selon Pietro Colletta, cette machine n'a pas dû être construite correctement puisqu'elle s'effondre au cours de la fête, tuant des habitants de Naples. C'est d'ailleurs à cause de la dangerosité des appareils éphémères que les cocagnes sont abolies vers la fin du siècle. Sade nous dit qu'elles sont également le théâtre d'effroyables bagarres entre les participants : « Huit minutes suffisent à la destruction totale de l'édifice ; et sept ou huit morts et une vingtaine de blessés, qui souvent en meurent après, est ordinairement le nombre des héros que la victoire laisse sur le champ de bataille ».

Les fêtes les plus importantes sont toujours accompagnées de **spectaculaires feux d'artifice** dont le but est d'éclairer la ville. Pour cela, des artificiers, guidés par des officiers, et souvent par des ingénieurs militaires, construisent des machines capables de produire des effets pyrotechniques de toutes les couleurs.

Les fêtes napolitaines, comme le rappelle Giuseppe Galasso, rompent surtout le cercle de la misère et de la pauvreté. Ce rite trouve toujours son sommet et sa fin dans le festin : le couronnement, c'est la fin des restrictions auxquelles la vie quotidienne condamne les humbles, la rupture avec l'état d'indigence permanent. C'est pourquoi les grands acteurs de Naples, de la *commedia dell'arte* de Polichinelle jusqu'à Totò, l'un des excellents acteurs de la comédie italienne du XXe siècle, interprètent toujours le moment de la nourriture comme un acte de pillage et, parallèlement, de fête : songeons, par exemple, au film de Totò, *Miseria e nobiltà (Misère et noblesse)*, où l'acteur principal et toute sa famille pillent des plats de spaghettis offerts par des nobles : Polichinelle et Totò représentent le masque éternel de Naples. Lors du carnaval, un seul but commande : la débauche de nourriture propre à la fête. Si la cocagne est l'exception, comme le dit toujours Galasso, l'autorisation de piller l'est également et même davantage : c'est en cela que consiste la transgression. Mais cette transgression, ordonnée par le haut, ne concerne nullement la contestation du pouvoir. Les fêtes n'expriment pas une rupture des frontières de classes, ni une remise en cause de l'ordre établi. Sous les Bourbons, tout particulièrement, elles enregistrent un véritable moment de rencontre entre le souverain et ses sujets. Le marquis de Sade nous dévoile le réel enjeu politique de ces fêtes. Le roi, connaissant l'esprit tumultueux du peuple et la faiblesse de son gouvernement, juge très utile de canaliser ainsi la fureur des masses : « Le roi […] se croit obligé de donner ces fêtes. On lui a fait croire qu'il aurait une révolution s'il abolissait les cocagnes ». Madame Goudar, dans son apparente ingénuité, dit la même chose à propos du carnaval : « Le menu peuple au milieu de ces fêtes a trouvé une ressource à ses maux. C'est ainsi que les bons princes savent concilier les divertissements de leurs sujets avec le bien de l'État ».

Même lorsqu'on renverse la monarchie, en 1799, durant l'expérience de la République parthénopéenne, on essaie de reprendre l'usage de la construction de ces pyramides. Ce seront des « **arbres de la liberté** », que l'on peut considérer comme la dernière manifestation de ces fêtes. L'arbre de la liberté est une redécouverte de la Révolution française. Il puise ses racines dans les traditions populaires, comme l'arbre fleurissant en mai et les arbres de la cocagne, et, plus en amont encore, dans les arbres que l'on consacrait en Grèce aux divinités. À la fin du XVIIIe siècle, un seul rituel est

LES LOISIRS

joint à la cérémonie de l'arbre : il est décoré d'un bonnet phrygien à son sommet et du drapeau tricolore sur son tronc (à Naples, le tricolore est composé de bleu, de rouge et de jaune). Le tronc est aussi orné de guirlandes de fleurs ou d'autres emblèmes faisant référence à la liberté, à l'égalité et à la fraternité. Après avoir érigé l'arbre, ont lieu des discours officiels de la part des autorités, des chants patriotiques, des banquets et la distribution d'aliments et d'argent. À Naples, on érige le 27 janvier 1799 le premier arbre, un pin, sur la place du palais royal, au cours d'une cérémonie solennelle à laquelle participent toutes les autorités politiques, civiles et religieuses. Même la grande statue représentant Jupiter est parée du bonnet phrygien. Dans un court laps de temps, les arbres de la liberté se répandent partout, sur chaque place de la ville. Ils sont hissés comme autant d'autels d'une nouvelle religiosité : on y célèbre des mariages et des baptêmes. C'est aussi la raison pour laquelle ils seront remplacés par des croix ou par des obélisques lors de la contre-révolution.

Durant les fêtes, on n'érige pas seulement des cocagnes, mais également **des machines pyrotechniques ainsi que des arcs de triomphe**. Ce sont de magnifiques décors pour la ville que l'on met en place à l'occasion des diverses célébrations. Tous ces appareils ont une importance considérable d'un point de **vue artistique**. Les plus grands artistes du XVIIIe siècle participent à ces constructions, comme Luigi Vanvitelli et Ferdinando Sanfelice.

Pour accueillir Charles de Bourbon en ville en 1734, Sanfelice réalise, dans un goût typiquement baroque, le décor de l'église San Lorenzo Maggiore. Luigi Vanvitelli, quant à lui, décore le palais royal de Naples pour le mariage de Ferdinand IV et Marie-Caroline.

Luigi Vanvitelli, *Projet d'un appareil pour une fête civile à Naples*

LES LOISIRS

LES JEUX DE HASARD

Dans un livre célèbre, *Le Ventre de Naples* (1884), l'écrivain et journaliste Matilde Serao considère les jeux de hasard comme l'eau-de-vie des Napolitains. Ces derniers ne se corrompent pas à cause de l'alcool, mais plutôt de leur passion pour les jeux, qui les conduisent assez souvent vers leur perte. Serao écrit son livre à la fin du XIXe siècle, et pourtant, comme le fait remarquer Franco Strazzullo, cette passion pour les jeux a déjà une longue histoire derrière elle au point que les différents pouvoirs politiques qui se sont succédé à Naples, à partir de la Renaissance, ont tous essayé d'y mettre un frein. Dès son ascension au trône, Charles de Bourbon publie des décrets pour discipliner et réglementer les jeux de hasard. En 1735, une pragmatique sanction essaie de remédier aux désordres importants qui se déroulent dans les tripots. Mais on ne joue pas seulement dans les lieux publics, on joue aussi chez soi, et même dans les familles aristocratiques. Le *faraone,* la *bassetta,* la *morra* constituent le passe-temps préféré des nobles et des plébéiens.

Dans le jeu de hasard appelé la mourre, un joueur montre rapidement sa main à un partenaire, qui doit deviner le nombre de doigts levés ; ou bien, comme c'est le cas dans cette gravure anonyme française du début du XIXe siècle, deux ou plusieurs joueurs montrent rapidement et simultanément un certain nombre de doigts dressés en criant le chiffre correspondant à leur somme présumée

LES NAPOLITAINS

Le roi se demande même s'il est moralement correct de continuer à garder l'*arrendamento*, à savoir la perception de taxes de l'État sur les jeux. Ses tentatives de réformes échouent, puisque ces jeux, et notamment la loterie, représentent une part trop importante des recettes de l'État pour y renoncer. Avec le successeur de Charles, Ferdinand IV, l'affaire devient encore plus compliquée car le roi en personne se passionne pour les jeux du peuple : Tanucci le surprend à maintes reprises jouant à la *bassetta* avec d'autres courtisans. Un aventurier, Ange Goudar, ami d'un autre aventurier bien plus célèbre que lui, Giacomo Casanova, comprend parfaitement l'état d'esprit des Napolitains et ouvre avec sa femme, Sarah – une Irlandaise ravissante, ancienne domestique dans une brasserie de Londres – un tripot, grâce auquel ils s'enrichissent. Goudar rédige un livre, la *Storia dei Greci, o di quelli che, giocando, correggono la fortuna*, (Histoire des Grecs, à savoir de ceux qui, en jouant, changent leur fortune) dans lequel **il tente d'ennoblir les jeux de hasard en affirmant qu'ils constituent la seule occasion pour les pauvres de corriger la fortune.** Dans ce livre, il explique également le fonctionnement de son entreprise : Casanova lui amène des clients, choisis parmi les touristes de passage à Naples qui logent dans le même hôtel que lui, et les envoie dans leur tripot où ils perdent immanquablement tous leurs avoirs. Une pièce importante dans le dispositif du duo Casanova-Goudar est constituée par Sarah, laquelle, en vertu de sa beauté, de son charme, et de sa disponibilité à s'adonner aux plaisirs, attire également beaucoup d'hommes dans l'affaire. Les manigances du couple s'arrêtent lorsque Ange échoue dans la réalisation de son véritable gros coup. Connaissant l'esprit du roi, son goût pour le jeu et les plaisirs, il essaie de mettre sa femme dans les bras de Ferdinand. Ses agissements sont découverts par la reine et Ange doit quitter aussitôt et pour toujours la ville avec Sarah. Il est question d'un escroc, mais, comme l'affirme Strazzullo, c'est grâce à lui que l'on peut considérer **le loto** comme une autre forme de jeu de hasard. En effet, Ange écrit, dans un ouvrage consacré aux problèmes de Naples, *Naples : ce qu'il faut faire pour rendre le royaume florissant* : « **On dira peut-être que cette loterie n'est pas un jeu de hasard, mais on dira mal, c'en est un dans toutes les règles. La forme seule est différente. Dans les autres jeux on hasarde de l'argent de particulier à particulier ; ici c'est le Gouvernement qui joue contre le public. Exemple funeste qui autorise les sujets à devenir joueurs** ». Goudar indique à juste titre que l'éradication de cette passion malsaine doit s'accompagner d'une radicale réforme des mœurs de toute la société, non pas

LES LOISIRS

seulement de ceux qui jouent ou parient. Étant donné que l'on n'a jamais voulu réaliser une telle réforme, le peuple napolitain continue aujourd'hui de dépenser son argent dans le loto et d'autres jeux de hasard (comme le Bingo, invention américaine).

Un autre historien, Paolo Macry, nous permet de connaître le fonctionnement du loto à l'époque. Le 1er avril 1784, il y a, à Castel Capuano, siège des tribunaux de la ville et d'autres *Deputazioni* (cf. « L'exercice du pouvoir et de la justice », chap. III), le tirage du loto. Un grand nombre de personnes y assiste, dont les plus importantes autorités ecclésiastiques et politiques ainsi que des hallebardiers pour contrôler la situation. Avant le tirage, on célèbre la messe. L'urne est de couleur cramoisie, l'enfant qui doit tirer les billets est habillé en jaune avec un brassard contenant des reliques sacrées. Une des autorités politiques lit à voix haute les quatre-vingt-dix billets, marqués par un numéro et le nom d'une jeune fille, puis elle insère chacun de ces billets dans une petite sphère et met le tout dans l'urne. Celle-ci est bénite par un religieux et prise par d'autres magistrats qui la soulèvent pour la montrer à tout le monde et commencent à la faire bouger jusqu'à ce que l'assistance les arrête. Elle est ouverte et l'enfant en tire cinq numéros qui sont criés puis affichés. Les gens présents dans la salle se portent aux fenêtres pour annoncer le tirage à ceux qui sont restés dans la rue, faute de places. Les jours précédents, les Napolitains ont acheté presque un million de billets dans les différents points de vente en ville, pour une recette d'environ cent mille *ducati*. Si on pense que la population de l'époque est d'environ 350 000 personnes, cela signifie que chaque foyer a acheté dix ou quinze billets. Ce jour-là, la roue de la fortune donne aux gagnants environ quarante mille *ducati*, ce qui permet aux caisses de l'État de gagner, comme d'habitude, une grosse somme. Pour se donner bonne conscience, l'État donne vingt-cinq *ducati* aux cinq jeunes filles pauvres qui étaient associées aux numéros gagnants, afin de leur permettre de se marier. Pour éviter tout risque de fraude, les gérants des points de vente des billets (il y en a plus de cent en ville) notent les mises des joueurs sur des listes qu'ils donnent ensuite à la direction du loto où l'on imprime un billet pour chaque mise. Ces billets sont remis aux gérants des points de vente qui les donnent enfin aux joueurs.

Au début du royaume des Bourbons, il y a neuf tirages du loto chaque année. En 1773, il y en aura déjà dix-huit. Quand ils reviennent au pouvoir, après la période napoléonienne, un tirage par semaine scande la vie des Napolitains. Le loto continuera d'être une véritable « manie » à Naples jusqu'à nos jours.

X
LA VIE PRIVÉE

Deux mouvements, apparemment contradictoires, s'imposent, à l'aube de la modernité, dans la sphère de la vie privée. D'une part, l'État intervient de plus en plus souvent dans l'espace privé des individus, en voulant imposer de nouvelles normes de comportement à propos des mœurs et plus particulièrement de la sexualité, et en prescrivant également de nouvelles rationalités, grâce aux politiques en matière de santé et d'éducation. D'autre part, cette double action sur les corps et sur les esprits débouche sur une volonté plus ou moins consciente, souvent obstinée, de se mettre à part, de s'autonomiser. C'est également l'époque où s'affirme la privatisation, l'individualisation des mœurs, qui à son tour décline petit à petit au profit de la vie familiale : la famille devient un noyau « dur », séparée du reste de la société. Comme l'affirme Philippe Ariès, les espaces sociaux que la conquête de l'État et les reculs de la sociabilité liée à l'appartenance territoriale ou sociale ont laissés libres vont céder la place à l'individu qui s'installe à l'écart, dans les murs de sa demeure. Évidemment, la rigidité de la stratification sociale au XVIIIe siècle dans une grande ville comme Naples impose des distinctions selon les classes. Les nobles y sont encore attachés à la dimension du « paraître », de l'« honneur », comme on le verra dans les paragraphes consacrés aux habitations, au costume et à la parure : en somme, ils tiennent encore beaucoup à des formes de sociabilité « publique ». On peut dire la même chose pour les *lazzari*, à l'autre extrémité de l'échelle sociale (cf. « Les classes sociales », chap. III), qui passent pratiquement toute leur vie dans la rue, aux yeux du tout le monde. Pourtant, les réactions violentes et horrifiées qu'ils suscitent chez les observateurs de la vie napolitaine entre l'époque baroque et les Lumières confirment que les temps sont en train de changer. On ne tolère plus les formes de sociabilité extérieure : l'espace public est dominé par l'État, qui

LA VIE PRIVÉE

intervient directement dans l'éducation des enfants. Les individus se recroquevillent dans le refuge de la famille.

Dans ce chapitre, nous présentons des éléments de la vie privée à Naples au XVIIIe siècle (**habitations, sexualité, femme, hygiène, éducation, alimentation, costume et parure**), en gardant à l'esprit ce changement de la sociabilité, développé par Philippe Ariès, applicable au monde occidental à partir des débuts de la modernité. Malgré des résistances, notamment dans les campagnes et dans les couches sociales « sous-prolétaires » ou aristocratiques, et des retards, on assiste à Naples au remplacement d'une sociabilité anonyme, celle de la rue ou des salons aristocratiques, par une sociabilité restreinte qui se confond avec la famille ou avec l'individu lui-même.

LES HABITATIONS

Les palais des nobles présentent des dimensions considérables. La maison d'une seule famille, même si elle est souvent obligée d'y héberger une grande quantité de parents et surtout de serviteurs et d'autres employés (cf. « Les classes sociales », chap. III), pourrait être utilisée par un régiment. L'abbé de Saint-Non écrit : « **On rencontre [à Naples] de grands et vastes palais richement meublés, mais dont les trois quarts ne sont pas habités** ». Ces palais côtoient les petits appartements du peuple et se trouvent souvent dans les mêmes ruelles étroites, ce qui encore aujourd'hui empêche d'en apprécier toute la beauté (cf. « L'architecture », chap. VIII). Les palais de Naples sont souvent décorés de marbre, un matériau qui s'est imposé depuis l'âge baroque comme le revêtement le plus élégant pour les demeures des nobles.

Pour décrire l'ameublement de ces maisons, on peut se référer aux études d'Adelaide Cirillo Mastrocinque, publiées dans la *Storia di Napoli*. Le mobilier est encore celui du XVIIe siècle, proprement baroque, avec un grand nombre de décorations en ébène. Ce bois n'est pas une invention napolitaine. Il provient d'Afrique ou d'Asie et il est à la base d'une importante activité commerciale, menée par des Portugais, des Hollandais et des Anglais. Il est utilisé pour la fabrication de meubles luxueux car il ne peut pas être taillé ; il est donc décoré de matières précieuses comme l'écaille, l'ivoire, l'argent ou même l'or.

LA VIE PRIVÉE

Ce qui change au XVIIIe siècle, c'est la dimension des meubles. **Le « goût » devient alors une valeur en soi. Un véritable art de l'intérieur s'impose comme idéal d'un nouveau style de vie, signe du passage d'une sociabilité publique à une sociabilité restreinte, centrée sur la famille.** On délaisse les gros meubles encombrants au profit de petits meubles, appelés *boffette* ou *boffettini*, de petits buffets avec un seul grand tiroir, dont la longueur est comprise entre quatre-vingts centimètres et deux mètres : ils sont confectionnés de matières précieuses et n'occupent pas beaucoup de place, mais ils ne sont pas d'une grande utilité. Les lits à baldaquin, toujours très riches, diminuent aussi de volume et prennent des formes plus gracieuses, en éliminant les excès. On retrouve dans les demeures des nobles deux types de chaises : les chaises « meublantes », dont le dossier adhère parfaitement aux murs, et les chaises « courantes », utilisées quotidiennement et donc beaucoup plus confortables.

Chaises en bois sculpté

Toutefois, le mobilier qui concentre toutes les attentions au XVIIIe siècle est la « console », mais aussi les étagères, les piédestaux, les tables basses, en somme tout ce qui permet d'exposer les objets précieux, venus d'ailleurs, ou produits dans les boutiques artisanales de Naples. On y trouve des bijoux, des faïences, des horloges, des statuettes, des crucifix, des vases, des chandeliers,

LA VIE PRIVÉE

des pièces importées d'Orient et des vestiges issus des fouilles archéologiques de Pompéi et d'Herculanum.

Les influences venues d'ailleurs ou du passé s'imposent dans la réalisation d'objets et de produits manufacturés. La Chine et le Japon sont les grands inspirateurs de l'artisanat artistique du XVIIIe siècle. On imite les techniques de ces pays, leurs décorations, le choix des couleurs. De rares individus fortunés possèdent des pièces authentiques provenant d'Orient, tandis que la plupart des Napolitains se contentent de « chinoiseries », des statuettes représentant de jeunes hommes à la peau très claire, des pagodes, des arbres et des fleurs inventés.

Ce détail du boudoir de la reine Marie-Amélie témoigne de la mode orientalisante qui s'impose à l'époque (musée de Capodimonte, Naples)

À l'intérieur des maisons, on peut observer le même changement que l'on a constaté dans les arts (cf. « Le baroque », chap. VIII). **On abandonne les excès baroques pour adopter un style plus classique.** Ce changement est aisément imputable aux découvertes de Pompéi et d'Herculanum. Comme l'écrit Galanti, « les peintures de Pompéi et Herculanum sont à la mode dans la décoration des maisons ».

C'est surtout sous Ferdinand IV que le classicisme devient une manie : tout le monde est à la recherche d'objets évoquant le goût classique.

Un autre mobilier très à la mode est l'écritoire. Certains artisans et ébénistes se consacrent exclusivement à la réalisation de ce genre de meubles. Le « bureau » devient en dialecte napolitain *burò* : on distingue ceux qui adoptent une forme simple (« bureau plat ») et ceux qui présentent des étagères, des tiroirs, même cachés, que l'on appelle « secrétaires ». Dans toutes les maisons importantes de Naples, on trouve aussi des commodes, en italien *cassettoni*. Les artisans napolitains procèdent toujours de la même manière : ils créent leurs objets à partir d'un modèle étranger vu ou

LA VIE PRIVÉE

décrit par leur commanditaire, puis inventent selon leur goût, en rendant tout à fait « napolitaine » leur création. Un grand nombre de miroirs décorent aussi les demeures. Ce sont les Vénitiens qui ont initié cette mode. Au XVIIIe siècle, ils doivent affronter la concurrence étrangère, venue de France, de Bohême et d'Angleterre. Les miroirs présentent une grande variété de formes et de mesures : il y a ceux que l'on tient dans ses mains et ceux qui atteignent le plafond. Ils sont rectangulaires ou ovales. Leur cadre peut être en bois, en bronze, en ébène incrusté d'écaille, de nacre et d'or, en argent. On place les miroirs dans les chambres à coucher, qui sont souvent le lieu où l'on héberge tous les objets précieux.

En ce qui concerne la décoration intérieure, des changements importants surviennent. Selon le témoignage de Galanti, la diffusion du papier peint pour décorer les appartements remplace les fresques ou les tableaux qui jusque-là étaient affichés sur les murs, au grand dam de la peinture locale. Les papiers peints sont en damas de couleur pourpre. Toutefois, les tapisseries, qui connaissent une large fortune ces années-là – tenture, rideaux, tissus pour couvrir les lits, les portes et les fenêtres – sont souvent de couleur claire.

LA SEXUALITÉ

Alors que Charles de Bourbon veut incarner la figure d'un monarque austère et pieux régnant sur une nation moralement solide, l'image de Naples au XVIIIe siècle est celle d'un pays où, malgré le contrôle de l'Église, les mœurs sont totalement débridées. C'est, en vérité, sous la monarchie du fils de Charles, Ferdinand IV, avec les nombreux scandales parsemant la vie de la cour, que Naples acquiert cette réputation universelle. Même le frère de la reine, Marie-Caroline, en visite à Naples, est abasourdi par la vie de débauche qui domine la cour. Ce n'est pas un hasard si la vérole, la maladie sexuelle ravageant la vie de tant de gens depuis des siècles, est appelée le mal « napolitain » (alors qu'à Naples on l'appelle le mal « français »).

Naples se présente comme une nouvelle Babylone parce qu'elle héberge des milliers d'hommes, de femmes et d'enfants, composant la frange pauvre de la population urbaine, sans travail ni domicile, qui vivent sans aucune restriction sexuelle, selon leurs instincts

LA VIE PRIVÉE

corporels. À l'encontre de ces styles de vie pratiqués aussi bien par les aristocrates que par la plèbe, et qui peuvent se confondre même s'ils se réfèrent à des réalités sociales tout à fait antagonistes, les bourgeois, les nouveaux riches, les nobles, commencent à cette époque à pratiquer un art de vivre plus sobre, fondé sur l'**individualisme affectif**. Selon le témoignage de Galanti, seuls les artisans sortent en compagnie de leurs femmes. Même si ce mode de vie se révélera gagnant par la suite, la **courtisanerie**, bien que condamnée extérieurement, représente encore une pratique assez répandue et presque banale. C'est toutefois à cette époque que l'on assiste à un bouleversement important car on fait une distinction entre les femmes « publiques » et les femmes « entretenues ». Les premières sont de véritables prostituées, les autres sont des femmes qui accompagnent plusieurs hommes. L'enjeu, comme le dit Galanti, est la « décence ». Alors que les femmes publiques la mettent en crise, les femmes entretenues conservent les apparences, surtout quand elles sont les maîtresses d'hommes importants. C'est pourquoi on respecte ces dernières, alors qu'on persécute violemment les premières. Les couches sociales « honnêtes », commençant à faire de la famille une valeur, ne s'opposent plus à la débauche au nom de la religion, mais au nom des principes sanitaires. La position de Galanti lui-même est symptomatique : en véritable esprit des Lumières, il affirme que les prostituées doivent être enfermées dans des hôpitaux, sans se poser la question des raisons sociales qui les ont poussées dans la rue. Il est pourtant contraint d'admettre que ces femmes reviennent sur les trottoirs à leur sortie des institutions de réclusion, comme les conservatoires ou les hospices.

Si les formes de libertinage des aristocrates sont tolérées en raison de la limitation du nombre de personnes concernées et de leur importance sociale, on contrôle et on punit de plus en plus sévèrement le libertinage populaire pratiqué par les *lazzari*. Dans ce travail de condamnation, on se réfère moins au danger relatif à la religion qu'aux périls pour la santé et le « décor » de la ville. L'institution de l'Auberge des pauvres constitue une réponse à ces formes d'existence licencieuses : il faut éloigner le spectacle de cette vie débauchée (au sens étymologique du terme) de la vue des gens honnêtes. Depuis des siècles déjà, on confine les prostituées dans certains quartiers de la ville. À Naples, à partir de l'époque aragonaise, c'est dans le quartier nommé « Ponte oscuro », derrière l'Auberge des pauvres, qu'elles se concentrent.

LA VIE PRIVÉE

LA FEMME

Les femmes ne participent pas aux affaires politiques. Elles n'ont aucun droit civil. Seul un bon mariage leur permet d'acquérir une place sociale. Il convient de souligner que le mariage leur donne néanmoins une grande liberté : elles peuvent parler avec qui bon leur semble, sortir dans les lieux qu'elles aiment, et ont la possibilité de s'adresser à un juge pour parler des affaires de leur famille. Les femmes fortunées passent, selon Galanti, tout leur temps au théâtre ou aux bals, ou bien elles jouent aux cartes. Elles ne lisent que des romans, ce qui, selon le même auteur, est le signe de leur manque de culture et de leur frivolité. La **galanterie** domine, en effet, la société de cour napolitaine. Les femmes n'ont toutefois pas le droit d'entrer dans les cafés ni dans le parterre des théâtres, comme elles peuvent le faire à Rome, à Venise, à Florence, à Milan. Après le repas, les femmes nobles ne sortent jamais à pied ni sans leur famille. Le matin, elles portent un châle noir, une mode imposée en Sicile par les femmes catalanes. Souvent, elles l'utilisent pour pouvoir se promener seules et anonymement.

En province, les femmes pauvres travaillent dans les champs avec leurs maris. Elles ne gagnent toutefois presque rien. En réalité, un peu partout à cette époque, les femmes ne perçoivent qu'un maigre salaire pour leur travail.

Le divorce n'existe pas. Pour remédier à cela, les couples peuvent se séparer. Dans la haute société, un nombre important d'hommes et de femmes sont célibataires pour pouvoir s'adonner au **libertinage**.

Les femmes que l'on ne parvient pas à marier connaissent des sorts différents. Les filles de familles riches se retirent dans les monastères alors que celles qui sont nées dans la pauvreté trouvent dans les nombreux conservatoires de Naples un moyen pour trouver un peu de pain. Elles pratiquent la couture et, grâce à cette activité, elles peuvent s'acheter quelques vêtements. **Il y a à Naples quarante-cinq conservatoires pour les femmes**, vingt d'entre eux hébergent chacun plus de cinq mille jeunes filles.

LA VIE PRIVÉE

L'HYGIÈNE

La structure urbanistique de Naples, caractérisée par des ruelles étroites et une énorme population, dépourvue de grands espaces ouverts et manquant d'air et de luminosité, engendre de graves problèmes d'ordre sanitaire. Des odeurs putrides envahissent la ville (cf. « Topographie et population », chap. II). Le XVIIIe siècle est synonyme d'évolution puisqu'on commence à s'interroger sur ces questions et, par exemple, à transférer les cimetières hors de la ville pour une meilleure salubrité (cf. « Églises et protection sociale », chap. VI). Pour faire face à une situation véritablement critique existent des hôpitaux, dont les plus importants sont l'hôpital des Incurables dans le centre de la ville et celui de San Gennaro hors les murs (pour accueillir les malades les plus graves). Mais les pouvoirs créent aussi, surtout au XVIIIe siècle, des institutions d'assistance pour les personnes, dont la plus célèbre est l'Auberge des pauvres (cf. « Églises et protection sociale », chap. VI). Le but est toujours le même : il est question d'isoler les « malades », voire les pauvres, du corps « sain » de la société.

À côté de ces instituts d'enfermement s'imposent également des normes concernant l'**hygiène personnelle** afin d'éviter les maladies. Dans le sillon de William Buchan (médecin écossais, 1729-1805), on parle de « **médecine domestique** » : les gens doivent apprendre, grâce à la lecture des traités de médecine qui, comme celui de Buchan, deviennent « démocratiques », c'est-à-dire compréhensibles pour tous, à se conserver en bonne santé et à prévenir les maladies avec des remèdes simples, notamment avec une bonne hygiène de vie. En réalité, les mentalités n'ont pas encore changé. Seuls les aristocrates et les bourgeois commencent à s'intéresser à cette question. Ce n'est qu'au siècle suivant que la population sera impliquée dans cette prise de conscience de l'importance de l'hygiène personnelle. Rappelons-nous que ce processus ne deviendra effectif en Europe que lorsque l'eau arrivera directement dans les logements.

LA VIE PRIVÉE

L'ÉDUCATION

Comme le dit l'*Encyclopédie,* le terme « éducation » signifie au XVIIIe siècle nourrir, élever et instruire les enfants. Il faut prendre soin de leur corps, former leur esprit par l'éducation morale et leur apprendre des choses utiles. Auparavant, les enfants étaient plutôt abandonnés à leur sort, une partie d'entre eux bénéficiaient d'une institution religieuse pour se former mais la plupart apprenaient la vie à l'école de la rue. **Le programme pédagogique des Lumières est repris par les gouvernements de l'époque afin de soustraire l'éducation morale et l'instruction à la religion et à la rue.** Ce projet extraordinaire signifie également la volonté de la part de l'État de s'introduire dans la vie privée des individus et des familles, et de s'attribuer le rôle que l'Église a joué pendant des siècles. **L'éducation devient un programme de première importance pour les États parce qu'un bon système scolaire implique la création de « bons » citoyens, « utiles » à la société, moins perméables aux idées religieuses et aux influences du milieu social et familial.**

Femme et enfant, aquarelle de M. De Vito (c. 1830)

À Naples, c'est sur le terrain de l'éducation que le pouvoir bourbonien se confronte le plus rudement aux autorités ecclésiastiques. Ce sont les jésuites qui gèrent, en suivant la règle générale qu'ils se sont donnée partout dans le monde, le système de l'instruction et de l'éducation des enfants napolitains. Ils exercent ce rôle jusqu'en 1767, date à laquelle ils sont expulsés du royaume (cf. « L'affrontement État-Église », chap. VI). À partir de là, le pouvoir essaye de s'occuper directement des fonctions scolastiques. Dans un premier temps, il ne peut rien faire d'autre que confier les postes que les jésuites ont laissés vacants à d'autres religieux, choisis par les évêques. Progressivement, le gouvernement tente d'esquisser les lignes d'une politique éducative plus autonome, sans toutefois heurter les susceptibilités des autorités religieuses. Le

LA VIE PRIVÉE

15 décembre 1767, un décret royal ordonne que dans les écoles napolitaines on enseigne :
- La lecture, l'écriture et l'arithmétique ;
- La langue et la grammaire latines et italiennes ;
- La grammaire grecque ;
- La logique et l'art de raisonner ;
- La géométrie ;
- La physique ;
- Les devoirs humains ;
- Le catéchisme chrétien ;
- L'histoire sacrée et profane.

Le vrai problème n'est pas tant l'organisation des études, mais plutôt le corps enseignant. Qui doit prendre la place des professeurs jésuites ? La volonté du gouvernement, notamment de Bernardo Tanucci, de remplacer ces enseignants, témoigne d'une véritable tentative d'instituer une nouvelle école. En suivant les indications de Giuseppe Galasso, on peut dire que l'État met en place **un système d'éducation publique et gratuite, sans discrimination liée aux richesses, présent dans tous les lieux où se trouvaient des écoles jésuites, donc dans toutes les provinces du royaume.** Il s'agit d'un système fondé sur trois niveaux, à l'exclusion de l'université. Le premier niveau est constitué par les « écoles mineures », présentes dans toutes les villes et tous les centres où se situaient des écoles jésuites : Naples, Nola, Sora, Castellammare, Massa, Barletta, Molfetta, Monopoli, Brindisi, Amantea, Paola, Tropea, Monteleone, Reggio, Atri, Sulmona, Modugno, Acerno, Taranto, Campobasso et Latronico. Le gouvernement crée un deuxième niveau, les « écoles majeures », dans dix villes qui sont chefs-lieux de province : Naples, Capoue, Salerne, Bari, Lecce, Cosenza, Catanzaro, Chieti, Matera, L'Aquila. Le troisième et dernier niveau n'est institué qu'à Naples. Le gouvernement fixe aussi les programmes pour ces écoles. Au niveau élémentaire, on apprend la lecture et l'écriture, l'abécédaire et le latin, le catéchisme. Dans les écoles majeures, on enseigne le catéchisme, l'éthique (sur la base du *De officiis* de Cicéron), la philosophie, les mathématiques, la théologie, l'histoire, le grec, le latin, la lecture et l'écriture, l'abécédaire. Le troisième niveau approfondit et articule les enseignements des écoles majeures. On exclut du corps enseignant le clergé régulier. À côté des écoles majeures, on crée un internat, destiné à certaines couches sociales, comme les enfants de nobles appauvris ou les enfants de militaires. À Sorrente, on institue un collège pour les enfants des marins disparus en mer, qui est aussi une école des métiers nautiques. **L'État, comme le démontre**

LA VIE PRIVÉE

Galasso, intervient massivement dans le système éducatif, en y investissant réellement toutes les ressources confisquées aux jésuites. Si Tanucci est le responsable politique de ces importantes réformes, l'inspirateur « théorique » en est sans aucun doute Antonio Genovesi. À Naples, un bruit circule selon lequel Genovesi s'investit dans l'action politique du gouvernement dans ce domaine. En réalité, il n'est pas directement impliqué, mais il inspire cette démarche et s'investit dans la réorganisation du troisième niveau de l'instruction (cf. « La philosophie des Lumières à Naples », chap. VII). Un autre grand intellectuel de l'époque, Ferdinando Galiani, participe de loin aux discussions sur l'école provoquées par l'expulsion des jésuites et les réformes de Tanucci. Sa position témoigne de cette rencontre vertueuse entre l'action politique du gouvernement et le mouvement philosophique des Lumières napolitaines. Tous deux considèrent l'école comme le fondement de la communauté politique et civile. Voici les paroles de Galiani : « L'éducation est la première préoccupation du gouvernement, le premier ressort qui fait bouger toutes les monarchies, le premier besoin. Les jeunes gens sont notre espoir et représentent le renouveau d'une nation. Ils incarnent la postérité, ils sont ceux pour lesquels on fait tout chez nous ; ils sont l'amour et la seule préoccupation de la nature ».

L'ALIMENTATION

L'alimentation, du moins celle que peuvent se permettre les couches aisées de la société, est l'un des aspects fondamentaux de cet **art de vivre** qui s'impose avec la modernité. Ce n'est pas tant la « quantité » des repas qui compte, que leur qualité, la préparation des différents aliments, et surtout la convivialité et la sociabilité qui se créent autour des repas. **L'art culinaire devient un art de vivre, investit la vie privée des gens**, dans la mesure où il ne concerne pas uniquement ce qu'on appelle la gastronomie, mais aussi le plaisir de se réunir autour d'une table et la façon de s'y tenir. Le plus grand chef cuisinier de Naples (et probablement d'Italie) ne donne pas seulement naissance à une fine gastronomie, proprement « napolitaine », il s'occupe également de la façon de préparer les tables, en réalisant une véritable scénographie pour les repas qu'il invente. **Vincenzo Corrado (1736-1836)** écrit *Il Cuoco galante* (*Le Cuisinier galant*) en 1773. Il dédie cet ouvrage au prince

LA VIE PRIVÉE

de Francavilla chez qui il travaille. Il s'agit de Michele Imperiali, qui vit dans l'un de plus beaux palais de Naples, le palais Cellamare, une superbe construction bâtie à la Renaissance et partiellement détruite durant la révolte de Masaniello. Elle retrouve sa beauté au XVIIIe siècle grâce à l'intervention de grands artistes, comme Ferdinando Sanfelice, qui réalise le portail conduisant à l'escalier, ou Ferdinando Fuga, qui construit celui qui mène au jardin. Les salons sont décorés de fresques réalisées, entre autres, par Giacomo del Po. Grâce au prince de Francavilla – « un noble et richissime seigneur, feudataire dans le Royaume et aussi en dehors du Royaume, décoré des titres et des charges les plus importants », selon les dires de Benedetto Croce – ce palais devient l'un des centres de la haute société napolitaine. Le prince y reçoit de grands personnages de ce siècle, comme Giacomo Casanova, les peintres Angelica Kauffmann et Jakob Philipp Hackert, et même Goethe en 1787. Le maître de ces réceptions est Vincenzo Corrado qui, en sa qualité de « contrôleur général de la Bouche », ne s'occupe pas simplement de la préparation des mets, mais aussi, et surtout, de l'organisation des banquets. Dans son ouvrage, il ne se limite pas à présenter des recettes de cuisine, mais consacre un chapitre entier à la « manière de dresser » la table. L'art de la table implique à la fois le goût et la vue, car il est très important de savoir bien placer et bien distribuer les plats sur et autour d'une table. Dans un autre livre, qu'il écrit en 1778 et intitule *Il credenziere di buon gusto*, Corrado explique la façon dont il faut présenter les desserts, « le dernier service, le plus galant, le plus joyeux ». **Il est nécessaire de les décorer avec des fleurs, des fruits, des herbes de saison, et de les colorier ou de les porter à table avec d'autres sortes de décors.** Ainsi, à côté des desserts, on dispose des vases, des terrines, des verres en cristal avec des biscuits, des compotes, de la confiture, des glaces. Au mois de mai, on doit veiller à orner les desserts avec, au centre, la statue du Printemps, habillée d'un manteau fleuri. De face, tout au long du dessert, on place la nymphe Parthénope, couchée sur un rocher. Sur la gauche, afin de compléter l'iconographie napolitaine, est installée l'image du fleuve Sebeto. Le dessert est entouré de roses, espacées par des pyramides ou des colonnes sur lesquelles on répartit des pots de fleurs ou des *putti*. Un rôle fondamental dans ce spectacle des yeux et des papilles est joué par le nombre impressionnant de serviteurs qui ont la charge de porter les plats. Un véritable tourbillon se crée : autour de la table virevoltent des odeurs, des sensations, des hommes, des créations artistiques, voire architecturales puisque les mets sont souvent présentés sur des installations

LA VIE PRIVÉE

à différents niveaux. **Il s'agit d'une chorégraphie sensationnelle, d'un pur spectacle employant souvent plus de cent personnes. C'est justement son art d'organiser les banquets et de créer ce spectacle somptueux qui fait de Vincenzo Corrado un cuisinier « galant ».**

Au XVIIIe siècle, cet art de vivre ne concerne pas le peuple urbain qui mange à n'importe quelle heure du jour hors de chez lui, loin de la table familiale. Naples compte un grand nombre de lieux ou de commerces où l'on mange des fruits de mer ou des macaronis (cf. « Les sorties en ville », chap. IX). Les *lazzari* en particulier vivent et mangent toujours dans la rue (cf. « Les classes sociales », chap. III). Les propos de Jean-Michel Roy sur Paris s'appliquent à Naples : c'est seulement à partir du XIXe siècle que les bourgeois, ne supportant plus de voir les excès des plus démunis dans les tavernes et/ou dans les rues, leur imposent leurs propres modes de vie, comme celui de s'asseoir autour d'une table en famille pour prendre des repas. Il est intéressant aussi de savoir ce que le peuple de Naples mange à cette époque. Pour répondre à une telle question, on peut se référer au texte de Giovanni Aliberti, dans la *Storia di Napoli*. Comme

Mangeurs de spaghettis, aquarelle de M. De Vito (c. 1830)

partout en Europe, la base de l'alimentation est constituée par le blé, dont on tire quatre types de pain : 1) le pain *a rotolo*, le pain blanc de première qualité ; 2) le pain commun de deuxième qualité ; 3) le pain *delli distretti*, le pain blanc que l'on vend aux alentours de Naples ; 4) le pain *dell'assisa*, le pain noir qui est consommé par le peuple. Avec le blé, on élabore aussi l'aliment que l'on consomme quotidiennement à Naples, les macaronis. **C'est, en effet, à cette époque que les pâtes deviennent la base de l'alimentation des Napolitains**. Mais, avant de devenir la marque caractéristique de la gastronomie napolitaine, ce type de nourriture témoigne d'une grave involution du régime diététique des Napolitains. Entre le XVe et le XVIe siècle, l'alimentation de ces derniers se fonde surtout sur la *foglia*, nom générique que l'on donne à toutes les variantes du chou, produit dans les campagnes environnantes. Comme on ne se rassasie pas de ce légume, on l'assaisonne avec des substances

LA VIE PRIVÉE

« grasses », comme l'huile, le lard, le saindoux, ou bien on l'accompagne, si on en a les moyens, avec de la viande, cuite, mise en saucisses ou fumée. Parfois, on peut y ajouter du poisson, sec ou salé (notamment de la morue), du fromage, des fruits. Même les moins riches peuvent manger de la viande, quoique différente de celle des couches aisées. Alors que ces dernières la rôtissent ou la préparent en daube, pot-au-feu ou ragoût, les plus pauvres mangent les morceaux de deuxième qualité, comme les tripes, le foie ou les autres abats. La population de Naples se nourrit à cette époque mieux qu'au cours du siècle qui nous occupe. Son alimentation est jusqu'au XVIe siècle très variée, comprenant des glucides (pain et vin), des protéines (viandes), des lipides, mais aussi des légumes et du poisson. Le régime alimentaire des Napolitains devient plus pauvre lorsqu'il se fonde presque exclusivement sur les pâtes. Les

---

QUELQUES RECETTES DE VINCENZO CORRADO

Comment préparer des oreilles de veau

Oreilles bouillies à la sauce à la menthe
Les oreilles du veau peuvent être bouillies dans l'eau, avec du sel et des herbes, et servies ensuite avec une sauce à la menthe, ou bien avec une sauce tomate.

Farcies au beurre
Blanchir les oreilles de veau dans l'eau, et les remplir ensuite d'une farce aux œufs et aux herbes. Elles seront mises à cuire dans un bouillon clair, assaisonné avec des herbes. Lorsqu'elles sont prêtes à être servies, les recouvrir de sauce au beurre, de jaune d'œuf, et de jus de citron.

Frites, à la parmesane
Faire bouillir les oreilles de veau, les refroidir, les enfariner, les tremper dans l'œuf, dans la panure et le parmesan râpé, et les enrouler. Les frire et les servir chaudes avec du persil.

Dans un ragoût aux champignons
Blanchir les oreilles de veau dans l'eau et les farcir avec une très bonne farce de viande et le gras du veau lui-même, assaisonné avec des herbes, des câpres, du jambon haché et des épices. Elles seront mises à cuire dans un bouillon, et servies avec des champignons.

À la sauce aigre-douce
Bouillir les oreilles de veau dans un bouillon, et ensuite les enfariner, les dorer, les frire. Elles peuvent être servies avec une sauce aigre-douce faite avec du julep et du vinaigre.

LA VIE PRIVÉE

Napolitains deviendront au XVIIIe siècle des *mangiamaccheroni* (des « mangeurs de macaronis ») et non plus des *mangiafoglie* (des « mangeurs de "feuilles" de légumes »). Trois facteurs déterminent ce changement, survenu essentiellement au XVIIIe siècle :
- L'augmentation de la population urbaine : on ne peut plus satisfaire avec des aliments « riches », comme la viande, les besoins alimentaires d'une population extraordinaire comme celle de Naples ;
- L'extension des champs de blé ;
- La diffusion et l'amélioration des techniques de fabrication des pâtes, et plus généralement de l'industrie alimentaire.

Comment préparer du rouget

Les rougets les meilleurs sont ceux qui sont pêchés dans les rochers de mai à octobre.

Rougets rôtis
La meilleure façon de manger les rougets, quand ils sont gros, est de les rôtir, en les laissant précédemment mariner avec de l'huile, du jus de citron, des herbes fines et du sel. Les servir avec cette marinade.

À la « ramolata »
Décortiquer les rougets, les accommoder dans un plat, les recouvrir d'une sauce « ramolata », c'est-à-dire de persil, de câpres, d'anchois, de marjolaine, le tout bien haché et assaisonné avec de l'huile, du jus de citron, du sel et du poivre. Ils seront cuits sur le feu des deux côtés, et servis chauds.

Nature
Les rougets frais bien décortiqués sont enroulés un à un dans du papier, et mis à cuire dans de l'eau avec beaucoup de jus de citron, du laurier, du persil, et du sel. Quand ils sont prêts à être servis, ils sont ouverts et recouverts d'une sauce aux pignons à l'huile, ou bien d'un simple jus de citron avec de l'huile.

En papillote
Après avoir décortiqué les rougets, ils sont placés dans une feuille de papier, assaisonnés avec de la panure, du persil haché, une gousse d'ail, de l'origan, du sel, du poivre, le tout mélangé. Et baignés dans l'huile et le jus de citron. Ils seront cuits au four et servis chauds.

En friture
Frire les rougets, les servir avec un jus de citron, du sel et du poivre, ou bien du verjus.

LA VIE PRIVÉE

LE COSTUME ET LA PARURE

Les courtisans et les membres des grandes familles affichant toujours leur luxe n'ont évidemment rien à voir dans leurs tenues vestimentaires avec les bourgeois endimanchés des fêtes religieuses ou traditionnelles, avec les artisans, ni a fortiori avec les pauvres chemises des *lazzaroni*.

Malgré les contrastes sociaux, les fêtes et la misère, on peut quand même dresser un portrait du costume et de la parure de l'époque, car Naples suit avec ardeur les codes et les diktats de la mode, dictés par la France.

Vestes pour homme (musée San Martino, Naples).
À gauche : sans manches et en soie verte (début du XVIIIe siècle).
À droite : type redingote, en soie.

Pour les hommes, la mode française impose une longue casaque et la perruque. La casaque dérive du justaucorps, une robe très longue qui adhère au corps, avec de grandes basques. On la porte sur un gilet et des pantalons courts terminés sous les genoux. On met des cravates en dentelle, et la chemise dépasse de la veste au niveau des poignets.

Les bas sont blancs et les chaussures à talon. Les perruques sont moins volumineuses qu'auparavant. Les hommes rassemblent les cheveux de la perruque sur les tempes et les nouent avec un ruban derrière la tête. Pour les blanchir, on y applique de la poudre de Chypre. On utilise comme couvre-chef le tricorne. Ce type de mode, imposé par les tenues militaires des Français, se répand dans toute l'Europe au début du XVIIIe siècle. **Pour la première fois**

LA VIE PRIVÉE

et pour longtemps, **les gens sont habillés partout de la même manière, avec les mêmes couleurs**, beaucoup de blanc, de bleu, un peu de jaune et de rouge. En revanche, là où se trouvent des ourlets, on laisse libre cours à son imagination et chaque homme s'amuse à décorer son gilet ou sa veste. Cette généralisation des styles vestimentaires sur le sol européen est une autre confirmation de l'importance des « goûts » personnels, les gens commençant à suivre des modes « internationales » afin d'affirmer leur individualité et de suivre un idéal commun d'art de vivre.

À partir de la moitié du siècle, la mode provenant d'Angleterre, plus décontractée, s'impose en Europe. La casaque devient, en effet, la redingote, issue du terme anglais *riding-coat*, dont on se servait dans les îles britanniques par temps de gel et de pluie, tant à pied qu'à cheval.

Mais c'est **un autre vêtement anglais, le « frac »**, qui impose une modification profonde de la mode masculine. Le frac est d'une seule couleur, souvent noir, ne couvre que la poitrine et se termine à l'arrière par deux longues basques plus ou moins étroites, que l'on appelle la queue de morue. Au-dessous, on porte un gilet blanc ou aux couleurs très vives. Sur ces gilets on applique des « breloques ». Les « culottes » sont claires, serrées, et arrivent aux genoux. Les Napolitains affectionnent particulièrement ce style « négligé », et même les rois, passionnés de chasse, le choisissent. Cette mode ne touche toutefois pas le luxe des livrées, qui restent liées au faste de la tradition. Saint-Non fait remarquer que lors des fêtes données dans les palais napolitains, on peut remarquer « des pages brodés, des laquais richement galonnés, des maîtres d'hôtel qu'on serait tenté de prendre pour les maîtres de la maison ».

Les femmes suivent également la mode venant de Paris. Parmi les modèles officiels, leur habit préféré est la robe à la française, que l'on appelle *andrienne* en italien. La silhouette est de plus en plus mince et présente un large décolleté. La robe est fermée sur une pièce d'estomac richement décorée par de la dentelle, de la broderie ou par une échelle de ruban bouclé. Les manches finissent encore en manchettes larges à la hauteur du coude. La jupe est à « panier ». Lors des cérémonies, les femmes continuent de suivre la mode française, mais dans les autres occasions de la vie, elles se tournent elles aussi vers l'Angleterre et commencent à préférer le confort et la désinvolture. De plus, à cette époque, à Naples, la femme de l'ambassadeur anglais, lady Hamilton (cf. « Le golfe du Cratère », chap. II), est considérée

LA VIE PRIVÉE

comme une référence pour son élégance. Il existe toutefois un trait caractéristique dans les tenues des femmes napolitaines. Elles utilisent, depuis la Renaissance, un grand nombre de fleurs, fausses ou réelles, que l'on vend à chaque coin de rue, pour embellir leur aspect et leurs vêtements. Au XVIIIe siècle, les femmes en ornent leurs têtes, leurs bustiers, ou bien les gardent dans leurs mains. Elles aiment aussi se munir d'accessoires, comme les éventails. Ceux qui sont produits à Naples présentent souvent des sujets mythologiques, des éruptions volcaniques ou des vues du port.

Costumes de Naples et ses alentours, aquarelles de M. De Vito (c. 1830)

LA VIE PRIVÉE

Les femmes portent habituellement le *panno*, **vêtement sans plis ni coutures**, selon la description de l'abbé de Saint-Non, consistant en pièces d'étoffe pliées en carré, posées par-devant et par-derrière, et liées entre elles par une ceinture. Ce costume, qui semble le plus négligé, dit encore Saint-Non, est en réalité très joli, puisqu'il ne gêne aucun mouvement, et n'offense ni la peau ni les formes. Sa simplicité le rend plus susceptible de propreté ; c'est celui qui pare généralement les Napolitaines, parce qu'il dure longtemps et semble neuf jusqu'à la fin. Sa magnificence est dans la finesse du drap, la beauté de sa couleur, et dans les franges qui terminent toutes les lisières et les ceintures.

Les *lazzaroni*, toujours selon le témoignage de Saint-Non, sont vêtus d'une grande culotte et d'une chemise de grosse toile. Ils ajoutent à cela, l'hiver, une capuche d'épaisse laine brune, pluchée à l'intérieur, qui les couvre de la tête jusqu'à la ceinture. Ils marchent pieds nus alors qu'à l'époque, les femmes portent des **chaussures** à talons hauts, souvent en tissu précieux et brodé, et les hommes des chaussures plus simples, généralement noires, avec des boucles en métal ou en argent.

Rubina Cariello, en charge du costume et de la parure pour la grande exposition consacrée à la civilisation du XVIIIe siècle à Naples, nous fait remarquer qu'un changement important a lieu dans les goûts vestimentaires à la fin du siècle. Les femmes ne portent plus le panier, et la ligne de leur costume s'allège. En revanche, elles sont très originales dans leurs coiffures qui deviennent fort volumineuses, décorées de bijoux ou de fleurs artificielles. On pose souvent sur ces coiffures des bonnets en mousseline. Le chapeau est, selon Galanti, la marque de la coquetterie des femmes galantes au XVIIIe siècle : il leur sert à cacher les défauts et à augmenter leur grâce. Les hommes portent le frac, coupé à la taille comme un gilet. Leurs pantalons, très moulants, sont cachés en bas par des bottes. Les vêtements des enfants suivent la mode des adultes. C'est seulement à fin du siècle que leurs tenues se simplifient, conformément au goût provenant d'Angleterre.

ANNEXES

REPÈRES BIOGRAPHIQUES

(par ordre alphabétique)

JOHN ACTON (1736-1811)

Il naît à Besançon, où son père, d'origine britannique, est médecin. Il entame une brillante carrière dans la Marine militaire, d'abord en France, puis dans le grand-duché de Toscane où règne Pierre-Léopold de Habsbourg-Lorraine, frère de la reine de Naples, Marie-Caroline. On suppose que c'est elle qui sollicite son frère pour le transfert de John Acton à Naples. Le royaume de Naples a, en effet, un urgent besoin de réorganiser son armée de mer et on confie la tâche à ce Britannique qui s'occupe non seulement des effectifs militaires, mais aussi de tout le complexe industriel de l'armement, en faisant, par exemple, construire de grands chantiers navals à Castellammare. Selon un nombre important de témoignages, dont celui de Vincenzo Cuoco, il a un caractère froid, sévère. Fort ambitieux, il lie sa destinée à celle de la reine, contre les autres courtisans. Devenu Premier ministre, il parvient, en accord avec Marie-Caroline, à renverser les alliances traditionnelles de Naples. Après la Révolution française, le royaume, en effet, se lie de plus en plus à l'Angleterre et à l'Autriche en combattant farouchement les idées nouvelles. Acton quitte Naples lors de l'avènement de la République, en 1799, et y revient pour participer activement à la contre-révolution. Il part de nouveau quand les Français reprennent le pouvoir en 1806. Il meurt à Palerme en 1811.

FRANCESCO CARACCIOLO (1752-1799)

Napolitain, il entre très tôt dans la Marine du royaume et y fait une carrière brillante. Il se distingue notamment dans la lutte contre les incursions barbaresques. Il est le commandant de la frégate *Minerva*. Quand le roi et la cour quittent Naples à la fin du mois de décembre 1798, il les suit à Palerme. Mais, avec l'éclatement de la

REPÈRES BIOGRAPHIQUES

révolution jacobine, il décide de revenir à Naples au prétexte de questions personnelles. À la surprise générale, il adhère à la République et est nommé général de la flotte. Il combat jusqu'au bout contre l'avancée de l'armée de la Sainte-Foi. Lorsque la République tombe, il est arrêté et conduit sur le bateau de l'amiral Nelson. Considéré comme un traître par un conseil de guerre, il est pendu au grand mât de la frégate anglaise et jeté à la mer. Son corps remonte peu de temps après à la surface, et ses marins qui lui sont restés fidèles lui donnent une sépulture.

JEAN-ÉTIENNE CHAMPIONNET (1762-1800)

Il naît de la relation entre un avocat et une femme de chambre. Comme sa mère l'élève seule, il se destine à une carrière militaire pour subvenir à ses besoins. Mais il se distingue assez vite dans son métier et se fait remarquer par Napoléon, qui lui confie le commandement de l'armée en Italie. C'est ainsi qu'il se retrouve à Naples où la révolution a éclaté. Le comportement des Français envers cette révolution n'est pas toujours correct. Pourtant, Championnet est parmi ceux qui semblent apprécier Naples et sa nouvelle République. Il est d'ailleurs chassé de la ville et remplacé par un autre général, Macdonald, car il se comporte moins en conquérant qu'en révolutionnaire essayant d'aider une autre expérience révolutionnaire.

CHARLES DE BOURBON (Carlos Sebastián de Borbón y Farnesio) (1716-1788)

Il naît du deuxième mariage du roi d'Espagne, Philippe V (1683-1746), avec Elisabetta Farnèse (1692-1766). Don Carlos de Borbon entre en Italie parce qu'il hérite du duché de Parme. Bien que très jeune, il parvient à s'emparer du royaume de Naples lors de la guerre de succession de la Pologne. Il entre à Naples le 10 mai 1734 et y est accueilli avec un grand enthousiasme car le royaume redevient indépendant après deux siècles. Il doit quitter cette ville où il a réalisé d'importants travaux, notamment le palais royal de Caserte et le théâtre San Carlo, parce qu'il est nommé roi d'Espagne, sous le nom de Charles III.

FERDINAND DE BOURBON (Ferdinando Antonio Pasquale Giovanni Nepomuceno Serafino Gennaro Benedetto) (1751-1825)

Comme son nom l'indique, il est un souverain authentiquement napolitain. Il naît à Naples, y est éduqué et y demeure tout au long de sa vie. Il obtient la couronne du royaume alors qu'il n'a

REPÈRES BIOGRAPHIQUES

que 8 ans, après le départ de son père, Charles, pour l'Espagne. Roi de Naples, il sera Ferdinand IV jusqu'à l'éclatement de la révolution en 1799, date à laquelle il doit se réfugier à Palerme. Il revient à Naples à la fin de l'expérience de la République parthénopéenne et devient Ferdinand Ier, roi des Deux-Siciles, puisque le royaume est unifié, même du point de vue administratif. Son long règne est considéré comme un condensé des vices de la monarchie de l'Ancien Régime. Pourtant, derrière le spectacle que ce roi *lazzarone* offre aux visiteurs, sont menés d'importantes réformes et des projets courageux que son gouvernement défend jusqu'à l'explosion révolutionnaire en France. Sa monarchie parvient à fédérer les plus grands philosophes du royaume autour du projet de construction d'une nouvelle machine étatique. Le roi est l'initiateur d'une usine aux visées utopistes, qui prend en compte les exigences, économiques et sociales, des travailleurs à San Leucio, près de Caserte. Ferdinand crée également le musée archéologique de Naples afin d'y exposer les objets découverts à Pompéi et à Herculanum.

WILLIAM HAMILTON (1730-1803)

Diplomate, géologue et collectionneur d'antiquités, il est l'une des figures marquantes de la scène culturelle et politique napolitaine du XVIIIe siècle. Ambassadeur de Sa Majesté britannique à Naples, à partir de 1764, il œuvre pour le rapprochement entre les deux pays. C'est grâce à lui qu'ils signent en 1793 un traité d'alliance contre la France. Cette amitié est renforcée par la liaison de sa ravissante et jeune femme, l'aventurière anglaise **Emma Lyon (connue aussi comme lady Hamilton)**, avec l'amiral Nelson. Le salon de ce couple est une étape incontournable pour tous les artistes de Naples et surtout pour ceux qui y sont de passage. Il est le premier observateur scientifique des phénomènes volcaniques de la région de Naples, comme en témoigne son volume sur les *Champs Phlégréens* (1776-1779). Il recueille un grand nombre d'objets antiques, en particulier des vases. Alors qu'il rentre définitivement dans sa patrie, son navire fait naufrage et il perd une grande partie de sa collection.

EMMA LYON (LADY HAMILTON) (1765-1815)

La beauté d'Emma Lyon, la deuxième femme de William Hamilton, fait sensation à Naples. Goethe écrit à son propos : « Hamilton est une personnalité aux goûts universels. Après avoir

REPÈRES BIOGRAPHIQUES

pérégriné d'un bout à l'autre de la création, il a fini par trouver le repos auprès d'une superbe compagne, chef-d'œuvre de cette grande artiste qu'est la nature. C'est une Anglaise d'une vingtaine d'années. Le vieux chevalier lui a fait tailler un vêtement grec qui lui va à la perfection. Ainsi habillée, cheveux libérés, vêtue de deux châles, elle présente une infinie richesse de pose, d'expression, de regard ; le spectateur finit par avoir l'impression qu'il rêve. Elle est perfection, mouvement, variété enchanteresse, tout ce que les plus grands artistes sont heureux de parvenir à créer [...] ».

MARIE-CAROLINE D'AUTRICHE (1752-1814)

Elle est reine consort des royaumes de Naples et de Sicile. Fille de François Ier du Saint-Empire, empereur, et de Marie-Thérèse, archiduchesse d'Autriche, elle épouse Ferdinand IV en 1768. Elle est considérée comme la vraie artisane de la politique du royaume de Naples qui se distingue, sur le plan intérieur, par sa volonté réformatrice, dans le sillon du despotisme éclairé, et, sur le plan des affaires étrangères, par un nouveau jeu d'alliances qui conduit Naples à renier ses anciens alliés, comme l'Espagne, pour finir dans le camp de l'Angleterre. Marie-Caroline dominerait intellectuellement son mari et ne se priverait pas de le tromper. Pourtant, leur union est fort heureuse puisqu'elle produit dix-huit naissances.

ELEONORA FONSECA PIMENTEL (1752-1799)

Dans un monde d'hommes, elle s'affirme en tant qu'intellectuelle et dirigeante révolutionnaire de premier ordre. Elle étudie le latin, le grec, les mathématiques, les sciences naturelles, elle compose des poèmes. Avec l'avènement de la République, elle dirige et écrit presque toute seule le journal de la révolution, le *Monitore napoletano*. D'origine portugaise, « Lenór » est bientôt tout à fait napolitaine et s'intègre parfaitement dans les milieux intellectuels de Naples et dans la vie quotidienne de la ville. Comme les autres penseurs de sa génération, elle collabore au début avec la monarchie, et devient le poète de cour et la bibliothécaire de Marie-Caroline. Quand elle se rend compte que les Bourbons sont incapables de pratiquer une véritable politique de réforme, elle se tourne vers un discours plus radical. Femme libre, après s'être séparée de son mari, elle devient l'un des chefs des Jacobins de Naples. Elle affronte avec courage la mort sur la place du marché, en même temps que son ami Gennaro Serra.

REPÈRES BIOGRAPHIQUES

GENNARO SERRA DI CASSANO (1772-1799)

Il est issu d'une noble famille napolitaine. Il habite dans l'un des plus beaux palais de Naples, construit par Ferdinando Sanfelice, sur la colline de Pizzofalcone. Très jeune, et malgré ses origines, il adhère aux idéaux révolutionnaires. Durant l'expérience républicaine, il devient l'un des chefs de la Garde nationale. Capturé par l'armée bourbonienne, il est pendu sur la place du marché le 20 août 1799. Face aux gens en délire devant ce spectacle, il aurait dit au prêtre sur l'échafaud : « J'ai toujours lutté pour leur bien et je les vois à présent se réjouir pour ma mort. » Cette phrase résume toute la distance entre les jeunes révolutionnaires idéalistes et le peuple de Naples. Après sa mort, son père ferme le portail de son palais donnant vers le palais royal, en signe de mépris envers la dynastie bourbonienne.

BERNARDO TANUCCI (1698-1783)

Il est, d'abord, professeur de droit à l'université de Pise. Charles de Bourbon le remarque et l'emmène avec lui à Naples. Il entame une prestigieuse carrière dans les sphères du pouvoir de la cour bourbonienne qui le conduira à tous les postes cruciaux (il devient notamment ministre de la Justice et des Affaires étrangères) jusqu'à devenir le personnage politique le plus influent de Naples. Après le départ de Charles pour l'Espagne (en 1759), il est régent, en attendant la majorité de Ferdinand. Marie-Caroline ne supporte plus cette influence et parvient à l'évincer du pouvoir en 1776. Tanucci a lié son nom à la lutte du pouvoir contre les privilèges de l'Église. Il est, par exemple, l'un des principaux partisans de l'expulsion de la Compagnie de Jésus de toutes les terres du royaume (en 1767).

ORIENTATION BIBLIOGRAPHIQUE

Encyclopédies et études à caractère général

G. Galasso, *Il Regno di Napoli. Il mezzogiorno borbonico e napoleonico (1734-1815)*, in Storia d'Italia, vol. XV, tome IV, Torino, Utet, 2007 (Galasso est le plus grand historien italien. Napolitain, il a consacré un grand nombre d'ouvrages à sa ville. Celui-ci offre un panoramique magistral sur la période qui intéresse notre livre).

B. Marin (et *alii*), *Naples,* Paris, Citadelles et Mazenod, 2010 (très beau et très précis).

L. Norci Cagiano de Azevedo, *Napoli. Capitale, giardino, museo nell'Europa del primo Settecento*, Firenze, Il Ventilabro, 1997.

C. Vallat, B. Marin, G. Biondi, *Naples. Démythifier la ville*, Paris, L'Harmattan, 1998.

F. Venturi, *Settecento riformatore,* cinq volumes, Torino, Einaudi, 1969 (il s'agit d'un travail monumental, fondamental pour comprendre l'esprit de ce siècle).

Civiltà del Settecento a Napoli, catalogue de l'exposition qui a investi plusieurs musées de Naples entre décembre 1979 et octobre 1980, Firenze, Centro Di, 1979 (ces deux volumes offrent un tableau complet, avec les interventions des meilleurs spécialistes de la civilisation napolitaine au XVIIIe siècle).

Società editrice Storia di Napoli, *Storia di Napoli,* Napoli, ESI, 1975-1981 (c'est la grande encyclopédie avec les contributions des plus grands spécialistes consacrée à l'histoire de Naples, des origines jusqu'au XXe siècle : pour notre étude, nous avons consulté le volume VII, sur l'histoire du XVIIIe siècle, et le volume VIII, sur les arts à la même époque).

Storia e civiltà della Campania. Il Settecento, a cura di Giovanni Pugliese Carratelli, Electa Napoli, 1994.

BIBLIOGRAPHIE

Regno delle Due Sicilie, tomo I, *Real Città di Napoli (1734-1860),* con un saggio di Anna Maria Rao, Milano, Franco Maria Ricci, 1996.

Dictionnaire européen des Lumières, sous la direction de Michel Delon, Paris, PUF, 1997.

Histoire

H. Acton, *Les Bourbons de Naples (1731-1825),* traduit de l'anglais par J. Georgel, Paris, Perrin, 1986.

M. Battaglini, *La Repubblica napoletana. Origini, nascita, struttura,* Roma, Bonacci, 1992.

—, *La rivoluzione giacobina del 1799 a Napoli,* Firenze, D'Anna, 1973.

P. Colletta, *Storia del Reame di Napoli,* a cura di A. Bravo, Torino, UTET, 1975.

B. Croce, *La rivoluzione napoletana del 1799. Biografia – Racconti – Ricerche,* Napoli, Bibliopolis, 1998-1999.

V. Cuoco, *Essai historique sur la révolution de Naples,* traduit de l'italien par A. Pons, Paris, Les Belles Lettres, 2004 (c'est un livre fondamental pour comprendre le rôle de la religion à Naples et les causes de l'échec de la révolution de 1799).

C. De Seta, *Storia della città di Napoli,* Roma-Bari, Laterza, 1973.

G. Galasso, *Napoli capitale. Identità politica e identità cittadina. Studi e ricerche 1266-1860,* Napoli, Electa, 2003.

—, *Intervista sulla storia di Napoli,* a cura di P. Allum, Roma-Bari, Laterza, 1978 (cet échange entre deux grands historiens permet à la fois de problématiser et de résumer l'histoire millénaire de Naples).

A. Prosperi, *Tribunali della coscienza. Inquisitori, confessori, missionari,* Torino, Einaudi, 1996.

Voyages à Naples

Charles de Brosses, *Lettres familières écrites d'Italie en 1739-1740,* Paris, Didier, 1858.

Vivant Denon, *Voyage au Royaume de Naples,* Paris, Perrin, 1997.

BIBLIOGRAPHIE

Alexandre Dumas, *Les Deux Révolutions. Paris (1789) et Naples (1799)*, traduit de l'italien par Jean-Paul Desprat et Philippe Godoy, préface de Claude Schopp, Fayard, Paris, 2012, il s'agit de l'*Histoire des Bourbons de Naples*, que Dumas avait rédigée seulement en italien.

—, *Le Corricolo,* Bruxelles, Hauman et Cie, 1843.

Jérôme de La Lande, *Voyage d'un françois en Italie, fait dans les années 1765 et 1766, contenant l'histoire et les anecdotes les plus singulières de l'Italie et sa description, les mœurs, les usages,* Venise, 1769.

Donatien Alphonse François de Sade, *Voyage à Naples* (1776), Paris, Rivages poche, 2008.

Jean-Claude Richard de Saint-Non, *Voyage pittoresque ou description du royaume de Naples et de Sicile,* Paris, 1781-1786.

Samuel Sharp, *Letters from Italy, describing the customs and manners of that country, in the years 1765 and 1766,* London, s.d.

Italie : anthologie des voyageurs français aux XVIIIe et XIXe siècles, chronologie, notices biographiques, bibliographie établies par Y. Hersant, Paris, Laffont, 1988 (très bien fait, très utile).

Économie

P. M. Doria, *Del commercio del Regno di Napoli* in E. Vidal, *Il pensiero civile di P. M. D. negli scritti inediti. Con il testo del manoscritto « Del commercio del Regno di Napoli »,* Milano, 1953.

G. M. Galanti, *Della descrizione geografica e politica delle Sicilie,* Napoli, 1786-1794.

—, *Breve descrizione di Napoli e del suo contorno,* Naples, 1792 (nous avons beaucoup utilisé ces deux ouvrages de Galanti, aussi dans la partie consacrée à la géographie).

R. Romano, *Le Commerce du Royaume de Naples avec la France et les pays de l'Adriatique au XVIIIe siècle,* Paris, Armand Colin, 1951.

—, *Napoli : dal Viceregno al Regno. Storia economica,* Torino, Einaudi, 1976 (texte fondamental sur l'économie méridionale avec beaucoup de données).

G. Tomasi di Lampedusa, *Le Guépard,* traduit de l'italien par Jean-Paul Manganaro, Paris, Seuil, 2007.

F. Venturi, « Un bilancio della politica economica di Carlo di Borbone. L'economia del commercio di Napoli di Giovanni Battista

BIBLIOGRAPHIE

Maria Jannucci », in *Rivista storica italiana*, année LXXXI, fasc. IV, Napoli, Edizioni Scientifiche Italiane, 1969, p. 882-902 (Venturi analyse dans cet article un témoignage fondamental sur l'économie du royaume, c'est-à-dire le travail, resté inédit, sur **l'économie et le commerce à Naples, de Giovanni Jannucci**, président du Supremo Magistrato di Commercio entre 1763 et 1770).

G. VERGA, *Rosso Malpelo*, in *Cavalleria rusticana et autres nouvelles*, traduit de l'italien par G. Luciani, Paris, Gallimard, 1996.

P. VILLANI, *Mezzogiorno tra riforme e rivoluzione*, Bari, Laterza, 1962

—, *Feudalità, riforme, capitalismo agrario*, Bari, Laterza, 1968.

I. ZILLI, *Carlo di Borbone e la rinascita del Regno di Napoli. Le finanze pubbliche 1734-1742*, Napoli, Edizioni Scientifiche Italiane, 1990 (très riche et documenté).

Géographie

G. BRANCACCIO, *Geografia, cartografia e storia del mezzogiorno*, Napoli, Guida, 1991.

G. CARAFA, Duca di Noja, *Lettera ad un amico contenente alcune considerazioni sull'utilità e gloria che si trarrebbe da una esatta carta topografica della città di Napoli e del suo contado*, Naples, 1750 (on trouve ce texte sur Internet, mais aussi dans le livre de C. de Seta, *Storia della città di Napoli*, Roma-Bari, Laterza, 1973).

N. CARLETTI, *Topografia universale della città di Napoli in Campagna Felice e note enciclopediche storiografiche*, Napoli, Stamperia Raimondiana, 1776.

J.-F. COULAIS, P. GENTELLE, B. MARIN, C. VALLAT, *Naples, le Vésuve et Pompéi*, Paris, Belin, 2003 (livre et cd-rom).

STRABON, *Géographie*, tome III, livres V-VI, texte établi et traduit par F. Lasserre, CUF, Paris, Les Belles Lettres, 1967.

Les fureurs du Vésuve ou l'autre passion de Sir William Hamilton, présenté par Carlo Knight, Découvertes Gallimard Albums, Paris, 1992 (livre magnifique).

Vesuvio, a cura di Atanasio Mozzillo, Napoli, Di Mauro, 1994 (c'est un livre érudit et très beau).

BIBLIOGRAPHIE

Vie quotidienne

R. Bouvier et A. Laffargue, *La vie napolitaine au XVIIIe siècle. Prélude au voyage à Naples,* Paris, Hachette, 1956.

B. Croce, *Un paradiso abitato da diavoli,* a cura di Giuseppe Galasso, Milano, Adelphi, 2006.

P. Macry, *Giocare la vita. Storia del lotto a Napoli tra Sette e Ottocento,* Roma, Donzelli, 1997.

F. Mancini, *Feste ed apparati civili e religiosi in Napoli dal Viceregno alla capitale,* Napoli, 1968 (c'est un livre monumental, y compris par la taille, une véritable mine pour connaître les fêtes napolitaines de l'époque).

F. Strazzullo, *I giochi d'azzardo e il lotto, in Id., Napoli. I luoghi e le storie,* Napoli, Guida, 1992, p. 169-220 (tout le livre est particulièrement intéressant car l'auteur nous offre, à partir des lieux, un panorama de la vie à Naples à travers les siècles).

Histoire de la vie privée, sous la direction de Ph. Ariès et Georges Duby, tome III, *De la Renaissance aux Lumières,* volume dirigé par Roger Chartier, Paris, Seuil, 1986.

Naples. Le paradis et les diables, dirigé par Colette Vallat, éditions Autrement – Série Monde, HS n° 74, 1994.

Philosophie

Aporie napoletane. Sei posizioni filosofiche, Napoli, Cronopio, 2006.

F. Albergamo, A. Gargano, *Il pensiero filosofico e scientifico nell'età moderna,* Napoli, La Città del Sole, 2006.

W. Benjamin (avec A. Lacis), *Naples, in Id., Images de pensée,* traduit de l'allemand par J.-F. Poirier et J. Lacoste, Paris, Christian Bourgois, 1998, p. 7-23.

G. Deleuze, *Le pli. Leibniz et le baroque,* Paris, Minuit, 1988 (fondamental pour comprendre le concept du baroque).

M. Foucault, *Surveiller et punir. Naissance de la prison,* Paris, Gallimard, 1975.

G. Galasso, *La filosofia in soccorso de' governi. La cultura napoletana del Settecento,* Guida, Napoli, 1989.

BIBLIOGRAPHIE

F. Venturi, *Settecento riformatore. Da Muratori a Beccaria*, Einaudi, Torino, 1969.

Illuministi italiani, tome V, *Riformatori napoletani*, a cura di Franco Venturi, Milano-Napoli, 1962.

G. B. Vico, *La Science nouvelle* (1744), traduction française par A. Pons, Paris, Fayard, 2001.

Anthropologie – Religion

R. De Maio, *Religiosità a Napoli (1656-1799)*, Napoli, ESI, 1997.

G. Galasso, *L'autre Europe,* collection de l'école française de Rome, Palais Farnèse, 1992 (c'est l'un des rares livres de Galasso sur l'histoire et l'anthropologie du Sud de l'Italie traduits en français. À lire absolument !).

A. Griffo, *Les crèches napolitaines,* traduit de l'italien par D.-A. Canal, Paris, Arthaud, 1996.

Arts

H. Wolfflin, *Renaissance et baroque,* éd. G. Monfort, collection « Imago Mundi », Brionne, 1997.

Peinture

C. De Seta (éd.), *Philipp Hackert, Vues du royaume de Naples,* esquisse biographique par J. W. Goethe, postface de Roberto Ferroniani, Milan-Paris, Franco Maria Ricci, 2002.

G. Labrot, *Peinture et société à Naples. XVIe-XVIIIe siècles. Commandes. Collections. Marchés,* Seyssel, Champ Vallon, 2010.

A. Ottani Cavina (éd.), *Viaggio d'artista nell'Italia del Settecento Il diario di Thomas Jones*, Milano, Electa Mondadori, 2003.

N. Spinosa, *Pittura napoletana del Settecento, dal Barocco al Rococò,* Electa Napoli, 1988.

—, *Gaspare Traversi. Napoletani del '700 tra miseria e nobiltà*, Electa Napoli, 2003.

N. Spinosa, L. Di Mauro, *Vedute napoletane del Settecento,* Napoli, Electa, 1989.

BIBLIOGRAPHIE

All'ombra del Vesuvio, catalogue de l'exposition, Napoli, Electa, 1990.

Architecture

A. Buccaro, G. Matacena, *Architettura e urbanistica dell'età borbonica. Le opere dello stato, i luoghi dell'industria,* Electa Napoli, 2004.

V. Cardone, *Il tufo nudo nell'architettura napoletana,* Napoli, CUEN, 1990.

C. De Seta, *Architettura, ambiente e società a Napoli nel '700,* Torino, Einaudi, 1981.

Sculpture

M. Fagiolo dell'Arco, *Baroque et rococo,* Hachette, Paris, 1978.

T. Fittipaldi, *Scultura napoletana del Settecento,* Napoli, Liguori, 1980.

O. De Sangro, *Raimondo de Sangro e la Cappella Sansevero,* Roma, Bulzoni, 1991.

Musique – Théâtre

B. Croce, *I teatri di Napoli. Dal Rinascimento alla fine del secolo decimottavo* (première édition en 1891), a cura di G. Galasso, Milano, Adelphi, 1992.

M. Traversier, *Gouverner l'opéra. Une histoire politique de la musique à Naples, 1767-1815,* Collection de l'école française de Rome, Rome, 2009 (ce livre offre une lecture politique, très intéressante, de la création des théâtres à Naples).

Il Teatro di San Carlo, ouvrage collectif édité par l'Istituto Suor Orsola Benincasa, en deux volumes, Naples, Guida, 1987.

Musiques. Une encyclopédie pour le XXIe siècle, vol. IV : *Histoires des musiques européennes,* sous la direction de J.-J. Nattiez, Arles, Actes Sud-Cité de la Musique, 2006.

INDEX GÉNÉRAL

(Les mots en gras bénéficient d'une rubrique dans le guide)

Abbazia (abbaye) de Mercogliano 145
Abruzzes 34, 69, 74, 109, 111, 112
Académies
Antiquités 166, 168
 – beaux-arts 42
 – corps d'ingénieurs 166
 – marine 106, 166
 – militaire d'artillerie 166
 – sciences et belles-lettres 166
Aqueduc 56, 66-68
Administration 7, 58, 75, 79, 80, 87, 88, 94, 113, 152, 156, 160
Agriculture 10, 31, 76, 100, 109, 110, 111, 113, 116, 157, 159, 165, 187
Albergo dei Poveri (Auberge des pauvres) 7, 28, 42, 58, 140, 148, 190, 191, 201, 234, 236
Alentours (de Naples) 70 sqq.
Alimentation 128, 239-242
Angleterre 33, 96, 97, 102, 108, 113, 153, 218, 233, 235, 247, 251, 254
Annone 83, 88
Arbre de la liberté 39, 224-225
Arcadie 177-178
Architecture 56, 66, 149, 173, 184-192
Aristocrates (nobles) 23, 32, 35, 39, 70, 79, 80, 81, 87, 88, 97, 110, 122, 152, 188, 213, 224, 230, 231, 234, 236
Armée (pouvoir militaire) 22, 25, 33, 81, 95-98, 251
Arrendatori, arrendamento 80, 82, 227
Arsenal 72, 96, 106, 190
Artistes 199 sqq.
Arts et Métiers 83, 95, 113, 128
Assisa 88, 241
Autriche 22, 25, 26, 43, 97, 101, 153, 251
Averne 51, 57
Avellino 74, 75, 145
Aversa 23, 75
Avocats 82, 113

Baignade 214
Baroque 55, 57, 58, 66, 120, 137, 142, 146, 147, 167, 173, 174, 175, 176, 179, 186, 190, 192, 194, 204, 206, 225, 230, 232
Bitonto 22, 41
Bois (Capodimonte) 187

Bourgeoisie 39, 68, 79, 82, 113, 114, 129, 151, 152, 153, 205
Brigands 78
Bureaucratie 79, 80, 82, 94, 161

Cafés 170, 213, 214, 217, 235
Calabre 36, 75, 80, 104, 105, 111, 161
Calcul du temps 119
Campagne 28, 36, 38, 58, 70, 71, 72, 76, 78, 81, 109, 110, 111, 112, 114, 135, 139, 148, 152, 182, 230, 241
Campania felix 70
Capodichino 54, 60, 69, 148
Capodimonte 7, 36, 41, 42, 50, 54, 57, 59, 60, 69, 71, 84, 100, 101, 182, 186, 187, 188
Capoue 75, 88, 110, 238
Carrosses 84, 85, 213, 214
Cartes (cartographie) 97, 109
Casali 71, 110
Caserte 27, 42, 67, 69, 74, 75, 93, 109, 110, 111, 182, 187, 189, 190, 194, 206, 210, 252
Castellammare di Stabia 42, 43, 96, 106, 107, 110, 188, 238, 251
Castrats 198, 199, 200
Champs Phlégréens 50, 52, 54, 59, 69, 109, 111, 123, 183, 253
Chanteuses 200
Chantiers navals 43, 96, 106-107
Chapelle royale 195, 202, 205
Chapelle Sansevero 7, 174, 192, 193, 194, 204
Charbon 104, 105
Chartreuses 145
 – Certosa di Padula 145
 – Certosa di San Martino 64, 70, 93, 192
Châteaux 93
 – Saint-Elme 36, 44, 47, 59, 64, 93, 212
Chiostro (Cloître) du monastère de Sainte-Claire 125, 146-147
Cimetières 60, 149, 236
 – *Camposanto dei Tredici* ou « cimetière aux 366 fosses » 149
Classes sociales 81 sqq.
Classicisme 173, 176, 177, 178, 179, 232
Clergé 23, 70, 81, 82, 121, 130, 131, 135, 136, 137, 138, 139, 238

INDEX GÉNÉRAL

Climat 49, 99, 211
Cocagnes 124, 125, 222, 223, 224, 225
Coiffure 247
Collection Farnèse 27, 60, 156, 187, 202
Collines de Naples 49, 58, 59, 63, 69, 71
Commedia dell'arte 128, 169, 170, 198, 224
Commedeia pe' mmuseca 197
Commerces 60, 70, 108 sqq., 165, 241
Compagnie de Jésus (jésuites) 101, 132, 133, 135, 142, 156, 157, 207, 237, 238, 239
Concile de Trente 121, 130, 137, 138
Concordat 130, 131, 132
Conseil d'État (ou *Giunta di Gabinetto*) 86
Conseil des Finances 95, 152, 160
Conservatoires 195, 199, 202-204, 206-208
Constitution républicaine 165
Contrebande 108
Contre-réforme 121, 138
Corail 103, 104, 127
Corporations 82, 83, 122
Corsaires 103
Costumes 124, 128, 244-247
Coupoles 141, 142, 144, 146, 148
Cour 72, 75, 79, 81, 89, 94, 110, 125, 178, 179, 180, 182, 195, 196, 198, 202, 210, 211, 219, 221, 222, 233
Cratère (voir Vésuve)
Crèches napolitaines 120, 124, 126-128, 140, 204, 216
Cumes 51, 57

Décoration 103, 124, 146, 175, 182, 230, 232, 233
Dialecte 140, 168, 169, 171, 198, 220, 232
Drapeau de la République parthénopéenne 36, 135, 221, 225
Droit 88, 130, 155, 162-165, 235
Duchés de Parme et de Plaisance 21-22

École 101, 132, 133, 153, 207, 237-239
Économie politique (chaire de) 27, 80, 153, 156, 157
Écritoires 232
Éducation 60, 102, 103, 132, 158, 207, 229, 237-239
Église (institution et religion) 26, 27, 81, 87, 119, 120, 121, 125, 129 sqq.
Églises de Naples
 – Annunziata 42, 144
 – Carmine Maggiore 178
 – Concezione a Montecalvario 146, 179
 – Duomo (cathédrale) 65, 141
 – Egiziaca a Forcella 175
 – Gesù Nuovo (Jésus nouveau) 41, 56, 143, 177
 – Gerolamini 175
 – Nunziatella 96, 147, 178
 – San Domenico Maggiore 142, 177
 – San Giacomo (Saint-Jacques) 192
 – San Gregorio Armeno 178
 – San Pietro Martire 178
 – San Lorenzo Maggiore (Saint-Laurent Majeur) 145, 225
 – San Paolo (Saint-Paul) 192
 – Sant'Anna del Palazzo (Sainte-Anne du Palais) 143
 – Santa Chiara (Sainte-Claire) 65, 125, 147
 – Santa Maria Donnalbina 175
 – Santa Maria di Costantinopoli (Sainte-Marie de Constantinople) 144
 – Santa Maria del Popolo degli Incura-bili 147
 – San Michele (Saint-Michel) à Port'Alba 146
 – Santi Apostoli 175
 – Spirito Santo (Saint-Esprit) 148
Élevage 109 sqq.
Élus 88-89
Épidémie 28, 148
Escaliers 57, 66, 205
Espagne 21 sqq., 30, 97, 108, 132, 192, 252- 255
Exercices spirituels 120

Faïences 42, 84, 100, 101, 108, 231
Faim 128, 170
Famine 28, 42, 43, 148
Farmacia degli Incurabili (Pharmacie) 147
Femme 235 sqq.
Féodalité 21, 36, 47, 77, 133, 163
Fêtes 19, 94, 120-124, 135-138, 142, 180, 182, 192, 205, 211, 219, 221-225, 244-245
 – Carnaval 124, 126, 180, 222-224
 – Fête-Dieu 126, 222
 – Noël 120, 124, 126, 140
 – Pâques 124-126
 – Saint-Janvier 121-123, 134-135
 – Vierge 123, 222
Finances 87, 91, 93, 94-95, 131, 132
Flotte 106, 252
Foro Carolino 42, 65, 191
France 22, 23, 30, 32 sqq., 97, 102, 108, 113, 136, 15 sqq., 163, 165, 170, 189, 195, 198, 233, 244, 251, 253

Gastronomie 239, 241
Géographie 50, 51, 72, 96, 152
Glaces 214, 218, 240

INDEX GÉNÉRAL

Grande-Bretagne 43, 53
Grand-duché de Toscane 21, 251
Greniers 43, 58, 191, 202
Guerre de succession autrichienne 25, 26, 96, 131
Guerre de succession d'Espagne 22, 40
Guerre de succession de Pologne 41, 42, 252

Habitants 49, 60, 61, 62, 63, 72, 73, 75, 82, 121
Habitations 56, 60, 230 sqq.
Habsbourg 22, 30, 32, 40, 251
Haquenée 28, 130, 133
Herculanum 7, 27, 99, 101, 156, 166, 168, 174, 187, 188, 232, 253
Huile 82, 90, 108, 111, 115, 131, 242, 243
Hygiène 236 sqq.

Illumination 140
Immacolatella 108, 190, 191
Immunités 130
Industrie 76, 96, 100 sqq., 251
Inquisition 26, 90, 132, 136
Institutions musicales 206 sqq.
Intellectuels 26, 82, 97, 139, 151, 152, 161, 168
Intermezzi 197

Jacobins 19, 20, 33 sqq.
Jardins publics (Chiaia) 43, 65, 69, 70, 192, 212, 213, 215
Jardins 61, 70
Jésuites (voir Compagnie de Jésus)
Jeux de hasard 226 sqq.
Journaux 170 sqq.
Juifs 131, 132
Juridictionnalisme 129, 132
Justice 86 sqq.

Lazzari ou *Lazzaroni* 19 sqq., 28, 36 sqq., 44, 85 sqq., 124, 128, 135, 140, 229, 234, 241
Législation 162, 163
Littérature 167 sqq.
Loto 227, 228
Lumières 53, 60, 72, 76, 80, 95, 102, 137, 149, 153 sqq., 173, 234, 237

Macaroni 128, 241, 243
Machines anatomiques 167
Madrid 21, 23, 101, 199
Magistratures *(Deputazioni)* 89 sqq., 228
Mal « napolitain » ou « français » 233
Mandracchio 190
Maniérisme 145

Manufacture 60, 68, 100 sqq., 111, 113, 149, 159
Marine militaire 30, 96, 97, 98, 106, 251
Marionnettes 128, 169
Mélodrame 196, 203, 207
Métallurgie 104
Métiers 83, 85, 102, 113, 128, 238
Meubles 103, 145, 230 sqq.
Miglio d'oro (Mille d'or) 41, 188, 202
Mines 52, 104, 105
Miracle 122, 123, 134, 138
Miroirs 233
Mongiana 105
Monitore napoletano 47, 170, 171, 254
Monnaie 90, 114, 155, 158
Murs (fortifications) 55, 58, 90, 191, 236
Musique 195 sqq.

Neuvaine 124
Nobles (voir aristocrates)

Obélisques 123, 141, 142, 225
 – Immaculée-Conception 142
 – Saint-Antoine 142
 – Saint-Dominique 141, 142
 – Saint-Janvier 142
Objets antiques et précieux 232
Observatoire astronomique 166
Opéra 41, 43, 169, 195, 201 sqq.
 – *Buffa* (bouffe) 197, 198
 – *Seria* 196, 199
Ordres chevaleresques 81
Organisation de la vie 120 sqq.
Ouvriers 83, 84, 101, 102, 104, 105, 107, 110, 118, 126, 140

Palais
 – Cellamare 240
 – Pignatelli di Monteleone 186
 – Serra di Cassano 185, 204
 – Spagnolo (dello) 66, 185, 186
 – Tarsia 184, 185
Palais royaux et résidences royales
 – Caserte 7, 42, 93, 182, 187, 189 sqq., 194, 206, 252
 – Capodimonte 7, 36, 41, 186 sqq.
 – Castellammare (Quisisana) 42, 106
 – Portici 7, 41, 188
Palerme 25, 34, 37, 44, 47, 75, 127, 251, 253
Papiers peints 233
Parthénope 35, 50, 51, 240
Parure 229, 244 sqq.
Pausilippe 50, 53, 54, 55, 56, 59, 71, 214
Pauvreté 19, 21, 27, 28, 50, 170, 224, 235
Paysage 19, 35, 49, 50, 70, 182, 187, 188, 202

INDEX GÉNÉRAL

Pazzano 104, 105
Pêche 112
Peinture 175 sqq.
Perruque 244
Philosophie 153 sqq.
Physiocratie 158-159
Piazze **(ou** *Sedili* **ou** *Seggi***)** 45, 81, 87 sqq.
Piedigrotta 123, 222
Pizzofalcone (monte Echia) 59, 147, 205, 255
Places 60, 61, 123, 128, 140, 143
Plèbe 19 sqq., 28, 34, 37, 44, 141, 221, 234
Poggioreale 60, 149
Pompéi 7, 27, 42, 51, 101, 156, 166, 174, 175
Pont de la Madeleine 148, 190, 191, 214
Population 58 sqq.
Poreuse (ville) 55 sqq.
Port 41, 72, 108
Portes 69
Pouilles 22, 69, 74, 104, 109, 111, 138, 160
Pouvoir (institutions) 86 sqq.
Pouzzoles 52, 53, 55, 75, 99
Prédications 217
Prix 88, 95, 117
Promenades 182, 190, 217
Provinces (*Giustizierati*) 73, 74

Quais du port 27, 65, 108, 128, 190, 212
Quartiers de Naples 67, 69, 83, 84, 88, 89, 91, 131, 234
Querelle des Bouffons 234

Real Colonia di San Leucio (la Cité royale de San Leucio) 101-103
 – Règlement établissant les droits et les devoirs des ouvriers 102
Real Fabbrica di Porcellane (usines royales de faïences) de Capodimonte 100-101
Recensement 61, 121
Recettes culinaires 240, 242-243
Règles de vie d'un chrétien 120
République parthénopéenne 8, 35 sqq., 39, 44, 47, 50, 129, 141, 161, 165, 170, 224, 253
République romaine 34, 44
Retards (économie napolitaine) 112 sqq.
Risorgimento 46, 114
Rites de passage 121
Rococo 146-148, 177, 188

Saint-Office 130, 132, 136
Salaires 94, 118, 235
Salerne 74, 75, 78, 139, 163, 238
Salines 104
Santa Fede (Sainte-Foi) 20, 36, 37, 44, 45, 47, 86, 134, 140, 141, 252

Sciences 166 sqq.
Sculpture 192 sqq.
Secrétariat d'État 86-87
Sedili (voir *Piazze*)
Seggi (voir *Piazze*)
Serre Calabre 105
Sexualité 233 sqq.
Sidérurgie 104 sqq.
« Sites » royaux 110
Soie 101, 108, 148, 244
Sorties 212 sqq.
Soufre 51, 104
Superstition 19, 38, 135, 137
Stabies 7, 27, 106, 156, 174, 187
Summo (île) 103

Tarentules 75, 138
Taureau (Farnèse) 213
Théâtre 168 sqq.
Théâtres (lieux)
 – San Bartolomeo 195, 207-208
 – San Carlo 7, 41, 65, 195-198, 208
Toledo (via) 124
Topographie 49, 58 sqq., 97, 152
Torre Annunziata 69, 105, 106, 107, 116
Tribunaux
 – San Lorenzo 88, 89
 – Real Camera di Santa Chiara (la Chambre royale de Santa Chiara) 90
 – Sacro Consiglio di Santa Chiara (Conseil royal) 90, 93
 – Gran Corte della Vicaria (Grande Cour de la Vicaria) 90, 93
 – Tribunale della Regia Camera della Sommaria 91, 93
 – Supremo Magistrato del commercio (Magistrature suprême du commerce) 95
Tuf 49, 55, 56, 63, 66, 69

Unification italienne 21, 77, 105, 114
Université 31, 41, 65, 82, 94, 156, 157, 160
Urbanisme 66, 90, 142
Usines
 – Armements 105
 – Fonderies 105

Vedute 182
Vésuve (Cratère) 8, 43, 52-54, 71, 111, 183, 188, 189, 202, 214
Villas vésuviennes
 – Villa Campolieto 188
 – Villa des Genêts 189
 – Villa Ruggiero 188
Vin 111, 214
Voyageurs 19, 49, 57, 70, 71, 99, 214, 218

INDEX DES NOMS DE PERSONNES

(Les noms en gras font l'objet d'une notice
dans les repères biographiques)

ACTON John 30, 32, 33, 43, 87, 95, 96, 97, 98, 106, 109, 161, 251
AJELLO Raffaele 131
ALEMBERT Jean Le Rond, d' 159, 204
ANTOINE (saint) 134, 135, 142
ASTARITA Giuseppe 144
AUGUSTE II 22

BACON Francis 158
BASILE Giambattista 169
BENJAMIN Walter 57, 58, 162
BENTI BULGARELLI Marianna 200
BLUNT Anthony 147
BONAPARTE Joseph 46
BONAPARTE Napoléon 163, 203
BONITO Giuseppe 180, 201
BOTTIGLIERO Matteo 142, 192, 193
BREISLAK Scipione 134
BROSSES Charles de 71, 174, 195, 199
BUFFON Georges-Louis Leclerc, comte de 53
BUOMPIEDE Giovanni 190

CAFFARELLI ou **CAFFARELLO** 199, 204, 207
CARACCIOLO Francesco 37, 39, 78, 251
CARAFA Giovanni duc de Noja 43, 59, 60, 201
CARASALE Angelo 41, 195
CARAVAGE (LE) 175, 179, 180
CARLETTI Niccolò 59, 66, 68, 201
CASANOVA Giacomo 227, 240
CELEBRANO Francesco 193
CHAMPIONNET Jean Étienne Vachier, dit 34, 36, 38, 44, 47, 89, 133, 134, 252
CHARLES de BOURBON 8, 21 sqq., 30, 32, 41, 42, 48, 59, 60, 67, 81, 87, 90, 95, 96, 99, 100, 101, 104, 105, 108, 110, 123, 124, 126, 127, 129, 130, 132, 166, 173, 174, 179, 184, 186, 189, 190, 192, 195, 220, 223, 225, 226, 227, 233, 252, 253, 255
CIAJA Ignazio 39, 47
CICÉRON 133, 238
CIMAROSA Domenico 43, 201, 203, 210
CIRILLO Domenico 47, 165
COLLETTA Pietro 97, 130, 223

COLLECINI Francesco 102, 110
COLTELLINI Celeste 200
CONFORTI Francesco 137
CONTEGNA Pietro 130
CORRADINI Antonio 193
CORRADO Vincenzo 239, 240, 241, 242
CROCE Benedetto 78, 85, 134, 135, 199, 240
CUOCO Vincenzo 39, 45, 87, 97, 135, 136, 137, 251

DE DEO Emanuele 33, 43
DE JORIO Michele 109
DELEUZE Gilles 58, 174
DELFICO Melchiorre 160, 161
DEL GIUDICE Daniele 149
DEL PO Giacomo 178, 179, 240
DE MAIO Romeo 139, 143
DE MATTEIS Paolo 177, 178, 179
DE MURA Francesco 178
DESCARTES René 176
DIDEROT Denis 159
DIOCLÉTIEN 121, 190
DORIA Paolo Mattia 40, 42, 112, 113
DUCA Angelo (dit Angiolillo) 78
DUMAS Alexandre 122, 140
DUPATY Charles-Marguerite-Jean-Baptiste Mercier 85, 99
DUPHOT Mathieu-Léonard 34

ÉPINAY Louise d' 159, 220

FABRIS Pierre 53, 182
FALCONE Aniello 175
FANZAGO Cosimo 142, 144, 192, 206
FARINELLI 199, 204, 207
FARNÈSE Élisabeth 21, 48, 187, 252
FARNÈSE (famille) 22, 27, 60, 156, 187, 202, 213
FAYPOULT Guillaume-Charles de Maison-celle 38
FEDERICO Gennarantonio 198
FERDINAND IV 20, 26 sqq., 34, 37, 42, 44 sqq., 72, 75, 78, 86, 87, 89, 95, 101, 102, 105, 106, 109, 110, 115, 124, 127, 133, 135, 166, 187, 202, 213, 220, 225, 227, 232, 233, 252, 253

ANNEXES

269

INDEX DES NOMS DE PERSONNES

FILANGIERI Gaetano 7, 31, 43, 152, 158, 162, 163, 164, 169
FOGLIANI Giovanni Sforza d'Aragona 25
FOUCAULT Michel 60
FRAGGIANNI Nicola 132
FRANKLIN Benjamin 162
FUGA Ferdinando 7, 42, 43, 60, 142, 148, 149, 173, 184, 188, 191, 201, 206, 240

GALANTI Giuseppe Maria 43, 60, 61, 62, 67, 72, 73, 76, 77, 78, 80, 81, 96, 97, 98, 109, 111, 121, 135, 137, 139, 152, 158, 190, 211, 213, 232, 233, 234, 235, 247
GALASSO Giuseppe 138, 224, 238, 239
GALIANI Ferdinando 7, 42, 95, 151, 152, 158, 159, 160, 168, 169, 220, 239
GALIANI Vincenzo 33, 43, 165
GALILÉE (GALILEI Galileo) 158
GENOINO Giuseppe 142
GENOVESI Antonio 7, 26, 27, 42, 80, 82, 132, 133, 153, 156, 157, 158, 160, 161, 166, 168, 239
GIANNONE Pietro 41, 131, 153, 156, 164, 166
GIORDANO Luca 175, 176, 177, 178, 179
GLUCK Christoph Willibald von 203
GOETHE Johann Wolfgang von 163, 240, 253
GOUDAR Ange 227
GOUDAR Sarah 199, 224
GRAFFIGNY Françoise, de 166
GRIFFO Alessandra 127
GRIMALDI Domenico 95, 109, 110, 111, 113, 152, 160, 161
GUALZETTI Giacom'Antonio 171

HACKERT Jakob Philipp 49, 107, 182, 202, 240
HAMILTON (lady) 245, 253
HAMILTON William 53, 55, 175, 183, 253
HELVÉTIUS Claude-Adrien 159
HOLBACH Paul-Henri Thiry, baron d' 159
HUGO Victor 134

INTIERI Bartolomeo 156, 157, 158, 159

JANVIER (saint) GENNARO (san) 81, 88, 121, 122, 123, 134, 135, 142, 188, 192
JOLI Antonio 27, 49, 182
JOMMELLI Niccolò 7, 202
JONES Thomas 55, 56, 183, 202
JOSEPH II de Habsbourg 30

KAUFFMANN Angelica 181, 240
LA CAPRIA Raffaele 8

LACIS Asia 57
LALANDE Jérôme 31, 53, 119, 194
LAURO Achille 20
LAZARE de Béthanie 85
LEO Leonardo 7, 202, 204
LEOPARDI Giacomo 55, 189
LIGUORI Alfonso Maria 120, 121, 139
LOCKE John 157
LONGANO Francesco 160
LONGHI Roberto 180
LUDOLF Guillaume 27

MACDONALD Étienne Jacques Joseph Alexandre 38, 45, 134, 252
MACK Karl 34
MACRY Paolo 109, 228
MANCINI Franco 211
MARIE-AMÉLIE de Saxe 25, 48, 232
MARIE-ANTOINETTE 33, 48
MARIE-CAROLINE 28, 30, 31, 32, 33, 34, 37, 42, 44, 115, 225, 233, 251, 254, 255
MARIE-LOUISE de Savoie 48
MARIE-THÉRÈSE 22, 28, 30, 48, 202, 254
MASANIELLO 19, 20, 40, 85, 240
MEDRANO Giovanni Antonio 41, 186, 195
MENGS Anton Raphael 181
MÉTASTASE (METASTASIO Pietro) 196, 200, 203, 206-207
MOCENIGO Alvise 27
MOLIÈRE 195
MONTEALEGRE José Joaquin, comte de Salas 148
MONTESQUIEU Charles de Secondat, baron de 157
MURAT Joachim 46

NAPOLI SIGNORELLI Pietro 167
NECKER Curchod Suzanne, dite madame 159
NELSON Horatio 37, 252, 253

ONELLI Fortunato 193

PAGANO Francesco 142, 192, 193
PAGANO Mario 36, 39, 43, 47, 151, 152, 158, 164, 165, 169
PAISIELLO Giovanni 43, 124, 203, 207, 220
PALMIERI Giuseppe 43, 152, 160
PARINI Giuseppe 84
PERGOLÈSE (PERGOLESI Giovanni Battista) 7, 203
PIGLIACELLI Giorgio 165
PISANI Massimo 146
PLINE L'ANCIEN 52, 60
PIANELLI Antonio 102